商务馆对外汉语专业本科系列教材
总主编　赵金铭　齐沪扬　范开泰　马箭飞
审　订　世界汉语教学学会

对外汉语本体教学概论

张旺熹　主编

商务印书馆
The Commercial Press
2013年·北京

图书在版编目(CIP)数据

对外汉语本体教学概论/张旺熹主编．—北京：商务印书馆，2013
(商务馆对外汉语专业本科系列教材)
ISBN 978-7-100-09608-9

I.①对… II.①张… III.①汉语—对外汉语教学—教学法—高等学校—教材 IV.①H195.3

中国版本图书馆 CIP 数据核字(2012)第 256538 号

所有权利保留。
未经许可，不得以任何方式使用。

DUÌWÀI HÀNYǓ BĚNTǏ JIÀOXUÉ GÀILÙN
对外汉语本体教学概论
张旺熹 主编

商 务 印 书 馆 出 版
(北京王府井大街36号 邮政编码 100710)
商 务 印 书 馆 发 行
北京瑞古冠中印刷厂印刷
ISBN 978-7-100-09608-9

2013年9月第1版　　开本 787×960　1/16
2013年9月北京第1次印刷　　印张 20½
定价：42.00元

内容简介

本教材依据对外汉语专业(本科)的教学目的和课程设置的实际需要编写,以对外汉语专业本科生为主要对象,也可供对外汉语专业研究生、国际汉语教育专业研究生及从事对外汉语教学、国际汉语教学的教师参考。

本教材为培养对外汉语专业本科生本体教学的基本意识服务,主要讲授汉语本体教学相关的基本观念、基本理论、基本知识和基本技能。本教材注重培养对外汉语专业本科生三方面的意识:汉语本体要素是对外汉语教学的基础;汉语本体要素的教学规律来自于汉语自身的规律和特点与学习者母语的特点的共同作用;教学设计应是汉语本体、汉语习得与汉外对比等多方面因素共同作用的结果。教材在广泛吸收相关研究成果的基础上,分别从语音、词汇、语法及汉字等语言要素的教学角度展开阐述,意在让对外汉语专业学生充分认识汉语基本要素教学的基础性和重要性。

主　编　张旺熹
编　者　（按音序排列）
　　　　陈文博　　郭晓麟　　李慧敏
　　　　孟艳华　　王　华　　姚京晶
　　　　张旺熹

前 言

对外汉语教学专业的设立已经有二十多年的历史了。早在1983年经教育部批准北京语言学院在外语系内就设置了对外汉语教学专业,以培养对外汉语教师为主要目标。不久,北京外国语大学、上海外国语学院和华东师范大学也相继开设了类似的专业。

此后几年,该专业一直踽踽独行,没有名目。直至1988年,教育部颁布《普通高等学校本科专业目录》和《普通高等学校本科专业设置规定》,在一级学科中国语言文学类(学科代码0501)下,设"对外汉语"(学科代码050103)二级学科,这一专业才正式确立。

当初,设置这一专业,是为招收第一语言为汉语的中国学生,培养目标是将来能从事对外汉语教学及中外文化交流等工作。故该专业特点是,根据对外汉语教学对教师知识结构和能力的要求设计课程和确定教学内容。在1989年"对外汉语教学专业会议"(苏州)上,进一步明确了这个培养目标,并规定专业课程应分为三类:外语类、语言类和文学文化类。1997年召开"深化对外汉语专业建设座谈会",会议认为,根据社会需要,培养目标可以适当拓宽,要培养一种复合型、外向型的人才,既要求具有汉语和外语的知识,又要求有中国文化的底蕴;既要求懂得外事政策和外交礼仪,又要求懂得教育规律和教学技巧。这一切只能靠本专业的独特的课程体系、有针对性的教材以及特定的教学方法才能完成。

近年来,世界风云变幻,中国和平崛起。随着汉语加快走向世界,对外汉语教学事业获得蓬勃发展。目前开设对外汉语专业的高等学校已有一百三十多所。大发展带来了丰富多彩,也伴随着不规范。对外汉语作为一个专业,既无统一的教学大纲,也无标准的课程设置,更无规范的教材。在业内对对外汉语教学的学科内涵,也还存在着不同的认识。目前,设立本专业的院校只能本着各自的理解,依据本单位的教学资源与教学条件设置课程,自编或选用一些现成的教材。

有鉴于此,在国家汉办的指导下,商务印书馆以其远见卓识,决定组织全国各高校对外汉语教学资深人士,跨校协商,通力合作,在初步制订专业课程大纲的基础上,编写一套对外汉语专业系列教材,以适应目前本专业对教材的迫切需求。

本教材以赵金铭、齐沪扬、范开泰、马箭飞为总主编,教材的编者经多次协商讨论,决定本着下列原则从事编写:

一、总结以往的经验,积成多年来对外汉语教学成果,以课程在教学计划中的地位、性质、任务和作用为依据,规定课程的基本内容,划定教学范围,确立教学要求。

二、密切关注语言学,特别是汉语语言学研究的最新进展,全面吸取汉语作为第二语言/外语教学研究的最新成果,着重体现语言规律、语言教学规律和语言学习规律。

三、教材的教学内容力求贯彻"基础宽厚,重点突出"的原则,注重基本理论、基本知识和基本技能,既要加强基础理论的教学,更要加强实践能力的培养。对课程的实践性教学环节应有明确、具体的要求,并有较强的可操作性。

四、教材要全面显示汉语作为第二语言/外语教学的性质、特点和规律,为加快汉语走向世界,为汉语国际推广,培养外向型、复合型的人才。

五、谨守本科系列教材的属性,注意教材容量与可能的课时量相协调,体现师范性,每一章、节之后,附有思考题或练习题。特别要注意知识的阶段性衔接,为本一硕连读奠定基础,留有空间。

基于上述考虑,我们对对外汉语专业的教学内容作了权衡与取舍。本着培养目标所要求的内涵,教材内容大致围绕着四个方面予以展开,即:基础知识、专业知识、教学技能和教师素质。我们把拟编的对外汉语专业本科系列教

材组成五大板块,共22册。每个板块所辖课程及教材主编如下:

一、语言学、应用语言学和汉语

  1. 现代汉语　　　　　　　　齐沪扬(上海师范大学)

  2. 古代汉语　　　　　　　　张　博(北京语言大学)

  3. 语言学概论　　　　　　　崔希亮(北京语言大学)

  4. 应用语言学导论　　　　　陈昌来(上海师范大学)

  5. 汉英语言对比概论　　　　潘文国(华东师范大学)

二、中国文学文化及跨文化交际

  6. 中国现当代文学　　　　　陈思和(复旦大学)

  7. 中国古代文学　　　　　　王澧华(上海师范大学)

  8. 中国文化通论　　　　　　陈光磊(复旦大学)

  9. 世界文化通论　　　　　　马树德(北京语言大学)

  10. 跨文化交际概论　　　　　吴为善(上海师范大学)

三、汉语教学理论、第二语言习得理论与实践

  11. 对外汉语教学导论　　　　周小兵(中山大学)

  12. 第二语言习得研究　　　　王建勤(北京语言大学)

  13. 对外汉语本体教学概论　　张旺熹(北京语言大学)

  14. 对外汉语教学课程论　　　孙德金(北京语言大学)

  15. 双语与双语教育概论　　　关辛秋(中央民族大学)

  16. 华文教学概论　　　　　　郭　熙(暨南大学)

  17. 世界汉语教育史　　　　　张西平(北京外国语大学)

四、对外汉语教材、教学法与测试评估

  18. 对外汉语教学法　　　　　吴勇毅(华东师范大学)

  19. 对外汉语教材通论　　　　李　泉(中国人民大学)

  20. 语言测试概论　　　　　　张　凯(北京语言大学)

  21. 对外汉语教学模式概论　　马箭飞(国家汉办)

五、现代教育技术在对外汉语教学中的应用

  22. 对外汉语教育技术概论　　郑艳群(北京语言大学)

本系列教材主要是为对外汉语专业本科生编写,也可供其他对外汉语教学工作者、研究者参考,同时也可以作为大专院校语言文学类专业的课外参考书。

目前,汉语国际推广正如火如荼,汉语作为第二语言/外语教学也面临着巨大的机遇与空前的挑战。我们愿顺应时代洪流,为汉语国际推广尽绵薄之力。大规模、跨地区、跨学校地组织人力进行系列教材的编写,尚属首次,限于水平,疏忽和不妥之处在所难免,敬祈专家、读者不吝指正。

赵金铭　齐沪扬

2007年6月5日

目 录

第一章 绪论 ·· 1
第一节 汉语作为第二语言的基本要素 ··· 1
一 汉语的基本要素 ··· 1
二 各要素之间的相互关系 ··· 8
第二节 汉语作为第二语言教学的基本问题 ·································· 11
一 汉语教学的基本问题 ··· 12
二 基本问题之间的相互关系 ····································· 14
第三节 汉语要素教学的四个基本点 ··· 18
一 把握汉语作为第二语言的特殊性 ··························· 18
二 重视汉语要素的认知规律 ····································· 23
三 进行汉外语言对比 ·· 24
四 了解汉语第二语言的习得规律 ······························ 26
第四节 汉语要素教学的三个基本意识 ·· 27
一 "教什么"是汉语要素教学的核心问题 ··················· 27
二 把握好汉语要素系统性的特点 ······························ 31
三 把握好汉语要素教学的针对性 ······························ 33

第二章 汉语语音教学 ·· 38
第一节 汉语作为有声调的语言 ·· 38
一 世界语言有无声调的类型差异 ······························ 39

二　汉语普通话声调的调值与调类 ················ 40
第二节　汉语语音教学的难点所在 ···················· 41
　　一　汉语音节结构的特点 ·························· 41
　　二　汉语语音之难 ································ 42
　　三　汉语语流音变之难 ···························· 51
　　四　语音变化的价值 ······························ 53
第三节　外国人汉语语音学习中的"洋腔洋调" ············ 54
　　一　什么是"洋腔洋调" ···························· 54
　　二　外国人"洋腔洋调"示例 ························ 55
　　三　外国人"洋腔洋调"所发生的层面 ················ 70
　　四　"洋腔洋调"难以消除的原因 ···················· 71
第四节　汉语的韵律与句法 ·························· 72
　　一　汉语的"韵律之美" ···························· 72
　　二　外国人对汉语韵律特征感知的困难 ·············· 77
　　三　汉语韵律对汉语句法的制约 ···················· 82
第五节　汉语语音教学的基本思路、原则与方法 ·········· 86
　　一　汉语语音教学的基本思路 ······················ 86
　　二　汉语语音教学的基本原则 ······················ 87
　　三　汉语语音教学的基本方法 ······················ 89

第三章　汉语词汇教学 ································ 93
第一节　汉语的词汇系统 ···························· 93
　　一　汉语词汇系统的重要性与复杂性 ················ 93
　　二　汉语词与非词的困扰 ·························· 96
　　三　汉语词语连写对词汇感知的困扰 ················ 98
　　四　建立正确的汉语词感是理解句法结构的基础 ······ 100
第二节　汉语词的透明度对教学的影响 ················ 104
　　一　汉语语素的有限性与词汇的合成性 ·············· 104

  二　汉语词语合成的透明度 …… 107
  三　词语透明度与词汇教学 …… 111
 第三节　汉语字词关系的复杂性对教学的影响 …… 112
  一　汉语字词的复杂关系 …… 112
  二　字词关系与词汇教学 …… 114
 第四节　跨语言的词汇差异对教学的影响 …… 116
  一　概念与词义的关系 …… 117
  二　词语的文化附加义与教学 …… 121
  三　跨语言词汇习得的过程 …… 124
  四　汉语词汇教学中的"易混淆词"问题 …… 127
  五　汉外词汇对比研究与偏误分析 …… 130
 第五节　汉语词汇统计、大纲制定与词典编纂 …… 133
  一　汉语词汇统计研究 …… 133
  二　汉语词汇大纲制定 …… 134
  三　对外汉语词典的编纂 …… 135
 第六节　汉语词汇教学的基本思路、原则与方法 …… 137
  一　汉语词汇教学的基本思路 …… 137
  二　汉语词汇教学的基本原则 …… 139
  三　汉语词汇教学的基本方法 …… 142

第四章　汉语语法教学(上) …… 147
 第一节　汉语语法的本质 …… 147
  一　汉语有没有语法 …… 147
  二　不同语言语法差异的本质何在 …… 152
  三　人类语言的心理现实性 …… 153
 第二节　从跨语言比较看汉语语法的特点 …… 156
  一　汉语形态缺乏与"意合语法"的观念 …… 157
  二　汉语语序的灵活性与稳定性 …… 158

三　虚词是重要的语法手段 …………………………………… 160
　　　四　词法和句法具有高度的一致性 ……………………………… 161
　　　五　主题比主语更为突出 ………………………………………… 161
　　　六　量词丰富 ……………………………………………………… 162
　第三节　外国人汉语语法偏误 …………………………………………… 163
　　　一　什么是语法偏误 ……………………………………………… 163
　　　二　外国人汉语语法偏误示例 …………………………………… 169
　　　三　外国人汉语语法偏误的成因 ………………………………… 172
　第四节　对外汉语教学语法体系建设 …………………………………… 174
　　　一　对外汉语教学语法体系 ……………………………………… 174
　　　二　对外汉语语法教学大纲 ……………………………………… 175
　　　三　对外汉语语法项目的确立、选择、编排与描述 …………… 178
　第五节　汉语语法教学的基本目标、观念、原则与方法 ……………… 180
　　　一　汉语语法教学的基本目标 …………………………………… 180
　　　二　汉语语法教学的基本观念 …………………………………… 181
　　　三　汉语语法教学的基本原则 …………………………………… 184
　　　四　汉语语法教学的基本方法 …………………………………… 187

第五章　汉语语法教学(下) ………………………………………………… 191
　第一节　汉语语素教学 …………………………………………………… 191
　　　一　语素教学在语法教学中的地位 ……………………………… 191
　　　二　语素教学在语法教学中的作用 ……………………………… 192
　第二节　汉语实词教学 …………………………………………………… 193
　　　一　实词在语法教学中的地位 …………………………………… 193
　　　二　名词与名词教学 ……………………………………………… 194
　　　三　动词与动词教学 ……………………………………………… 196
　　　四　形容词与形容词教学 ………………………………………… 198
　第三节　汉语虚词教学 …………………………………………………… 200

一　虚词在语法教学中的地位 …………………………………… 200
　　二　副词与副词教学 ……………………………………………… 202
　　三　介词、连词与介词、连词教学 ……………………………… 206
　　四　代词、量词与代词、量词教学 ……………………………… 211
　　五　语气词与语气词教学 ………………………………………… 214
第四节　汉语语序教学 ………………………………………………… 216
　　一　语序在语法教学中的地位 …………………………………… 216
　　二　句法层面的语序与语序教学 ………………………………… 218
　　三　语义层面的语序与语序教学 ………………………………… 221
　　四　语用层面的语序与语序教学 ………………………………… 223
第五节　汉语句型教学与句式教学 …………………………………… 226
　　一　汉语的句型与句式 …………………………………………… 226
　　二　汉语的句型与句型教学 ……………………………………… 227
　　三　汉语的特殊句式与特殊句式教学 …………………………… 230
第六节　汉语语篇教学 ………………………………………………… 235
　　一　语篇在语法教学中的地位 …………………………………… 235
　　二　语篇教学的现状与困难 ……………………………………… 237
　　三　语篇教学的出路 ……………………………………………… 241
第七节　相关语法范畴与语法教学 …………………………………… 242
　　一　相关的形式范畴与语法教学 ………………………………… 242
　　二　相关的语义范畴与语法教学 ………………………………… 245

第六章　汉字教学 ……………………………………………………… 250
　第一节　汉字作为书写符号的独特性与汉字认知 ………………… 251
　　一　汉字的基本构造 ……………………………………………… 251
　　二　汉字作为表意文字的独特价值 ……………………………… 254
　　三　汉字文化圈内外学习者的汉字认知 ………………………… 259
　第二节　汉字形声体系对汉字教学的影响 ………………………… 264

一　汉字形声体系的特点 ………………………………………… 264
　　二　汉字"形—音—义"关系的独特性 ………………………… 265
　　三　汉字之难 ……………………………………………………… 266
第三节　外国人汉字读写错误及其原因分析 ………………………… 271
　　一　外国人汉字读写错误类型分析 ……………………………… 271
　　二　外国人汉字读写错误原因分析 ……………………………… 275
第四节　汉字统计与汉字大纲 ………………………………………… 281
　　一　字频、常用字与非常用字统计 ……………………………… 282
　　二　汉字笔画、部件与汉字结构统计 …………………………… 284
　　三　汉字教学大纲 ………………………………………………… 287
第五节　汉字教学要处理的基本关系 ………………………………… 288
　　一　"语""文"是否可以分离 …………………………………… 288
　　二　汉字的认读与书写是否可以分离 …………………………… 289
　　三　汉字电脑输入技术能否解决汉字学习的难题 ……………… 290
　　四　汉字与拼音的关系及其教学处理 …………………………… 291
　　五　汉字教学是否需要独立授课 ………………………………… 292
第六节　汉字教学的基本目标、思路、原则与方法 ………………… 293
　　一　汉字教学的基本目标及思路 ………………………………… 293
　　二　汉字教学的基本原则 ………………………………………… 294
　　三　汉字教学的基本方法 ………………………………………… 297
　　四　汉字教学应注意的几个问题 ………………………………… 299

主要参考文献 …………………………………………………………… 303

编后记 …………………………………………………………………… 308

第一章 绪 论

第一节 汉语作为第二语言的基本要素

一 汉语的基本要素[①]

语言教学的基本要素是指语言构成系统的各个部分及其相关的基础知识。通常认为,语言包括语音、词汇、语法三大基本要素。此外,由于汉语的特殊性,汉字也常常被视为汉语的要素之一。语言要素是语言交际能力的重要组成部分,也是汉语作为第二语言教学的主要内容。结合言语技能和言语交际技能的训练,将语言知识转化为语言技能,是语言要素教学总的原则,也是第二语言教学最终的目标。

(一) 语音

语音是语言的物质外壳。语音的学习是听、说、读、写等方面学习和培养语言交际能力的基本前提。任何一种语言的语音都是一套系统,不同语言之间的最大区别之一就在于语音系统的不同,所以学习一种语言就要首先掌握这种语言的语音系统。现代汉语语音系统中,最基本的语音成分是音节、句调、停顿和逻辑重音。其中句调、停顿和逻辑重音的教学要与语法教学相结合。因此,一般所讲的语音教学主要是针对音节教学来说的。

---

① 此部分主要参考赵金铭主编《对外汉语教学概论》,商务印书馆,2004年;黄伯荣、廖序东主编《现代汉语(增订三版)》,高等教育出版社,2002年。

汉语能够感受到的最小语音单位是音节。一个音节可以分析成声母和韵母，以及贯穿整个音节的声调。

1. 声母。

声母是汉语音节中位于元音前的部分，大多为辅音。比如在"汉(hàn)"这个音节中，辅音 h 就是它的声母。有时一个音节的元音前没有辅音，我们称之为零声母，比如"爱(ài)"这个音节就是零声母。

为了使音节书写整齐，我们将 i 和 ü 行韵母前的零声母加写或改写为 y，u 行韵母前的零声母加写或改写为 w，如"语(yǔ)、我(wǒ)"。

汉语普通话共包括 21 个辅音声母：b、p、m、f、d、t、n、l、g、k、h、j、q、x、zh、ch、sh、r、z、c、s。我们可以根据发音部位和发音方法把它们分为七类，列表如下(表 1-1)：

表 1-1

声　母	发音部位	发音方法	例　字
b p m	双唇音	上唇和下唇形成阻碍	把 跑 每
f	唇齿音	上齿和下唇形成阻碍	飞
z c s	舌尖前音	舌尖和上齿背形成阻碍	做 才 四
d t n l	舌尖中音	舌尖和上齿龈形成阻碍	到 他 年 了
zh ch sh r	舌尖后音	舌尖和硬腭前部形成阻碍	这 出 上 日
j q x	舌面音	舌面前部和硬腭中部形成阻碍	就 去 西
g k h	舌根音	舌面后部和软腭形成阻碍	个 可 换

2. 韵母。

韵母是汉语音节中位于声母后的部分，普通话里有 38 个韵母。韵母主要由元音组成，有的是含有 n 或 ng 的鼻韵母。根据构成成分，可以把韵母分为单元音韵母、复元音韵母和带鼻音韵母。

单元音韵母(9 个)，指由单元音构成的韵母，也叫单韵母。包括舌面元音 a、o、e、i、u、ü，舌尖前元音 -i，舌尖后元音 -i，儿韵母 er。

复元音韵母(13 个)，指由复元音构成的韵母，也叫复韵母。复韵母在发音过程中其舌位、唇形都会有所变化。根据韵腹的位置，可以将复韵母分为二合前响复韵母、二合后响复韵母和三合中响复韵母。二合前响复韵母(4 个)：ai、ei、ao、ou；二合后响复韵母(5 个)：ia、ie、ua、uo、üe；三合中响复韵母

(4个)：iao、iou、uai、uei。

带鼻音韵母(16个)，指由元音和鼻韵尾构成的韵母，也叫鼻音尾韵母。其中，以 n 为韵尾的前鼻音韵母(8个)：an、ian、uan、üan、en、in、uen、ün；以 ng 为韵尾的后鼻音韵母(8个)：ang、iang、uang、eng、ing、ueng、ong、iong。

3. 声调。

声调是指整个音节高低升降的变化，汉语的声调具有区别意义的作用。由于世界上有声调的语言并不多，因而声调成为汉语教学的重点和难点。普通话有四种基本声调，称为"阴、阳、上、去"，教学中也称为第一声、第二声、第三声和第四声。可以用五度标记法将其调值分别标示为：55、35、214、51。

四个基本声调以外，汉语普通话还包括一个半三声和一个轻声。半三声是第三声与第一声、第二声、第四声连读时的变调，它的调值为21，是一种较短的低平调。有研究认为，半三声的使用频率比较高，普通话中很少说全三声。另外，半三声的学习难度也较全三声低一些，因此有的专家建议应当先教学半三声，再教学全三声，以免学习者在学习半三声时总是想着怎样从全三声变过来。

轻声是汉语语流中出现频率较高的一种特殊的语音现象。有些音节在特定的情况下会失去原来的声调而变成一种又轻又短的调子，这就叫轻声。轻声的调值依据前面音节的调型会有所变化。用五度标记法，可以将轻声在四种声调后的音高分别表示为2、3、4、1。

(二) 词汇

词汇也叫语汇，是一种语言里所有(或特定范围)的词和固定短语的总和。词汇是词的集合体，词汇和词的关系是集体和个体的关系。词汇是语言的建筑材料，没有词汇就不能造句子。语言就是用一个个词语按照有关的语法规则组合起来而造出种种句子进行交际的。

汉语的词汇包括基本词汇和一般词汇两类。基本词汇是指语言系统中那些反映人们最基本的日常生活所必需的事物、行为和形状等概念的词汇。基本词汇所反映的概念，在人类语言中是普遍存在的，因而是汉语词汇教学中易学的内容。这类词汇具有稳定、能产的特点，以基本词作为语素可以组成大量的词语。比如，据统计，以基本词"水"打头所构成的词，在《现代汉语词典》中就有 160 多个。具有较强的构词能力这一特点，使得基本词成为汉语词汇教学的基础内容。基本词汇以外的词汇是一般词汇。人们在频繁的交际中，说明复杂的事物，表达细致的感情，都需要大量的一般词汇。一般词汇的数量多，教学中要注意选择性，如在初中级的汉语教学中，就应该选取较为常用的一般词汇。词汇的选择主要依靠话题来调控，如在教材中选用常用话题就可以保证一般词汇的出现。

汉语的构词类型分为单纯词和合成词两类。单纯词是由一个语素所构成的词，包括单音节单纯词（如"天""水""河"）和多音节单纯词，多音节单纯词包括大量的双声词（如"崎岖""蜘蛛"）和叠韵词（如"灿烂""蟑螂"）。合成词是由两个或两个以上的语素所构成的词，即"词根＋词根"组合构成的复合词，这是汉语词的主体部分。另外还有少量由"词根＋词缀"组合所构成的派生词（如"桌子"）。

长期以来，词汇教学一直是对外汉语教学的薄弱环节。究其原因，一是词汇本身是一个开放的系统，每个词语都有自己的个性，共性不那么强，不利于进行系统的教学；二是词汇教学需要一个一个教，一个一个学，只能逐步积累，逐步加深。这种情况要求我们尽量利用汉语词汇系统，找到一些具体的教学方法，以提高词汇教学的效果。

(三) 语法

语法主要是指语言中组词造句的一整套规则，在成句的基础上，还有一整套连句成篇的规则。这两个层面的规则组合在一起，便成为语言系统的语法规则。

总体来说，对外汉语语法教学的基本内容，应当围绕培养外国学习者组词造句、连句成篇这个目标来进行。一般而言，汉语语法教学的基本内容，应当涵盖语素、词、短语、句子和语篇这五级语法单位。其中，词、短语和句子是语法教学最基本和最核心的内容。

语素是语言中最小的音义结合的构词单位。语素可以单独成词，也可以组合成词，比如"山""水""画"三个词都是由一个语素组成的，而"山水画"这个词则是由三个语素组成的。

词是最小的能够独立运用的语言单位,也是语法教学的核心内容之一,是组词造句的基础。在词层面,主要的教学内容应当是词类问题,词类问题又包含词类划分、词性确定和兼类词的辨认三个方面。

短语是词与词组合而成的语法单位。短语在整个语法系统中实际处于中心的位置,因为它不仅可以自由地充当句子成分,而且大多数短语加上一定的语调就可实现为句子。如"一瓶可乐"这个短语在"我买一瓶可乐"这个句子中充当宾语,而在应答场景中出现时却又变成了一个独立的句子:

——买什么?

——一瓶可乐。

句子是语言里最基本的表述单位,一个句子表达一个相对完整的意思。对外汉语语法教学最直接的目的就是教会汉语学习者正确理解并说出汉语的句子。

总之,对句子的组成规则、句子与句子之间的关系以及句子与语篇的关系这三方面的研究和教学,组成了对外汉语语法教学最基本的内容。

(四) 汉字

我们之所以把汉字作为汉语的基本要素之一,是基于汉字及其在教学中的种种特殊性的考虑。

1. 汉字的特殊性。

汉字的特殊性首先体现为它作为现代汉语的书写符号系统。文字是记录语言的符号体系,这是世界上所有不同语言的文字所具有的共性。世界上的文字分为表音文字与表意文字两种,汉字属于表意文字。"表音文字的造字原则是直接表音,通过记音来表意,表意是间接的;汉字的造字原则是直接表意,兼顾直接表音(通过形声字的声符),记音有间接的,也有直接的(形声字)。因此,拼音文字可以见其形而知其音,汉字则可以见其形而知其义。"[①]由于造字原则的不同,汉字和拼音文字属于两种不同的文字体系。

汉字能够直接表意的原因在于,汉语的音节能够代表固定的完整的意思,

---

① 参见吕必松《汉语与汉语作为第二语言教学》,北京大学出版社,2007年。

能够用一个表意的汉字来记录一个音节；英语等其他语言不同，大多数音节不代表固定的完整的意思，所以不能用表意的文字来记录音节。因此也可以说，正是汉语音节表意的特点造成了汉语书写符号系统——汉字——的特殊性。

汉字与汉语的特殊关系也决定了其作为汉语第二语言特殊要素的必要性。由于拼音文字可以直接表音，因此对它的学习可以完全融合在语音和词汇等其他语言要素的学习中。但汉字大部分不能直接表音，因此对语音、词汇等语言要素的学习并不能代替汉字的学习。汉字与汉语的这种特殊关系决定了汉字在汉语教学中的独立地位，应该把它作为一种特殊的语言要素来单独对待。

尽管如此，在以往的汉语教学中，汉字教学却一直处于附属地位。不论在课程设置还是在教材编写中，汉字都找不到独立的位置。这种状况已受到国内外专家的关注和重视。白乐桑指出，"从教学理论的角度看，尤其是在对外汉语教材编写原则这一最关键的问题上，笔者认为目前对外汉语教学面临着危机"，他还指出，"无论在语言学和教学理论方面，在教材的编写原则方面甚至在课程设置方面，不承认中国文字的特殊性以及不正确处理中国文字和语言所特有的关系，正是汉语教学危机的根源"。[①]

2. 汉字在汉语教学中的特殊性。

汉字用来作为汉语的书写形式并不是偶然的，而是由汉语本身的特点所决定的。首先，汉语的音节本身简单，数量有限，音节内不含复辅音，音节末尾不能出现 n、ng 以外的其他辅音，这些特点限制了汉语的音节数量。其次，与英语等拼音文字语言不同，汉语的词语音节简单，多为双音节，还存在大量的单音节词（如"方便"一词只包含了两个音节，而英语的 convenience 共包含了四个音节），音节越少其区别性就越差。这两点决定了汉语中会出现大量的同音词现象。比如"报复"与"抱负"、"不详"与"不祥"等，这些词的发音完全一样，但通过汉字的书写就得到了区分。根据《汉语拼音词汇》[②]统计，同音词有5500 多个，约占所收词汇（59100 个）的 9.5%。这些同音词的区分，离开了汉

---

① 参见白乐桑《汉语教材中的文、语领土之争：是合并，还是自主，抑或分离？》，载《第五届国际汉语教学讨论会论文选》，北京大学出版社，1997 年。

② 中国文字改革委员会词汇小组编《汉语拼音词汇》，文字改革出版社，1963 年。

字的帮助是难以想象的。所以说,汉语的准确表达离不开汉字,汉字这种表意文字系统的存在,帮助汉语清晰地区分语音与词汇。正因为如此,学习汉语而不学习汉字是不可行的。

对于汉语学习者来说,必须处理好认字与识语的关系:认字为识语的前提,这一点完全不同于汉语母语者。母语者在学习汉字之前,就已经掌握了汉语的听说能力,这种学习方法可谓"语文分开"。但作为成年人的汉语学习者却不同,掌握汉语的书写系统是学习汉语的有利工具和基础。事实证明,不学习汉字而直接学习汉语这种学习模式,学习者听说水平在短期内虽然似乎有所提高,但无法进行更为深入和更高层次的学习。20世纪60年代,北京语言学院(现北京语言大学)在汉字教学问题上经过实验,两次否定了"先语后文"的教学方法。现在"语文一体"就成了汉语教学的唯一模式。这种模式虽然也有一些固有的缺陷,但基本符合成年人学习汉语的认知规律。

掌握汉字书写系统是汉语第二语言学习者保持和提高汉语水平的基本前提。一般来说,学习者从最开始的"不会说"到"会说"这一阶段的学习比较容易,但是,从"会说"到"说得好"却很难。原因是"比较初级口语,'说得好'就必须用书面语言来规范口语,因为高级口语是具有书面语色彩的口语化语言,同日常交流所使用的口语比较,应当更加讲究语言尤其是词汇和语法的规范化、标准化。而书面语的学习必先解决汉字的认读问题"[1]。另外,汉语有很多双音节合成词,这些词大多是由单音节语素组合成的。如果学生掌握了常用的一些汉字,那么他就可以对这些合成词进行意义的拼合,这无疑有助于其汉语学习。因此,要提高汉语水平,首先就要掌握汉字的书写系统。石定果认为:"对于以汉语为第二语言的学习者而言,掌握汉字的程度直接关系到其汉语水平的高低。"[2]赵金铭指出:"我们必须认识到,汉字教学是汉语作为第二语言教学与其他语言教学的最大区别之一。只有突破汉字教学的瓶颈,创建具有

---

[1] 参见秦建文《对外汉语教学中汉字教学模式的建构》,《云南师范大学学报(对外汉语教学与研究版)》2008年第5期。

[2] 参见石定果《汉字研究与对外汉语教学》,《语言教学与研究》1997年第1期。

特色的汉语作为第二语言教学法,才能全面提高综合运用汉语的能力。"①

二　各要素之间的相互关系

现代汉语各要素之间并非完全各自独立,而是密切联系、互相影响、互相制约的,从而构成了种种复杂的关系。

(一) 语音与词汇、语法的关系

1. 语音与词汇的复杂关系。

除了从意义的角度对词进行划分外,有时语音也可以作为一种有效的辅助工具。赵元任从节律方面谈词的划分时认为,普通话里重音和字调变化有时可以用来划分词,但是拿可能的停顿作为标准更为普遍有用。② 比如:

　　　　前轻后重　　　　　　　　　前重后轻
　　天下　　　　起初　　　　　知·道　　　　本·事
　　同事　　　　拒绝　　　　　待·会儿　　　琢·磨
　　袖口　　　　代笔　　　　　乡·下　　　　明·白

以停顿作为标准的例子如:

今天 a,我 ia,要——上——,·那·个·那·个——理发——,理发铺——,去理——理——理发。

从语言历时演变的角度来说,新型双音节音步的产生直接导致了双音节韵律词的出现,从而触发了联绵词的生产和双音节的固化,继而促发大量的合成词。③ 这是语音促成词汇变化的典型例证。

2. 语音和语法具有互相制约的作用。

语音格式可以帮助确定结构的语法意义。林焘分别考察了现代汉语趋向补语、可能补语、程度补语和少量结果补语中轻音现象所反映的语法和语义问题,发现语音格式的不同对语法和语义有直接的影响。例如:

想了很久,我才想·起·来了。

---

① 参见赵金铭《汉语作为第二语言教学:理念与模式》,《世界汉语教学》2008年第1期。
② 参见赵元任《汉语口语语法》(吕叔湘译),商务印书馆,1979年。
③ 参见冯胜利《汉语韵律语法研究》,北京大学出版社,2005年。

时候不早了，我想起·来了。

日子隔得太久，我想·不起来了。

今天我有点不舒服，我想不起·来了。[①]

其中"想（不）起来"依不同的轻音现象区别其语法意义。再如赵元任的例子：

短语		词	
打手	扶手	打·手	扶·手
小心	甜瓜	小·心	甜·瓜[②]

语音和语法所具有的相互制约关系还可以体现在词语的搭配方面，除了语法语义上的限制，音节多少也是限制词语搭配的一个因素。比如下面几组搭配的对比：

进行调查——*进行查　　管理图书——*管理书

钢铁生产——*钢生产

伟大人物——*伟大人——伟大的人

强大的国家——*强大的国[③]

（二）词汇与语法的关系[④]

词汇和语法是不可分割的。语法是各个语言单位的结构规律，而词是基本的语言单位。可以说，词的组合就是语法。

词汇与语法都属于语言的意义系统，二者是不能截然分开的。词汇与语法构成了语言系统纵向与横向的关联。在这个语义网络系统中，词汇单位是结点，语法在本质上讲就是由结点和结点构筑起来的关联系统。

在一个语法结构中，具有组合关系的词语之间应该具有相互匹配的特征，如词的句法能力特征、语义的概念特征、词语的韵律组配特征、词语的认知特征、语体特征等。一个句子是否在语法上合格，本质在于进入这个语法关系的

---

① 参见林焘《现代汉语补足语里的轻音现象所反映出来的语法和语义问题》，《北京大学学报（哲学社会科学版）》1957年第2期。

② 用例引自赵元任《汉语口语语法》（吕叔湘译），商务印书馆，1979年。

③ 用例引自吕叔湘《现代汉语单双音节问题初探》，《中国语文》1963年第1期。

④ 参见张旺熹《从词汇研究到语法研究》，载《汉语句法的认知结构研究》，北京大学出版社，2006年。

词汇单位在各种特征上是否匹配,是否和谐。

词汇单位与语法单位在表达意义时,彼此之间是一种互动的、互为因果的关系。首先,语法关系是对词汇意义关系的一种抽象,词汇单位是语法关系赖以形成的基础和前提,没有词汇单位的存在,就不可能构成语法关系。其次,语法结构对词汇单位具有选择和制约的作用。"选择"是指语法框架形成后符合框架要求的词汇单位就会进入该框架,一般来说,不符合框架要求的单位就不能进入该框架。"制约"是指某些不符合框架要求的单位一旦进入该框架,就会获得本来不具有的语法意义。再次,词汇的选择对语法关系的突破推动着语言系统的发展变化。从语法框架的角度来说,语言中大量的语法框架,它们的结构、意义和功能三者之间的对应关系都处于经常的变动中,而其中语法意义的变化是最为重要的方面。导致这种变化的重要因素之一,就是进入该语法框架的词汇成分在不断变化着。而当词汇成分的变化累积到一定程度时,整个框架的语法意义就会相应地发生改变。如果词汇单位之间的相互选择关系越来越复杂的话,语言的结构系统也会变得越来越复杂,这样就不断推动着语言系统的发展变化。

从历时的角度来看,词汇成分与语法成分之间也会进行转化。词汇经过语法化便可成为语法成分。比如,"把"在古代汉语中是一个动词,表示"执、握住",如"臣左手把其袖,右手揕其胸,然则将军之仇报,而燕国见陵之耻雪矣"(《战国策·燕三》)。经过语法化,现代汉语中的"把"已经变成了介引受事的介词成分,以此为标记,"把"字句则成为现代汉语中一个常用的语法结构。同样,经过词汇化,语法结构也可以变成一个词汇成分。比如,现代汉语中存在的大量的双音节动补结构的动词(如"提高""说明"等),它们在古代汉语中大都是动补结构短语,短语内部各个词汇单位之间可以分解也可以替换。但现在它们都已经变成了词汇单位。再如,大量的"V不C"结构,在现代汉语中也有相当部分已经变成了词汇单位(如"对不起""来不及"等)。

(三) 汉字与语音、词汇的关系

首先,汉字和语音存在着复杂的对应关系。据统计,《现代汉语词典》收录了1.2万多个汉字,但所收音节只有417个,加上四声的分别,总共也只有

1300多个音节。① 这1.2万个汉字与1300多个音节之间显然难以一一对应，致使汉语中的同音字占了很大比例。如qīng这个音节，《现代汉语词典》就收录了10个不同的汉字。另一方面，一个汉字也往往会对应不同的音节，这就是多音字。如"散"这个汉字，就有两个发音：sàn(散步)、sǎn(松散)。还有一种情况，两个汉字占据一个音节，这就是"儿化音"的情况，如"门儿(ménr)"。

其次，汉字与词汇的对应关系也很复杂，主要有这样几种情形：一字一词、一字多词、多字一词。"一字一词"指的是一个汉字对应一个词汇成分，如"刀""笔""纸""人"；"一字多词"指的是一个汉字对应多个词汇成分，如"米$_1$(大米)—米$_2$(厘米)""迈$_1$(迈步)—迈$_2$(年迈)"；"多字一词"指的是几个汉字对应一个词汇成分，如"短跑"这个词由两个汉字组成，"皆大欢喜"这个词由四个汉字组成。

汉语教学中有"字本位"与"词本位"的不同提法。汉语教学传统上采用的是"词本位"，其理论依据是词是能自由运用的最小音义结合体。但近年来，受徐通锵"字本位"理论的影响，有专家在汉语教学界也提出了"字本位"的概念。② 在这种争论的背后，体现的是对汉语语法基本结构单位的不同认识，从而也影响到人们汉语教学的理念。

第二节 汉语作为第二语言教学的基本问题

随着汉语作为第二语言教学研究的开展，人们认识到"教什么""怎么学"和"怎么教"这三个问题，形成了对外汉语教学的基本问题，它们也构成了作为学科的对外汉语教学理论研究的基本框架，其内涵是作为第二语言的汉语本体研究及其教学规律与习得过程研究。

---

① 参见孙德金主编《对外汉语语音及语音教学研究》，商务印书馆，2006年。
② 参见吕必松《汉语与汉语作为第二语言教学》，北京大学出版社，2007年；白乐桑《汉语教材中的文、语领土之争：是合并，还是自主，抑或分离？》，载《第五届国际汉语教学讨论会论文选》，北京大学出版社，1997年；张朋朋《词本位教学法和字本位教学法的比较》，《世界汉语教学》1992年第3期。

一 汉语教学的基本问题

"教什么""怎么学"和"怎么教"是对外汉语教学的三个基本问题。只有对这三个基本问题以及它们之间的相互关系展开研究,才有可能全面揭示对外汉语教学的客观规律。

(一) 教什么

"教什么"指的是语言教学的内容。在汉语教学的过程中,我们首先要明确教学的内容,其中又包含两个层次:一是确定教学范围,二是确定范围中的具体内容。[①] 对外汉语教学的范围包括汉语的各种基本要素,即语音、词汇、语法以及汉字。明确了教学内容的范围,我们还要规定各个范围中的具体内容。比如,在词汇这个范围里,并非所有的词语都适宜不加区别地拿来进行教学,我们应该首先选取常用词语作为教学的具体内容。又如,在语法这个范围里,也并非所有的语法点都是教学的重点,我们应该选取汉语特有的语法特征进行重点教学,而人类语言共有的东西,在教学的具体内容中可以省略,采用"零教学"的方式(如连动句)。我们要对教学内容有透彻的了解,对教学内容知其然,也要知其所以然,这样才能给学习者以有效的指导;也只有这样,才能把规律性的语言知识教给学习者,提高他们的学习效率。

语言要素是教学的基本内容和基础,但我们还应当明确,语言内容不是教学内容的全部。如果不包括语言技能、交际技能和文化背景知识,那么,教学内容也是不完整的。

(二) 怎么学[②]

"怎么学"研究的是汉语学习的内在规律,属于第二语言习得的领域。主要包括这样几方面的内容:对偏误和中介语的研究;对学习普遍规律的研究;对学习者外部因素(如社会因素)、内部因素(如影响学习者的心理因素)以及个体差异(如自身的生理、情感、学习动机、认知特点和学习策略)的

---

① 参见吕必松《对外汉语教学研究》,北京语言学院出版社,1993年。
② 参见赵金铭《对外汉语研究的基本框架》,《世界汉语教学》2001年第3期。

研究。

过去,人们总是把希望寄托在改革教学内容和教学方法上,研究的内容都侧重于"教什么"和"怎么教",摸索出了一种又一种的教学理论和教学方法,形成了许许多多的语言教学法流派。20 世纪 60 年代末开始,越来越多的人认识到,了解学习者学习语言的心理过程,是改进教学方法、提高教学效果的前提。只有掌握了语言学习规律,语言教学的许多问题才可能比较好地得到解决。因此 20 世纪 70 年代以来,以"学习者如何学"为主要研究对象的第二语言习得研究受到越来越多的重视。

第二语言习得研究在 20 世纪 70 年代重点是分析第二语言学习者的言语错误,通过调查并比较成人在第二语言习得时产生的中介语,考察其与儿童把这种语言作为母语习得时的语言是否有相同之处。这些调查研究大都局限在"形态－句法"的范围内。随着研究的不断深入,同时由于对学习者交际能力的逐渐重视,话语层面的研究现在吸引了越来越多的注意。第二语言习得研究试图从多侧面、多角度去描写、分析第二语言的学习过程,努力去发现影响学习过程的诸多因素。[①]

(三) 怎么教

"怎么教"有两种理解:狭义的理解仅指教学方法,如教学中使用的归纳法、演绎法、解释法、操练法等;广义的理解则是指教学的内在规律,所涉及的具体问题包括教学原则、教学方法、教学技巧以及教学模式等。

教学原则是教学工作和教学活动应当遵循的基本要求。它反映语言规律、语言学习规律和语言教学规律,用以指导和规约总体设计、教材编写、课堂教学和语言测试等全部教学活动。对外汉语教学的总原则可以概括为:以学生为中心;以交际能力的培养为核心;以"结构－功能－文化"相结合为框架。[②]

教学方法是在教学原则的指导下,在教材编写和课堂教学中进行知识传授和技能培训的具体方法,其中包括组织教学内容的方法(如按结构法还是按

[①] 参见孙德坤《对外汉语教学是一门新型的学科》,北京语言学院出版社,1994 年。
[②] 参见李泉《对外汉语教学理论思考》,教育科学出版社,2005 年。

功能法组织教学内容),讲解语言点的方法(如采用演绎法还是归纳法),训练听、说、读、写等言语技能和言语交际技能的方法(如采用什么样的练习方式),等等。① 我们常说"教学有法而无定法","有法"是说教学方法的确定和选择不是随意的,应该有其科学根据和理论依据。具体的教学方法体现教学原则,离不开教学原则的指导。根据教学对象、教学内容等条件的差异,教学方法又是灵活多变的,因而又是"无定法"的。以语法教学为例,有些语法点的讲解适合采用归纳法,有些语法点的讲解适合采用演绎法。无论采用演绎法还是归纳法,都要看是什么样的语法点,不应当首先认定语法知识的教学只能用归纳法,然后根据这样的思路编写教材。②

教学技巧指任课教师在课堂上进行教学的方式方法。教学技巧受到教学原则、教学方法等的制约,但更加灵活,能够充分体现教师个人的教学艺术和教学风格。教学技巧贯穿于整个课堂教学的组织中,比如,如何引入新的语言点,如何设计板书,如何使用教具,如何启发学习者思考,如何调节课堂气氛,如何控制教学节奏,等等。

近年来,很多研究者开始从追求最佳教学法转向对教学模式的探索,即:针对不同的学习对象、不同的学习环境、不同的学习阶段、不同的教学内容等而有不同的教学方法。这种探索对汉语作为第二语言教学来说是十分有益的。

二 基本问题之间的相互关系

(一) 对三者关系的不同认识

在"教什么""怎么学"和"怎么教"三者之间的关系问题上,对外汉语教学界一直存在不同的认识。

有学者认为,对外汉语教学的主要目标是要解决"怎么教"这个核心问题。而要解决这个核心问题,首先必须明确"教什么"和弄清学习者"如何学"这两

---

① 参见吕必松《汉语与汉语作为第二语言教学》,北京大学出版社,2007年。
② 参见李泉《对外汉语教学理论思考》,教育科学出版社,2005年。

个基本问题。① 一个"核心",两个"基本",这三者的关系如下(图1-1)所示。

图 1-1

吕必松曾将"教什么""怎么学"和"怎么教"的关系图示如下(图1-2)。② 后来又做了修改,不过只是将三个基本问题的名称做了调整,三者之间的关系并没有改变(图1-3):

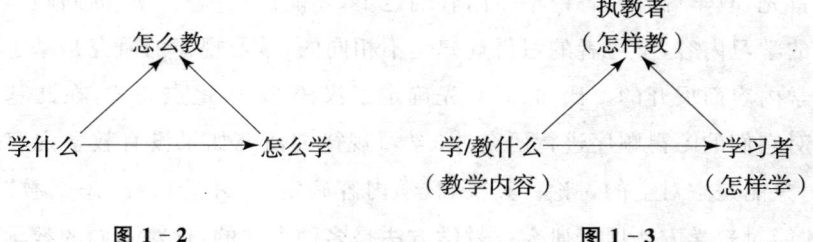

图 1-2   图 1-3

吕必松认为,"怎么学"是由"学什么"(即"教什么")决定的,学习的内容不同,学习的规律也就不同。"怎么教"又是由"学什么"和"怎么学"决定的,如果不了解学习内容和学习规律,也就不可能掌握教学规律。所以,要研究教学规律,首先要研究教学内容和学习规律。

赵金铭认为,在对外汉语教学研究中,首先要研究"教什么",即把"对外汉语"教给第二语言学习者。教学内容研究透了,知其所以然,学习者据此学,教师依此教,在"学"和"教"这对矛盾中,只有基本弄清了学习者的习得过程、习得规律、习得顺序、习得策略之后,才能真正谈得上有针对性地实施教学。否则,"怎么教"的研究就会发飘,欠缺依据,底气不足,依然摆脱不掉经验之谈的毛病。③

---

① 参见仲哲明《应用语言学研究的现状与展望》,载许嘉璐等主编《中国语言学的现状与展望》,外语教学与研究出版社,1996年。
② 参见吕必松《对外汉语教学研究》,北京语言学院出版社,1993年。
③ 参见赵金铭《对外汉语研究的基本框架》,《世界汉语教学》2001年第3期。

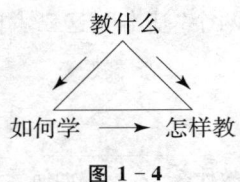

图 1-4

(二) 三个基本问题的整体性

虽然人们在谁是"核心"、谁是"基本"这一点上存在争议,但我们也应当看到,这些观点之间有一个共同之处,即:"教什么""怎么学"和"怎么教"是一个相互依存、相互支撑的整体。

首先,教学内容或者说学习内容确定了,才能讨论"怎么学"的问题。针对不同的学习内容,学习者的习得规律是不相同的,学习规律的研究是基于具体的教学内容而展开的。比如,只有先确定了汉语 22 个重点句式,在此基础上才能对它们的习得顺序进行研究。① 学习规律的研究如果没有教学内容作为基础,只能是空对空的讨论。其次,教学内容确定了,才能研究"怎么教"的问题,才能对教学方法展开研究。教学方法是多种多样的,针对不同的教学内容才能采用具体不同的教学方法。比如,对状态补语的教学,宜采用演绎法,用少量句子引出新的句式,总结公式,然后大量操练;而对形式较为简单的结果补语的教学,就可以采用归纳法,利用已经学过的动词与形容词大量搭配,之后总结公式。再次,了解了学习者的学习规律,才能确定具体的教学方法。比如,根据学习者对趋向补语的习得顺序来确定趋向补语教学的顺序。② "教什么""怎么学"和"怎么教"相互关联,互为基础与参考,因此,它们是一个相互依存、相互支撑的整体。

(三) "教什么"的问题依然是核心问题

在"教什么""怎么学"和"怎么教"这三个问题中,"教什么"是"怎么学"和"怎么教"的基础。确定了汉语教学的内容,才能对教学内容的习得规律、教学

---

① 参见施家炜《外国留学生 22 类现代汉语句式的习得顺序研究》,《世界汉语教学》1998 年第 4 期。

② 参见杨德峰《英语母语学习者趋向补语的习得顺序——基于汉语中介语料库的研究》,《世界汉语教学》2003 年第 2 期。

方法进行具体探讨。对外汉语教学研究框架的核心应该是作为第二语言或外语的汉语,即服务于第二语言或外语的汉语本体研究,也就是说,"教什么"的问题才是研究的核心。之所以如此,是因为对外汉语教学既是一种汉语教学,又是一种外语教学,我们习惯上所说的"对外汉语",其含义是指作为第二语言或外语的汉语,并不同于作为母语的汉语。研究"对外汉语"与研究作为母语的汉语,在目的、内容、方法、手段上均有很大的差别。研究对外汉语的目的,在于让学习者掌握汉语语音与韵律,了解汉语词语用法与搭配习惯,明白造句原理与句子组装规则以及正确、得体的汉语表达方法,从而养成新的语言习惯,培养学习者的汉语交际能力。在内容上,要求既要阐明汉语与其他语言的共同之处,更要揭示汉语所独具的特点,特别应点明学习者在学习过程中可能遇到的难点。在研究方法上多用语言对比分析、教育测量与统计等方法。这种作为第二语言或外语的汉语研究,体现了本学科的研究特点,是学科基础理论研究的重要组成部分。[①]

近年来,人们在汉语习得与汉语认知方面做了不少的研究,在外国学习者语音、词汇、语法的习得过程,句式习得顺序与习得过程,汉字的认知加工及学习研究,语音、词汇、句法的认知加工过程等方面取得了一定的成果,但这些成果往往比较零散,缺乏系统性或连续性,不成系列。另外,对汉语学习者的个体差异研究更显薄弱。可以说,"怎么学"的研究尚没有足够的规律可供把握。而在没有关于外国人汉语学习规律研究成果的情况下,我们的教学理论的说服力和可信度是非常有限的。[②]

在三个基本问题的关系中,"怎么教"是一个顶层设计的问题,必须以"教什么"和"怎么学"为基础。有关三个问题关系的论述,吕必松与赵金铭两位先生的具体提法虽然不尽相同,但他们都把教学内容与习得规律作为决定教学方法的基础。如吕必松认为,"语言教学规律是由语言规律、语言学习规律和一般教育规律共同决定的,是语言规律、语言学习规律和一般教育规律的综合

---

① 参见赵金铭《对外汉语研究的基本框架》,《世界汉语教学》2001年第3期。
② 参见吕必松《对外汉语教学研究》,北京语言学院出版社,1993年。

体现。因此,要揭示和阐明语言教学的规律,就必须先了解语言规律、语言学习规律和一般教育规律"。他还指出,"设计什么样的教学路子,必须以所教语言的特点和语言习得规律为根据。……研究教学路子必须与研究所教语言的特点和语言习得规律相结合"。①

第三节 汉语要素教学的四个基本点

我们认为,语言学理论是语言教学理论和教学实践的理论基础之一。没有语言学的研究成果,语言教学就难以有效地开展。

语言学在语言教学中的作用可以归结为宏观和微观两个层面。所谓"纯语言学",特别是其中关于语言的本质和特点的部分,对语言教学理论的研究和语言教学法的研究具有指导作用,是研究语言教学理论和语言教学法所不可缺少的理论依据。迄今为止所形成的各种语言教学理论和语言教学法流派,无一不以一定的语言学为理论背景。这就是语言学对语言教学的宏观指导作用。对语言事实的描写和研究,包括各种统计,对语音、词汇、语法规律和规则的描写,对句型、话语和篇章的具体规律规则的描写等,都对语言教学的总体设计、教材编写、课堂教学和测试等具体教学活动具有指导作用,是这些具体教学活动所不可缺少的理论依据。② 在探讨语言要素教学问题时,我们也特别强调要把握好汉语作为第二语言的特殊性、汉语要素的认知规律、汉外语言对比的积极作用以及汉语作为第二语言的习得规律。

一 把握汉语作为第二语言的特殊性

汉语作为第二语言的特殊性,是指汉语相对于其他语言的特点来说的。汉语中有其他语言所没有的语言范畴,或是与其他语言具有差异性的语言范

---

① 参见吕必松《汉语与汉语作为第二语言教学》,北京大学出版社,2007年。
② 参见吕必松《汉语研究与汉语教学》,《世界汉语教学》1991年第4期。

畴,这就是汉语作为第二语言的特殊之处。王力指出:"一切语法上的规律,对于本国人,至多只是习而不察的,并不是尚待学习的。……我们的书虽不是为外国人而著,却不妨像教外国人似的,详谈本国的语法规律。譬如有某一点,本国人觉得平平无奇的,而外国人读了,觉得是很特别的,那么,正是极值得叙述的地方。甲族语所有而乙族语所无的语法事实,正是甲族语的大特征。"[①]充分认识汉语各要素的特殊性,是做好对外汉语教学的基础。因为汉语要素的特殊之处,也正是汉语作为第二语言教学和学习的重点与难点所在。

(一) 语音的特殊性

从语音方面来看,汉语最大的特点在于汉语是有声调语言。世界上的语言可以分为无声调语言和有声调语言。无声调语言中,语调是句子结构的组成部分,而不是词的组成部分。这种语言中的词以不同调型读出来时不会造成意义的改变。而声调语言中的声调则是词的一部分,具有区别意义的作用。汉语是有声调语言,对母语为无声调语言的学习者来说,声调的学习就尤为困难。初学者往往对声调的变化毫无感觉,在他们听来,yáo 和 yào、tiān 和 tián 是没有区别的。或者虽然有的学生能够较好地听辨并说出单音节的声调,一旦将两个单音节相拼,就完全辨不出声调。即便母语是有声调语言的学习者,声调的学习也不是一件容易的事,因为不同语言的声调也有所不同,母语中声调的负迁移也会给这种母语背景的学习者带来不少困难。比如,泰语是一种声调语言,泰国学习者在学习汉语时往往以泰语的第一声代替汉语的阴平。但泰语的第一声与汉语的阴平不同,是一种低平调,音值为 33,所以很多泰国学习者的第一声都发得过低。

每种语言中都存在语流音变,但声调的语流变化却是无声调语言母语学习者所没有接触过的,如变调、轻声。三声变调就一直是严重困扰外国学习者的问题。尽管他们能够准确地读出全三声和半三声,但半三声+二声(如"很忙")、三个以上连读的三声音节(如"我也买两本")的读法却使他们手足无措。同样是在原为三声的轻声音节之前,三声的变调却又有不同,如"姐姐""奶奶"

[①] 参见王力《中国语法理论》,中华书局,1947 年。

的第一个音节变为半三声,而"小姐""想法"的第一个音节却变为第二声。再有,汉语是特别讲求韵律的语言,韵律对词法和句法的制约都是汉语相当重要的特征所在。

(二)词汇的特殊性

现代汉语词汇最显著的特性是不分词连写,这一点与拼音文字不同。拼音文字将每个词分开书写,这样词与词之间的界限是清楚的。而现代汉语词与词之间界限不清楚,这就于阅读的过程中增加了学习者在心理上对句子进行词语分解的步骤。对汉语学习者来说,词语连写所带来的不仅仅是阅读时间上的延长,更重要的是,由于他们的心理词典尚不够大或还未建立,所以分辨哪几个汉字组成一个词就是他们难以跨越的一道门槛。我们都有这样的外语学习经验:经过一段时间的学习后,在阅读中即使遇到一个不认识的人名,也可以轻松地做出判断;而对于汉语学习者来说,同样的情况就没有那么容易了。如"王云天来到医院"这个句子,学习者就很难判断"王""王云""王云天"三种组合究竟哪一个才真正是人的名字。在初中级班的阅读练习课上,经常遇到学习者用词典查找"云天""天来""到医"这样的组合。可见,现代汉语词语连写这一特点的确给汉语学习者的辨词、认词造成了很大的障碍。

语素和词的交叠也是现代汉语词汇的一大特点。同一个语素在有的地方是独立的词,但在有的地方却只能与其他语素一起构成一个词,这给学习者的用词造成了很大困难。比如,学习者造出"一年四季,我最喜欢春天这个季"这样的句子,错误就是把"季节"中的非成词语素"季"当作词用了。其实,这样的问题是可以避免的。某些字作为一个词独立使用的情况不常见,而作为语素的情况却常见,那么在我们的教材或课堂教学的生词讲解中,就要避免它单独成词的情况出现。

另外,古代汉语词语在现代汉语词汇中的留存,也是现代汉语词汇的特点之一。很多古代汉语词语虽然今天仍然存在,但常用义项已经改变,或变成了不成词语素。那么,我们在教学中同样应该避免其古代常用义项或作为成词义项的讲解,否则也会给学习者的用词造成困扰。比如,"口"在初级汉语教学范围中的常用义项是量词,表示家庭人口的数量。但是教材讲解生词时却通常首先将"嘴"这个义项介绍出来,同时在"口"作为汉字部首的学习中,这一意义又再次得到强化,学习者就会造出"我的口很干"这样的句子。像这样常常用错的古代汉语词还有"日"("*今天天气不好,没有日")、"木"("*学校里有很多木")、"目"("*我的目看不清楚")等。

(三)语法的特殊性

对汉语学习者来说,汉语语法的特殊性集中体现于这样几个方面:

首先,汉语是一种主题突出的语言。在汉语中,只要适合作为陈述对象的成分,都可以占据句首主语的位置,甚至一个动词性成分也可以如此,如"住在这儿买东西不太方便"中的"住在这儿"。由于这种特性,汉语中常常出现含多层主题的句子,也就是"主谓谓语句",上例中的"住在这儿"和"买东西"就是两层主题。外国学习者不习惯使用这样的句子,常常会出现"？北京有很多人"、"？他家有很大的房子"这种不地道的句子。

其次,语序对语义的表达具有重要的制约作用。汉语语法关系的表现,一般不依靠像印欧语言那样的形态标志手段,也不依靠像日语韩语中那样的格助词,而是在很大程度上依靠语序的变化。因此,相同的词语以不同的排列顺序出现,就会表现出不同的语法关系和语义关系。比如,"我学习很努力"和"我要努力学习"这两个句子中,形容词"努力"分别作为谓语和状语出现,这就使两个句子具有了不同的意义。前者是对过去某种状况的描写,后者表达对未来某种状况的企盼。形容词充当状态补语与状语也普遍存在这种意义上的对立,如:

睡觉很早——早(点儿)睡觉　　吃得很多——多吃(点儿)

回家很晚——晚(点儿)回家　　穿得很少——少穿(点儿)

吃饭很快——快(点儿)吃饭　　走得很慢——慢(点儿)走

再次,汉语有丰富的量词。汉语有一整套系统的量词,不同的名词搭配不同的量词,而很多语言中没有量词,例如英语 one student,数词和名词直接搭配,但汉语通常要说成"一个学生"。汉语量词与名词的搭配是有规律可循的,我们应该引导学习者善于寻找量词使用的规律。还要提示学习者注意近似量词的使用差异,如"条"用于扁平长条状可以弯曲的物品(如"一条毛巾"),而

"根"则用于长条柱状不可弯曲物品(如"一根骨头"),或极细长如线状物品(如"一根头发")。

另外,某些句法语义结构是汉语中有而学习者母语中所没有的,也是外国学习者学习难度较大的项目,这些也应该算作汉语语法的特殊性所在。根据邓守信的总结,这种语义结构包括处置式(如"妈妈把爸爸训了一顿")、补语(如"看得见""穿不下""说不过去")、重叠(如"走走""高高的""轻松轻松""干干净净")等。[①]

(四)汉字的特殊性

对汉语学习者来说,汉字绝对是具有特殊性的书写系统。汉字与拼音文字有本质的区别,这种区别体现在两个方面:一是形式上的区别,拼音文字是由字母组成的线性一维图形,而汉字是由笔画组成的方块字,是一种二维图形;二是文字性质上的区别,拼音文字是直接记音的表音文字,而汉字则具有形体表意的特征,是表意为主的文字。现代汉字还有如下两个特点:

首先,就汉字的字义而言,尽管汉字有较强的表意功能,但由于汉语和汉字的历史演变,现代汉字在直观显示形音义的准确度上已经大打折扣,大都很难直接以象形表意来识记。比如,形声字中,有的形旁兼有多义,形旁"月"有时表示"时间",如"期""朗";有时则表示"肉",如"胳膊""肝胆"。有的形旁的意义已经难以理解,如"须""颗"中形旁"页"的原义(头),不但外国学习者不明白,不具备文字学专业素养的中国人也难以理解。在这样的情况下,形旁基本上已经变成了一种记号,形义脱节,难以对汉字的意义起到提示作用。

其次,就汉字的字音而言,虽然现代汉字的形声字占了80%,但汉字并不能通过拼读直接获得准确读音,也没有专用的记音符号。不同的音符可以记同一音节,如"漠""沫""磨"都使用同一音节 mò,但声符各不相同;同一音符可以记不同的音节,如用声旁"勺"表音的"约""的""酌""钓""芍",读音各不相同,因而也就减弱了表音的作用。

[①] 参见邓守信《对外汉语教学语法》,北京语言大学出版社,2010年。

二 重视汉语要素的认知规律

从认知的角度来说,汉语作为第二语言学习的过程就是逐步建立对汉语各要素的正确感知和模仿能力的过程。而模仿能力建立在正确的感知基础之上,感知能力包括对语言要素单位的切分能力、分辨能力、判断正误并修正错误的能力。对语言感知能力的建立,依靠的是语言环境的影响、自然语言的不断输入以及语言规律的不断内化。这种认知规律是第二语言学习者有效学习汉语的基础。

(一) 语音感知与教学

我们都有这样的经验,当听到一种陌生的语言时,面对一连串的声音感到茫然,不知如何将这一串语流切分开来。相反,如果听到用母语说出的一句话,即便所有的词语都是陌生的,我们仍能在不知意义的情况下,将语流切分成基本单位。这就是因为我们对陌生语言的语音系统没有感觉,而对自己的母语已经建立起了感知能力。汉语语音的学习过程,首先就是要建立对汉语语音要素及其结构系统的感知、辨识和把握的能力。

语音感知还包括对汉语区别意义的语音特征的把握。比如,由于母语的影响,作为初学者的印度尼西亚学习者很难理解 b、d、g 与 p、t、k 这两类辅音对意义的不同区别作用,而一旦语音感知能力建立以后,就可以明确地区分两类辅音对意义的影响。汉语的韵律特征尤其体现汉语的语音感。静态的单音节的学习只是学习的第一步,进入话语之后,单音节的字音要有变化,这是动态的汉语发音。外国学习者要想习得地道的汉语,必须掌握汉语语流及韵律结构模式。

(二) 词汇感知与教学

汉语词汇系统非常复杂,词与非词之间的界限不明确,具体说就是词和语素、词和短语界限不清。因此,汉语词汇学习首先必须建立汉语语素、词和短语的分界意识,也就是要建立正确的汉语词感。比如,"关门"与"关心"虽然结构一样,但前者是短语,后者是词。在词汇单位分界意识建立的过程中,汉语书面语不分词连写会给学习者带来很大的困扰,词汇感知能力建立的标准之一就是看能否克服汉语词语连写所带来的困扰。词汇感知还包括对词与词的类聚关系和组合关系的准确把握,即语素构成词、词组成短语、词和短语构成句子的语言知识和能力的获得。

(三) 语法感知与教学

我们应该首先明确,非母语者的汉语语法学习不同于母语者的汉语语法学习,重要的不是汉语语法理论知识的掌握,而是语法感知能力的建立。语法感知包括这样三种层次的内容:对组词成语、组语成句、组句成篇的内在规律性的掌握,如一组句子用什么样的语义和形式的手段组合成一个语篇;对相关语法成分之间相互联系性与区别性的把握,如同样一个形容词处于状语位置和补语位置时意义上的差别(如"高兴地说"和"说得很高兴");对结构形式与语义之间各种匹配关系的把握,如"主体在外力的影响下发生位移"这样的意义与"把"字句这种结构形式的匹配等。

(四) 汉字感知与教学

汉字感知能力的第一层次是对汉字字形与字音、字义结合和关联的能力,第二层次是对汉字部件进行拆分与组合的能力。汉字文化圈和非汉字文化圈两类学习者具有不同的汉字字感。汉字文化圈的学习者在日常生活和文化教育过程中或多或少地使用一些汉字,因而具有良好的汉字字感。对这样的学习者,我们在教学中应该注意的是,他们所接触或使用的汉字与中国现代汉字之间存有差别,因为这种差别会干扰其汉字的学习。而非汉字文化圈的学习者所使用的拼音文字与汉字在认知方式上具有本质的不同,因此他们需要建立全新的字感:习惯笔画和部首的二维组合方式,习惯方块汉字与意义的直接联系。

三 进行汉外语言对比

无论是学习者还是教学者,在第二语言学习和教学的过程中,都会自觉或不自觉地进行语言对比。在语言对比中我们能够更容易地发现不同语言的特点,以作为教学或学习的参考。进行对比研究有着特殊的意义:只有进行对比研究,才能更深刻地认识和揭示某一门类、某一语种的语言教学的特殊规律;也只有进行对比研究,才能揭示和概括出不同门类、不同语种的语言的共同教学规律。共同规律即普遍规律,具有普遍的指导意义。[①] 在汉语教学中,我们应该充分发挥语言对比的积极作用。

(一) 汉外语言对比是成人第二语言学习的必由之路

与儿童第一语言习得者不同,作为成年人的汉语第二语言学习者已经获得了较多的知识与较高的技能,尤其是已经建立了母语形式与意义的心理网络,因此在学习中难免会把母语的语言成分、语言规则与汉语进行对比。这种对比可以出现在语音、词汇、语法各个要素层面。事实上,对比也是一种客观存在,外国人初学汉语就会本能地通过其母语或媒介语的中介来进行思维和心译。这种对比可以产生正迁移,也可能因为简单比附而产生负迁移。作为对外汉语教学工作者,我们应该正确引导学习者进行对比,帮助学习者避免因错误的比附而导致的负迁移。[②]

(二) 汉外语言要素之间存在广阔的对比空间

汉外语言要素的系统对比,可以为我们的教学和学习提供很好的参照。如汉外语音系统的对比,可以给我们指出语音偏误的来源,寻找不同母语学习者学习汉语语音的特殊性和主要难点,对教学有很大的指导作用;词汇领域的汉外对比,可以使我们充分地、多方面地认识汉语和其他语言词汇系统及个别词语的特点,帮助我们部分地预判学习者学习汉语词语可能出现的偏误;在语法领域,这种对比进行得更为多样和成熟,涉及的项目有词类对比、语序对比、句子成分和句式对比、虚词对比等。这些对比同样帮助我们确立语法教学的项目以及具体的教学方法。

(三) 汉外对比具有很大的参考价值

通过汉外语言对比,我们可以找到汉语作为第二语言教学的难点与重点,这对我们的教学设计有很大的参考价值。比如,邓守信总结了六类语法的对比情况:母语和目标语一致的结构、母语有但目标语没有的结构、目标语有但母语没有的结构、母语与目标语都有此语义结构、母语有此语义结构而目标语

[①] 参见俞约法《语言教学若干问题管见》,《世界汉语教学》1994 年第 3 期。
[②] 参见张德鑫《对对外汉语教学本质之认识》,载《中国对外汉语教学学会第三次学术讨论会论文选》,北京语言学院出版社,1990 年。

没有、目标语有此语义结构而母语没有,并根据六个界定困难的假设,确定六种情况的学习难度。① 根据这样的对比结果,我们可以更容易地对语法教学进行设计。如对于一、二级难度的结构,可以采用"零教学"。汉外对比在国别化的语言教学中更有其优势,因为学习者母语相同,这种汉外对比的结果就会更有针对性。通过汉外对比,我们可以确定哪些内容采用"零教学",哪些内容是教学的重点和难点,从而避免教学的盲目性。

四 了解汉语第二语言的习得规律

对汉语学习者习得规律的研究有助于提高语言教学的效果。因此,汉语第二语言学习者的习得规律便是我们的教学过程所要遵循的内在要求。刘珣指出,"教"是为了"学",一切教学活动必须符合学习的规律,"教"与"学"一致起来才能取得好的效果。教师应当了解学习者的学习过程,增加对学习者的理解,使"教"适应"学"而做到有的放矢;学习者能够也应当了解学习规律,自觉地把握学习过程,发挥自己的主观能动性,才能学得更好。②

(一) 汉语第二语言的习得过程中既有共性又有差异

同样的学习内容在不同的学习者(不同母语、不同年龄、不同学习环境)之间可能会存在同样的习得顺序和习得规律,同时也会有一定的差异。施家炜通过对外国留学生22类现代汉语句式的习得顺序的研究发现,留学生22类现代汉语句式习得顺序极为一致,但同时也存在一定的差异。③ 另外,母语背景虽然对习得顺序不构成显著影响,但却对习得阶段和习得速度构成影响。这些都证明汉语第二语言习得规律既存在共性,又存在个性。

(二) 充分认识和掌握学习者的习得规律和特征

对于汉语教师来说,除了要对汉语的各种要素本身的规律有所了解之外,更重要的是,还应该充分认识和掌握学习者的习得规律和特征。我们应该从

---

① 参见邓守信《对外汉语教学语法》,北京语言大学出版社,2010年。
② 参见刘珣《语言学习理论与对外汉语教学》,《语言文字应用》1993年第2期。
③ 参见施家炜《外国留学生22类现代汉语句式的习得顺序研究》,《世界汉语教学》1998年第4期。

以下三个方面对汉语要素的习得规律进行把握：第一，学习者语音、词汇、语法、汉字的习得过程；第二，不同母语背景对学习者的汉语语音、词汇、语法、汉字习得过程的影响；第三，学习者个人因素（年龄、学习动机、个性、认知特点、学习方法）对汉语语音、词汇、语法、汉字习得过程的影响。第一个方面探讨的是汉语各要素习得规律的共性特点，第二、三两个方面探讨的是汉语要素习得规律的差异性特点。

（三）汉语第二语言习得规律有助于教学研究

汉语第二语言习得规律可以为我们的教学研究提供帮助。习得规律中的共性研究可以对大纲设计、教材编写、课程设置、课堂教学等起到积极作用。比如，不同语法项目的共同习得顺序可以为教材中语法项目的选择、排序等提供参考。而习得规律中的差异性研究更可以为课堂教学提供指导作用。比如，针对不同母语的学习者，相同语法项目的讲解可以采用不同的方式，对易错点的强调也要有所变化。总之，汉语第二语言习得规律的研究，应当成为对外汉语教学设计的一个重要理论支撑。

第四节 汉语要素教学的三个基本意识

对外汉语教学专业工作者，应该牢固树立汉语要素教学的三个基本意识：首先，"教什么"的问题依然是对外汉语教学的核心问题；其次，要牢牢把握汉语要素的系统性特点；再次，要正确把握汉语要素教学的针对性。明确具备了这三个基本意识，会从客观上帮助我们所从事的对外汉语教学的各项工作。

一 "教什么"是汉语要素教学的核心问题

对外汉语教学是一个新兴的、跨学科的领域，其所涉问题的方方面面相当多，不仅有语言本体的问题，也有语言习得的问题，还有语言教学的问题，甚至包括国家语言政策、教师发展等一系列问题。但我们认为，"教什么"的问题依然是对外汉语教学的核心问题。

(一) 汉语要素教学是对外汉语教学的基本任务

对外汉语教学无论其具体的教学对象有何不同,教学阶段有何差异,教学模式有何变化,教学目的有何特殊之处,其教学的基本目标和任务都是为了让外国人在有限的时间内尽可能快地掌握好汉语作为第二语言的交际能力。[①] 而学习任何一种语言,都要以对这个语言的语音系统、词汇系统、语法系统乃至文字系统的感知、识别进而到掌握和运用为标志。因此,对汉语要素的教学也就成为对外汉语教学的基本任务。

语音是语言的物质外壳,语言是由一套完整的语音符号所构成的声音系统。对外汉语教学首先要从教给汉语第二语言学习者汉语的语音系统开始,这是任何一种教学模式都必须遵循的基本规律,否则他们就无法建立起汉语的语音系统,因而也就无法感知、辨识、掌握汉语的语音符号系统,也就更谈不上在此系统的基础上去掌握汉语的词汇和语法系统了。另外,由于汉语语音系统的特殊性(汉语是有声调的语言、特别讲求韵律),也有人主张语音教学要贯穿对外汉语教学的始终。

词汇是语言的建筑材料,是语言的基本语义单位。换句话说就是,语言是由词汇系统所支撑的语义单位所构成的系统,而语言的核心功能就是要表情达意。因此,从这个角度说,对外汉语教学的基本教学任务之一便是要通过系统而有效的词汇教学,教给汉语第二语言学习者感知、辨识、掌握并运用汉语词汇的能力。如果一个汉语第二语言学习者不能够清晰、有效地掌握汉语的词汇单位和词汇系统,那就意味着他失去了用汉语组词造句的基本前提。由于汉语词汇数量庞大、词语界限模糊、词义差别细微、词汇色彩丰富,因而对汉语词汇的掌握也并非一日之功。

对汉语第二语言学习者来说,汉语语法的教学就更为重要了。如果我们把汉语的语音系统、词汇系统看作是静态系统的话,对它们的掌握相对要容易一些。而一个汉语第二语言学习者是否能够用汉语进行自主、有效的言语表达,则是动态的语法教学系统的任务。由于汉语语法形态手段不丰富,语序相

[①] 参见陆俭明《作为第二语言的汉语本体研究》,外语教学与研究出版社,2005 年。

对灵活多变,虚词使用广泛而差别细微,因此汉语语法教学在对外汉语教学中便成为一个更深层、更广泛和更长期的教学任务。

汉字之于汉语的特殊性,使其成为对外汉语教学无法回避或忽略的一个关键因素。汉字不仅与语音、词汇甚至语法等诸多问题密切关联,而且对广大汉语第二语言学习者来说,更有其感知、辨识和掌握上的种种特殊性。汉字字量庞大,书写繁难,同音同形同义字繁多,不像其他拼音文字的几十个字母那样来得简单、易学。汉字教学在整个对外汉语教学系统中占有特殊重要的地位,也自然成为对外汉语教学的重要组成部分。

由此可见,汉语基本要素的教学(也就是所谓"教什么"的问题),应该是整个对外汉语教学最基本、长期的任务。不解决好"教什么"的问题,就不可能把整个对外汉语教学搞好。

(二)"教什么"是"怎么学"和"怎么教"的基础

对外汉语教学无论怎样变化,始终都离不开"教什么""怎么学"和"怎么教"这三个基本问题。尽管人们对这三个基本问题之间关系的认识还不尽相同,但我们坚持认为,"教什么"的问题依然是三个基本问题当中最核心的问题。因为只有了解了"教什么",才能科学地观察"怎么学",然后才能调整或重新设计出"怎么教"的方案来。从这个角度说,"教什么"是"怎么学"和"怎么教"的基础。

所谓"教什么",是指对所教内容(即语言要素)内在特点和规律的把握。具体来说,对外汉语教学就是要把作为第二语言的汉语的基本要素(语音、词汇、语法和汉字)的内在特点及其系统规律掌握清楚,不然会造成"以其昏昏使人昭昭"的局面。从这个角度说,一个专业的对外汉语教师,首先必须系统地掌握汉语作为第二语言的基本要素的内在特点和规律,必须熟练掌握汉语语音、词汇、语法和汉字的基本知识、基本理论及其教学的基本技能。我们只有在对"教的是什么"的问题搞清楚、弄明白的基础上,才能谈得上去讨论、解决"怎么学"和"怎么教"的问题。

在如何对待对外汉语教学"三个基本问题"的态度上,我们还应当防止这样两种认识偏差:第一,既然是以学习者为中心,那么就要以学习者"怎么学"

为中心;第二,既然是对外汉语教学,那当然就是要以"怎么教"为中心。学习者"怎么学"的规律固然重要,但只能是教学设计中一方面的参考因素;"怎么教"的问题固然是对外汉语教学的落脚点所在,但它不能是空中楼阁,而要建立在"教什么"和"怎么学"的系统考虑基础之上。"教什么""怎么学"和"怎么教"中的任何一个问题,都不是对外汉语教学设计立足点的全部。一个科学的对外汉语教学的整体设计方案,必然是在对"教什么""怎么学"和"怎么教"这三个基本问题整体规划和系统考虑的基础上设计出来的,过分强调其中的任何一个方面,都会有失偏颇。

近年来,对外汉语教学界在汉语作为第二语言的偏误分析、中介语和语言习得研究等方面取得了不少成果,对来自不同母语背景的汉语第二语言学习者在语音、词汇、语法乃至汉字的学习过程和学习规律方面有了初步的了解和认识,许多研究成果可用于改进对外汉语教学(尤其是汉语要素教学)的设计,这是应当充分肯定的。但我们也必须看到,汉语作为第二语言的偏误分析、中介语和语言习得研究目前还处于初步的发展阶段,对第二语言学习者的汉语学习过程和规律的把握还很有限,其研究成果的数量和质量尚难以影响整个对外汉语教学的整体设计。这与汉语基本要素内在特点和规律的认识尚不够全面、系统和深入有关。一定程度上说,汉语基本要素内在特点和规律研究的不足,也制约着"怎么学"研究的进一步深化。

再从"怎么教"来看。由于"怎么教"的问题不是一个单纯的理念或方法、技巧问题,它关涉"教什么"和"怎么学"这两个基本问题,必须以这两个基本问题的科学回答为前提。因此,"怎么教"的问题就成为更高层次上的系统设计问题。在目前"教什么"和"怎么学"这两个问题尚没有很好解决的情况下,"怎么教"的问题也不可能有太好的解决方案。

一个具体的对外汉语教学设计方案,应当根据特殊的学习对象及其需要,根据汉语独有的区分世界的基本范畴及其基本要素的特点,根据第二语言习得的一般规律,来确定我们的教学体系、教学策略、教学内容和教学方法。这应当是一个理想的对外汉语教学框架的设计路线。实事求是地说,就现有的理论研究和教学实践水平而言,我们还难以达到这样理想的要求。因此,在这种情况下,我们便不得不更加倚重汉语基本要素的特点与规律来设计对外汉语教学,这也可以说是权宜之计。但我们认为,"怎么教"要以"教什么"和"怎么学"为基础,只有在科学而系统的"教什么"和"怎么学"的理论和实践成果之上,才能设计出科学而有效的"怎么教"的方案来。

二 把握好汉语要素系统性的特点

作为对外汉语教学的专业人才,牢牢把握汉语要素教学的系统性是我们应当具备的基本意识之一。只有具备了系统性的理论意识,我们对汉语基本要素教学规律的掌握才能逐步科学、全面和深入。由此支撑的对外汉语教学总体设计也才能有科学而坚实的基础。

(一)正确把握汉语各要素内部系统性的特点

任何一种语言,都是一个由多个层次和多个分支系统所构成的大系统。语言的无穷奥妙在于,这些系统既彼此独立又相互支撑地运行着。作为对外汉语教师,我们应当很好地把握汉语各要素内部的系统性。这样,在进行汉语的语音、词汇、语法和汉字教学时,才能够做到既胸有全局、大局,又重点突出、层次分明。

先看汉语的语音系统。静态地看,它由若干有区别特征的音位组合形成几十个基本音素,在附加声调的基础上构成了声韵调的统一体——基本音节及其变体(儿化、轻声等);动态地看,这些音节单位通过音节组合而形成语流音变、形成韵律规则、形成语调等,从而形成现代汉语语音的大系统。对外汉语教师最重要的基本功之一,就是要从理论到实践的层面全面掌握这样一个复杂的语音系统的各种规则,同时还要了解,在汉语第二语言教学中,对不同母语背景的学习者来说,这些语音规则掌握起来,哪些是重点哪些是难点。

再说汉语的词汇系统。从静态的角度看,汉语的语素(词素)、词和短语(词组)以及各种熟语单位的界限,汉语词汇系统内在的各种类聚关系(同义词、反义词、同形词、同音词)及其辨析方法与手段,都是我们需要掌握的;从动态的角度说,对外汉语教学应用层面上的各种词汇计量系统(高频词/低频词、常用词/非常用词)以及在对外汉语教学中有特殊价值的"易混淆词"、各个词汇单位之间的共现或搭配规则等,也都是我们需要掌握的系统知识。

汉语语法系统的特点,从对外汉语教学的角度看更为复杂,系统掌握它的难度更大一些。首先,在世界语言中汉语是一个类型比较特殊的语言,有很多语法特点是其他母语背景的学习者所不熟悉的,对此对外汉语教师必须做到胸中有数。其次,从静态的语法系统来看,汉语由语素而词、由词而短语、由短语而句子、由句子而语篇的系统生成规则,同印欧语言相比,总体而言缺乏明确而丰富的形态手段,因而造成词与语素、词与短语的界限模糊不清。词语之间的不分词连写,词的句法功能与词类的关系不明,短语和句子的构造规则基本一致,语篇构造的语义规则多而形式规则少,如此等等,都是让汉语第二语言学习者深感困难的地方。再次,对汉语语法规则内部的先后制约关系,我们也要有深刻的认识。比如,哪个语法项目必须在哪个之前或之后教给学生,并不是可以完全随意安排的。最后,汉语的语法规则在相当程度上要依赖语序、虚词、语境甚至还有韵律,而目前在这些问题上的研究深度还难以满足汉语教学的需要。由此而造成的汉语第二语言学习者的学习困难也是可想而知的。

汉字的系统性是我们必须充分认识的一个重要问题。汉字作为目前世界上仍在使用的仅有的一种表意文字,在世界语言的文字体系中是十分独特的,因而它在汉语第二语言教学中占有非常重要的地位。其字量之大、部件和结构之繁难、形音义关系之错综,尤其是其与汉语言的关系、其在计量统计上的种种集合对教学的制约,都是对外汉语教师必须面对的重要课题。处理不好汉字问题,也就难以处理好对外汉语教学总体设计的问题。

(二) 正确把握各语言要素之间的相互制约关系

对外汉语教学是一个整体。除了要把握好语言各要素内部的系统性之外,还要在更高层次上把握语言各要素之间彼此相互影响、相互制约的关系。一个理想的对外汉语教学系统,首先应该是对汉语各基本要素进行集成优化的系统。因此,对外汉语教师对汉语各要素之间相互制约的系统性要有深入的了解和清晰的把握。

对汉语来说,音节和汉字之间、音节和词汇之间都有明显的配置关系,汉语的语法和词汇之间也有一定的选择关系。这种相互的配置和选择关系,在基础汉语教学阶段或是某种特定的教学模式中,就需要我们进行有针对性的教学设计。比如,汉语中哪些音节是常用的?哪些音节的构词能力强?哪个音节的汉字难写?哪个音节的汉字简单?哪些音节所构成的汉字多?哪些音节所构成的汉字少?这些都是我们必须仔细考虑的音节与汉字、词汇之间的系统性关系。再从词汇和语法的关系来说,词汇和语法之间有着一种非常普遍的相互关系:某些结构或是句型只适合于这一小类的词语而不适合于那一小类的词语;某些结构或是句型只要替换其中的某个成分的词语小类,该结构或句型的意义就会发生变化,形成不同的语义结构。这在汉语语法系统中是十分普遍的一种现象。我们常说,要教给学习者最典型的例句,而这"最典型的例句"的含义之一就是语法结构与词汇项目的理想配置。作为对外汉语教师,我们必须要有语音、词汇、语法和汉字之间相互匹配、相互选择的系统观念和意识,也只有具备了这样的观念和意识,我们在编写教学大纲、进行教学设计和教材编写或是处理课堂教学问题时才能有更加明确的方向。

三 把握好汉语要素教学的针对性

我们在强调对外汉语教师要注重把握好汉语各要素教学系统性的同时,也强调要把握好汉语各要素教学的针对性,这是一个科学、合理的对外汉语教学系统设计不可或缺和偏废的两个方面。由于学习者各自的母语背景不同,学习目标、学习阶段和所在的教学模式也不同,就必然要求语言各要素教学要尽可能体现教学的针对性。这也是人们越来越倡导国别化汉语教学的重要原因所在。

(一)充分考虑学习者不同母语背景的差异

对外汉语教师所要面对的一个挑战是,所教授的对象是把汉语作为第二语言的成年学习者。而他们所具有的本质特点是,作为成年人,他们已经熟练地掌握了自己的母语,因而在学习汉语的过程中必然要受其母语系统的影响。由于他们各自的母语系统与汉语系统并不相同,因而他们对汉语要素系统特征的感知也就不同,学习的难点和重点也不相同。这就给我们的教学提出了各种各样的针对性要求。

汉语是有声调的语言。从语音教学的角度说,这就给我们的对外汉语语音教学提出了一个重要的问题:对那些母语是有声调的语言(如许多非洲语言)的汉语学习者,我们该怎样进行声调教学?而对那些母语是没有声调的语言(如许多印欧语言)的汉语学习者,我们又该怎样进行声调教学?从理论和实践上说,都需要我们拿出不同的教学设计方案来。

每种语言都有自己的语法类型特征,不同母语背景的汉语学习者在学习汉语语法时,都存在一个是否跨语言类型学习的问题:某些学习者的母语与汉语在语法类型上相同或相近,这时语法学习就相对容易一些;而另一些学习者的母语与汉语在语法类型上不同或完全相反,这时的语法学习可能就困难一些。比如,汉语是 SVO 型语言,这对母语为英语或法语的学习者就要容易一些,但对母语为日语或韩语的学习者来说则存在一定的困难。作为对外汉语教师,若是能对学习者母语的语法类型特征(至少是某些重要语法参项的类型)有所了解,那么在进行汉语语法教学时,其教学的针对性就会提高,教学效率也会相应提高。

汉字教学是对外汉语教学的一大"瓶颈"。对于那些母语使用拼音文字的汉语初学者来说,汉字简直像是"天书";而对汉字文化圈的学习者来说,汉字则是一种比较熟悉甚至是已经熟练掌握了的文字。因此,对待这两类不同的汉语学习者,汉字教学乃至整个对外汉语教学都应当进行不同的设计。但遗憾的是,我们目前的教学并没有真正考虑到这两类学习者在汉字学习方面的不同需求和差异。这是一个值得我们认真思考的问题。

从汉语第二语言教学的角度说,汉语的语音、语法和汉字都具有明显的系统性的特征,需要我们进行有针对性的教学设计。而相对来说,汉语词汇的系统性特征则不是那么明显。作为对外汉语教师,无论在进行整体的教学设计时还是面对具体的局部问题或是个体的教学对象时,都应当充分考虑汉语和学习者母语之间在语言类型系统方面的关系,从而进行有针对性的教学。

(二) 充分考虑学习者的不同需求

就对外汉语教学的针对性来说,充分考虑汉语和学习者母语背景之间的差异所带来的问题只是一个方面,而更为实际的应当是针对学习者的不同需求而产生的操作层面的针对性问题。也就是说,我们必须针对学习者不同的需求而对汉语的基本要素有所选择、有所设计,这也是一种教学针对性。有了这种针对性,我们的教学就是有选择性的和有目标性的,也会是更有效率的。

首先,汉语第二语言学习者,无论是到中国还是在本国学习汉语,其实都有学习目标的差异:有的想成为汉学家或是从事直接跟中国有关的工作,而有的则仅仅是出于一时的兴趣或只是想简单学一点旅游时用的汉语;有的是要接受正规的学历教育,而有的则只是想做短期进修学习。因此,面对汉语学习者如此不同的目标差异,我们必须对汉语要素的教学内容有所选择,并在此基础上进行有针对性的教学设计。比如,对于那些要长期接受汉语正规教育的学习者,汉语语法教学要尽可能设计得完整、系统、有层次、有深度;而对于那些只是想做短期进修学习的学生,语法教学就应当根据"急用先学"的原则来进行选择和安排。

其次,对处于不同学习阶段的汉语第二语言学习者进行汉语基本要素教学时,也应根据他们各自所在教学阶段的不同来有层次、有重点地进行教学设计。比如,同样是要接受汉语言本科专业教育的学习者,他们在初级、中级和高级汉语的各个阶段,在语音、词汇、语法乃至汉字教学上,都应当各有不同的侧重和不同的深度,从而体现出汉语要素教学螺旋式上升的规律。也只有这样,才能满足汉语学习者不同学习阶段的不同要求。应当说,这一针对性在现行的教学实践中已得到良好的体现。

最后,由教学模式的不同而对汉语要素教学所提出的针对性要求,也是我们所要考虑的一个问题。任何一个汉语学习者的学习过程都要受制于他所在的不同教学模式,由这种教学模式的不同而提出的对汉语要素教学内容的选择性也是一个非常现实的问题。那些参与汉语短期速成强化训练的学习者所要求的汉语教学内容,必然是大量的、快速的、集成性的;而那些在网络环境下自学汉语的学习者所要求的汉语教学内容,则可能是少量的、循序渐进性的。教学模式的不同,非常重要的指标就是教学内容(汉语要素)选择性和针对性的不同。对此,对外汉语教师要有明确的认识。

(三)国别化汉语教学的兴起

近年来,国内外对外汉语教学界逐步形成一种共识——推进国别化汉语教学的发展。推进国别化汉语教学是对目前泛国别化汉语教学形态反思的结果,已经成为一种发展趋势。这一趋势的形成主要来自两个方面的原因:第一,对外汉语教学长期以来实行的是一种泛国别化的教学形式,来自不同国家不同母语背景的汉语学习者混合编班(至少国内大部分院校如此),因而不能进行基于不同母语背景学习者有针对性的教学实践。这种情形在相当程度上制约着对外汉语教学理论和实践的深化与发展。第二,随着汉语国际教育形势的发展,汉语教学已经由来华留学生的汉语教学为主体逐步形成汉语教学走出去与来华留学生汉语教学并重的新格局。因此,在汉语第二语言学习者的母语环境和背景下进行汉语教学就成为一种必然的趋势。而这一趋势也必然呼唤国别化汉语教学。比如,在韩国本土对韩国人进行汉语教学,就必然要更多地考虑韩国汉语学习者的实际要求和独特的学习环境及背景条件。这样的教学针对性也是为广大在本土学习汉语的人们所欢迎的。

国别化汉语教学的本质在于提倡对外汉语教学的针对性,从而提高教学效率。它尤其体现在学习者母语背景的针对性和教学模式的针对性这两个方面。汉语第二语言学习者在汉语学习过程中,要受到其母语语言系统特点和规律的制约与影响,这是不言而喻的。因此,如能针对特定母语背景学习者的特点和特定的学习需求相应提出切实的教学方案,就一定能提高汉语教学的效率。

正是基于这样的考虑,近些年来,对外汉语教学界开始了推进国别化汉语教学的种种努力。一方面,许多学者开始了国别化汉语教学的理论研究,[①]从汉语和学习者母语系统的角度,探讨并着手设计语音、词汇、语法乃至汉字的

[①] 参见张博《国别化工具书编纂亟待跟进》,《云南师范大学学报(对外汉语教学与研究版)》2007年第6期;沈庶英《从朱德熙的〈汉语教科书〉看国别化汉语教材编写》,《徐州师范大学学报(哲学社会科学版)》2012年第2期;卢伟《关于对外汉语教材研发的几个问题的思考》,《海外华文教育》2009年第2期;李禄兴、王瑞《国别化对外汉语教材的特征和编写原则》,载《第九届国际汉语教学研讨会论文选》,高等教育出版社,2008年;甘瑞瑗《"国别化"对外汉语教学用词表制定的研究》,北京大学出版社,2006年;王建勤主编《汉语作为第二语言的学习者语言系统研究》,商务印书馆,2006年。

国别化教学方案；另一方面，通过中外教师合作编写汉语教材的形式来推进国别化汉语教学建设并已取得一定的成效；再一方面，就是培养掌握并熟悉汉语汉文化和学习者母语母文化的、能够胜任国别化汉语教学的师资力量。应当说，这三方面的努力都在切实推动着国别化汉语教学理论和实践的进程。

总之，我们想要强调的是，作为一名对外汉语的专业人才，要充分认识并把握对外汉语教学"三个基本问题"的重要性，要坚持以"教什么"为核心的教学设计理念。在此基础上，充分认识和把握好汉语基本要素教学的系统性和针对性的辩证关系，树立汉语要素教学的三个基本意识。只有这样，才能真正切实提高对外汉语教学的效率，满足不同学习者的学习需求。这也正是广大对外汉语教师的光荣使命。

思考题

1. 汉字作为汉语第二语言要素之一的必要性是什么？
2. 对外汉语教学的三个基本问题之间的相互关系应当怎么理解？
3. 汉外语言对比在汉语第二语言教学中有什么积极作用？
4. 你认为对欧美国家的学习者来说，汉语作为第二语言的学习中最困难的方面是什么？为什么？
5. 请考察两种不同母语背景学习者对"张""块""家""只"这几个常用量词的习得规律是否相同。
6. 请对比运动趋向范畴在汉语和英语中的不同表达方式。

第二章 汉语语音教学

语音是语言的物质外壳,是语言系统最外在的形式特征所在。语音教学是第二语言教学的基础,是培养学习者听、说、读、写、译等技能和社会交际能力的首要前提。汉语语音教学的目的是让学习者掌握汉语语音的基础知识和汉语普通话正确、流利的发音,为使用口语和书面语进行交际打下基础。从第二语言教学的角度说,汉语第二语言教师应当具备四方面的语音基本功:具有准确的发音、辨音和正音能力,能熟练掌握《汉语拼音方案》,讲究语音教学法,掌握语音学(包括汉语普通话、普通语音学和比较语音学等)的基础理论知识。

20世纪80年代,对外汉语教学的语音研究和语音教学研究取得了丰硕的成果,人们对汉语语音学理论和语音教学规律的探索,不断从宏观走向微观,从定性走向定量,从经验走向实验,为此后进一步的理论研究和实践发展打下了很好的基础。但是,20世纪90年代中后期以来,汉语第二语言语音研究和语音教学都有明显下滑的趋势。进入21世纪以来,随着实验语音学理论方法在对外汉语教学领域的广泛运用,对外汉语语音研究和语音教学获得了新的动力。

第一节 汉语作为有声调的语言

为了更好地把握对外汉语语音教学的规律,加深对汉语语音本质的认识,我们有必要了解汉语语音系统自身的一些重要特征,特别是与其他语言相比,汉语语音系统所具有的特征。

一　世界语言有无声调的类型差异

声调是指贯穿整个音节高低升降的变化,是具有辨义功能的一种语音现象。声调可以从调值和调类两个方面来看。调值是各种声调的实际读法,是语音高低、升降、曲直、长短变化的具体形式。调值是由音高决定的,如说"拔(bá)"时,可以感觉到音节是上升的,而读"爸(bà)"时,音节是下降的。调类指的是声调的类别,是通过归纳一种语言的全部调值所得出的类别。一般来说,在一种语言中有多少个能够单独读出来的调值,就算有多少个调类。

根据声调的有无,世界语言可以分为两大类型:[①]

一类是非声调语言,也称语调语言(intonation language),主要指印欧语言,如英语、法语、西班牙语等。语调语言中的旋律音调模式是句子结构的一部分,而不是词的一部分。非声调语言的语调调型与每个词的调型并无直接的联系,随着语调旋律的起落,词的调型也随之升降平曲。因为词本身没有固定的调型,在任何旋律中说到这些词时,只要重音不错,它们就能被听懂。比如,在英语中,book 这个单词无论读升调的[buk]还是降调的[buk],都表达"书"的意思。

另一类语言是声调语言(tone language),如汉语、泰语、越南语、挪威语、瑞典语、非洲东部的班图语(斯瓦西里语除外)以及美洲的大部分印第安语等。声调语言中的声调类型主要是词的结构的一部分,而不是句子结构的一部分。声调语言的词有其固定的调型,如果放在不同的语句中说出,即使旋律和音阶有所变动,词调的基本走势还是保留下来的,这些调型在一般正常的谈话中,都保持其一定的模式来满足区别词义的功能。有不少学者认为汉语也是有语调的,即便如此,这种语调也不同于其他语言的语调。[②] 虽然很多语言同为声调语言,但其性质并不相同。大多数声调语言的声调只限于高、中、低的差别,

---

[①] 参见《语言与语言学词典》"声调语言"与"语调语言"条,上海辞书出版社,1981年。
[②] 参见赵金铭主编《对外汉语教学概论》,商务印书馆,2004年。

而汉语的每个音节都有固定的声调,不但有高低之分,而且有升降曲折之别,这在世界语言中是少见的。因此,汉语声调的突出特点必然给外国人学习汉语语音带来不少困难。

二 汉语普通话声调的调值与调类

汉语普通话的声调有四种基本调值,通常用五度标记法来表示,分别记为:55、35、214、51(如图2-1)。

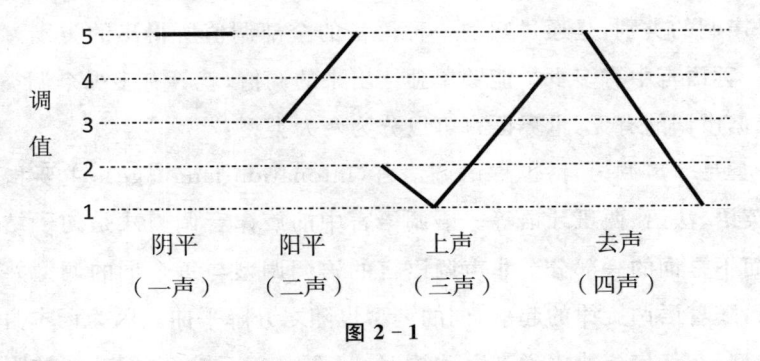

图2-1

它们可以归并为四个调类:阴平、阳平、上声、去声,统称为"四声"。有关汉语普通话声调的基础知识可简要列成下表(表2-1):

表2-1

调类	调值	调型	调号	例字
阴平	55	高平	ˉ	妈 mā
阳平	35	中升	ˊ	麻 má
上声	214	降升	ˇ	马 mǎ
去声	51	全降	ˋ	骂 mà

轻声与声调关系很密切,但轻声与声调的本质不同。首先,轻声不是一种声调,更不是阴、阳、上、去四声以外的第五种调类。因为轻声没有固定的调值,其音高往往取决于前一个音节的声调。其次,轻声也不是一种变调,变调后的调值仍具有声调的区别特征,而轻声一般都会使声调变短,失去原有的声调。对轻声的实验研究表明:轻声的音长比重读时大大缩短;轻声音节失去原有的声调,音高随前面音节声调的不同而变化;轻声的音强普遍较弱;轻声音

节不管在语词中还是在句子中,其性质几乎相同。① 由此可见,轻声本质上是一种语音的弱化,这种弱化表现在整个音节的三个组成部分上,即声母的弱化、韵母的弱化和声调的弱化。

声调在汉语的音节中与声母、韵母是相互依存、紧密结合在一起的。汉语的基本音节数量有限,只有 400 个左右。因此,在汉语的语音系统中,声调由于具有区别意义的作用而占有极其重要的地位。比如,"妈(mā)"和"马(mǎ)",声母和韵母完全相同,只是因为声调存在差异,意义就完全不同。声调还可以用来区别词性。比如,汉字"背"既可以理解为名词(背部),也可以理解为动词(背负),其原因在于声调发生的变化:前者为去声的 bèi,后者为阴平的 bēi。对于汉语来说,声调非常重要,是汉语区别于其他语言的重要特点之一,同时也是汉语语音教学最为重要的一个环节。因为每一个声调出现的频率都要比任何一个声母或韵母出现频率高得多,语音的准确与否在相当大程度上取决于声调是否准确。因此声调教学在语音教学中十分重要。

第二节 汉语语音教学的难点所在

进行对外汉语语音教学,首先要教给学习者关于汉语音节结构的基本知识,除此之外,对外汉语教师还应掌握外国学习者在汉语语音学习时常出现的问题,它们往往是汉语语音教学的难点所在。只有这样,才能在语音教学时做到有针对性。

一 汉语音节结构的特点

一般来说,在现代汉语中,声母和韵母按一定的方式组合起来就构成音节。与世界上其他语言不同的是,汉语的音节有高低升降的变化,这就是声调。音节是由音素构成的在听觉上最容易分辨出来的语音单位。比如,汉语

---

① 参见林焘、王理嘉《语音学教程》,北京大学出版社,1992 年。

普通话中的"我去学校"就是四个音节,其中"去"这个音节由声母 q 和韵母 ü 两个音素组成。

概括而言,汉语的音节有如下特点:(1)音节结构比较简单。汉语的音节最少有一个音素,而最复杂的音节也只有四个音素,如"床(chuáng)"。(2)元音在音节中占有优势。每个音节都必须有元音,少则一个(即韵腹),可以自成音节,如"阿(ā)";最多可有三个,三个元音连续排列,分别充当韵头、韵腹、韵尾,如"优(yōu)"。(3)汉语的音节可以没有辅音,如"俄(é)",辅音只在音节的开头或末尾出现,如"窗(chuāng)",在一个音节中没有两个辅音相连的情况。(4)汉语音节中可以没有声母、韵头和韵尾,却一定要有韵腹,韵腹是音节中的主要元音。(5)汉语音节中充当韵头的只有高元音 i、u、ü,充当韵尾成分的只有 n 和 ng。(6)声母和韵母之间有一定的相互选择的组配关系,因而音节数量有限。

据统计,《现代汉语词典》共收音节 417 个,其中包括 7 个特殊音节 ê、m、n、ng、hm、hng、yo。此外的 410 个音节中,还包括一些口语或方言词中所用的音节,如 chua、fiao、tei、dia、lo 等。这 400 多个音节(有人称为"声韵组合"),加上四声的区别,总共只有 1300 个左右。[①] 这些音节便构成了汉语全部语素的语音外壳,反映在文字上,一个音节写出来就是一个汉字,如果一个音节写成了两个汉字,那便是儿化词(如"花儿(huār)")。把握汉语音节结构的这些特点,对进行汉语与外语的语音系统对比是十分必要的。

二 汉语语音之难[②]

不管学习哪一种语言,首先都要从语音系统的学习开始。由于语音的结构规律比较强,汉语教师在教学初期往往先集中教授汉语语音,用最短的时间让外国学习者掌握汉语语音的基本结构。因此,外国学习者在初学汉语时也

---

① 参见孙德金主编《对外汉语语音及语音教学研究》,商务印书馆,2006 年。
② 此部分主要参考孙德金主编《对外汉语语音及语音教学研究》,商务印书馆,2006 年;赵金铭主编《语音研究与对外汉语教学》,语文出版社,1997 年;赵金铭主编《对外汉语教学概论》,商务印书馆,2004 年。

往往集中精力,在短期内将语音知识全部学完,尔后便将注意力转移到词汇和语法的学习上,从而渐渐忽略了语音的巩固,以致形成某种"洋腔洋调",并可能伴随一生。在汉语语音教学的过程中,外国学习者遇到的语音问题发生于音节的各个组成部分(如声母、韵母),而声调学习所存在的困难则尤其明显。

(一) 声调之难

汉语是声调语言,声调在汉语中起着十分重要的作用。因而,如何掌握好声调,就成为汉语语音教学的一个重要课题。对母语为非声调语言的学习者来说,声调始终是语音学习的一个难题。即使是对其他一些母语为声调语言的学习者来说,汉语的声调也是学习的难点之一。

1. 发调之难。

汉语声调之难,首先体现为学习者发调之难。汉语普通话有四个声调,一般来说,外国学习者学习四声时,对声调的确切音高没有明确的概念,难以发出地道的声调来,特别是对善变的上声及应用甚广的轻声,则更感到难以驾驭。我们先来看轻声问题。当我们把汉语的音节连起来读和说时,其中的一些声母、韵母和声调就会因为连读而发生各种各样的变化,有的音节在变化中失去原来的声调而改变了调型,同时变得又短又轻。我们把这种失去原有调型、变得又短又轻的声调叫作轻声,把读轻声的字叫作轻声字。《汉语拼音方案》规定,轻声字在用汉语拼音字母拼写时不标调号。比如,"头"本是个阳平字,拼作 tóu,但是在"舌头"这个词中,"头"字变成了轻声字,用汉语拼音拼写时写作 shétou。轻声的最大特点是轻而短,并表现出明显的依附性,即一般是依附在其他音节后面才有可能读轻声,如"爷爷(yéye)""好不好(hǎo bu hao)""进来吧(jìnlai ba)",单独的轻声音节是不存在的。

在现代汉语里,轻声具有分别词义或区分词性的作用。比如,"东西(dōngxī)"与"东·西(dōngxi)",轻声分别了词义;又如,"买卖(mǎimài)"与"买·卖(mǎimai)",轻声区别了词性。《现代汉语词典(第 2 版)》收词约 56 000 条,其中轻声条目有 2561 条,可见轻声现象是比较普遍的。

轻声也分有规律的和无规律的两类情形,需要我们认真研究并在教学中加以应用。但是外国学习者对轻声无音调的定义感到十分迷惑,常常将"指头

(zhǐtou)"说成 zhǐtóu,"哥哥(gēge)"说成 gègè。造成这种情况的原因主要有两个:第一,轻声音节失去原有的调值,念成一个轻而短的声音。它没有固定的音高,其具体音高主要取决于前面字音的声调,因而不同字音后的轻声会具有不同的调值,而学习者掌握不好这种变化。为了便于学习者记忆,可以将轻声音节的音高变化简单归纳为以下三点:上声后的轻声音节音高最高,阴平、阳平后的轻声音节音高较低,去声后的轻声音节音高最低。比如,在"姐姐(jiějie)"中,由于前一个字起音较低,因而后面第二个字音就稍高一些;在"婆婆(pópo)"中,由于第一个字音是高音调,第二个字音就变成了中降调;而在"爸爸(bàba)"中,前一个字音很高,因而第二个字的轻声就变得很低。可见,轻声在发音时确有高低之分,这一点应给予充分的关注。第二,由于音强减弱,轻声音节中的元音会受到影响而变得比较含混,即元音的音值发生了一些变化。比如,单元音[ᴀ]一般会变成元音[ə],"妈妈[mᴀ]"说成"妈妈[mə]";复合元音[au]会变成单元音[ɔ],"核桃[tʰau]"说成"核桃[tʰɔ]"。学生往往对这些变化掌握不好。因此,轻声教学中,教师的正确示范和学习者的模仿都很重要,必要时教师可以画龙点睛地讲一讲发音原理,并通过实例使学习者由感性认识上升到理性认识,达到举一反三的效果。

除轻声外,外国学习者学习声调时,一般来说,阴平起调不够高,去声降不下来,阳平升不上去,上声下降不够、曲折度小。发阴平时常下降而与去声或半上声相混,如将"他们(tāmen)"说成"踏们(tàmén)";发阳平时起点过高、结尾过低而使其近似阴平,如将"镯子(zhuózi)"发成"桌子(zhuōzi)";发去声时起点欠高、终点欠低而近似阴平,有时甚至会说成阳平,如将"苋菜(xiàncài)"说成"咸菜(xiáncài)"等。帮助学习者克服这种现象的办法之一是:将声调的正确音调放慢、拖长加以吟咏,并以手势对声调的高低起伏加以演示,以便使学习者明确体会到该声调的确切音高。比如,不少人将"妈妈(māma)"读成"骂骂(màma)",一般纠正数次却往往仍不见效,如果采取慢咏兼指挥的方式则可立即奏效。有人从教学实践中总结出一套声调教学要领的口诀:阴平高且平,阳平升到顶;上声常低降,去声速高降;轻声有高低,定会稳而准。

2. 辨调之难。

与发调之难相对的是辨调之难。外国学习者在最初学习发音时,有时分辨不清教师口中汉语的四种声调,常常听不出声调的正确和错误之间的差别,或者把这个声调听成另一个声调。学习者的声调不准,其原因有一半是听力问题。我们知道,学习发音必须先练习听音,如果听不出语音的差别、听得不准,对语音的辨析能力差,就发不出不同的语音,也就说得不准。因此,首先要教给学习者发音、发调的正确方法。研究表明,汉语的四个声调中阴平是相对比较容易的,因为它是一个高而平的调子,中间没有升降的变化。去声也是比较容易学的,因为它是一个全降调,可放在阳平、上声前边学。相对而言,阳平和上声一直是外国学习者学习声调的难点,这表明外国学习者对阳平和上声的分辨能力相对也较差。

针对这种情况,教学时应该先教阴平和去声,后教阳平和上声。教师可以利用去声来引导学习者学好阳平和上声。阳平是个中升调,实际上起点较低,声带较放松,而很多学习者由于声带放松得不够,以致终点升不上去。教学中可以多练习去声、阳平连读的双音节词语,如"大学(dàxué)",前边的去声全降调可使声带放松,然后再逐渐拉紧,便于发好阳平。上声是个曲折调,其特点是前长后短,而学习者的毛病恰恰是前短后长,这就容易与阳平相混。教学中可多练去声、上声连读的词语,如"供养(gòngyǎng)",以便先把声带放松,然后再拉紧,这有助于练好上声。虽然上声在语流中常常处于变化的状态,但学好基本调型很重要,因为它是变化的基础。教学中要让学习者理解并掌握四个声调之间在调值和调型上的差异,通过反复练习,进而发出正确而地道的汉语声调。此外,要提高学习者辨音辨调的能力。教师把学习者的难音难调分成组,一组一组地辨析,而且要采取不同方法天天练、反复听。比如,为了学习较难的阳平和上声,教师可以多提供"去声+上声""去声+阳平"的音节,让学习者多听多练,强化分辨声调的能力。

(二) 声母之难

汉语普通话语音系统有 22 个声母(包括 1 个零声母),这些声母所具有的特点与外国学习者学习的难音密切相关。从教学中可以观察到,外国学习者的辅音系统跟普通话的辅音系统的差别并非毫无规律。掌握与母语发音方法相似的语音比较容易,如 m、n、l;发音方法虽不同,但未超出其母语语音习惯以外的语音学习起来也不太难,如普通话的 f;最难的是发音方法完全不同或与母语类似而容易混淆的语音,这些语音是由汉语声母的特点所造成的。[1]

首先,汉语中的舌尖后音(也叫卷舌音)zh[tʂ]、ch[tʂʰ]、sh[ʂ]、r[ʐ]是一组比较特殊的辅音,很多语言中没有相同的音,所以这一组音几乎是所有外国人学习汉语语音的共同难点。比如,有的学习者将 zh[tʂ]、ch[tʂʰ]、sh[ʂ]发成 z[ts]、c[tsʰ]、s[s],有的则用接近于汉语舌面前音 j[tɕ]、q[tɕʰ]、x[ɕ]的辅音来替代。要教学习者发好卷舌音 zh[tʂ]、ch[tʂʰ]、sh[ʂ]、r[ʐ],明确并掌握好它们的发音部位是至关重要的。发 zh[tʂ]、ch[tʂʰ]、sh[ʂ]、r[ʐ]时,舌尖向上翘起,舌尖和硬腭前部接触或靠近,一定要让学习者习惯将舌尖卷起来。教学时可让学习者把舌尖先抵住上齿背,然后舌头向后、向上移动,移过上齿龈,就是前硬腭,这时舌尖保持不动,双唇略向两旁展开(避免向前突出),立即发音,就能发出较为标准的卷舌音。而针对学习者将舌面前音 j[tɕ]、q[tɕʰ]、x[ɕ]与舌尖后音 zh[tʂ]、ch[tʂʰ]、sh[ʂ]相混的情况,教学时需要明确的是 j[tɕ]组音和 zh[tʂ]组音的发音部位是不同的,虽然 j[tɕ]和 zh[tʂ]都是不送气清塞擦音,但 j[tɕ]是舌面前音,zh[tʂ]是舌尖后音。同样,q[tɕʰ]和 ch[tʂʰ]都是送气清塞擦音,不同之处也是在发音部位上。x[ɕ]和 sh[ʂ]亦然。

其次,汉语声母有不送气音和送气音的对立。塞音和塞擦音都可分为不送气音和送气音两类,而且总是成对出现,如 b[p]与 p[pʰ]、d[t]与 t[tʰ]、g[k]与 k[kʰ]、z[ts]与 c[tsʰ]、zh[tʂ]与 ch[tʂʰ]、j[tɕ]与 q[tɕʰ]。汉语的送气音与不送气音形成对立,各自构成不同的音位,有区别意义的作用。因为有些语言里没有送气音,有些语言里虽有送气音,但不用送气和不送气的手段来区别意义,所以有的学习者不会发送气音,有的学习者是不能区分送气音与不送气音。其实,送气与不送气是发音方法的区别,是就气流出来时的强弱而言

---

[1] 参见赵金铭主编《语音研究与对外汉语教学》,语文出版社,1997年。

的。所谓送气音是指辅音除阻后有一股较强的气流送出,这股气流实际上就是同部位的摩擦音,不过这种摩擦音和一般单发的摩擦音不同,发音时口腔里蓄气较强,压力较大,因此喷出的气流带有冲击力,且这种气流不能延长。对此,我们可以让学习者先学较容易的双唇音 p[pʰ],发音时闭上双唇,适当延长持阻时间,使口腔内充分蓄气,然后突然张开双唇,使气流爆破而出,一出即止。在学会送气音的这种特点之后,再学习其他的送气音就比较容易了。在英语和日语等语言中,也存在送气音与不送气音,但是它们的送气音和不送气音不具有区别意义的作用,如英语中送气的[pʰ]、[tʰ]、[kʰ]和不送气的[p]、[t]、[k]仅仅是同一音位的条件变体。因此,教学时一定要注意强调汉语中送气音与不送气音的严格区别,说明这两种音具有区别意义的重要作用。

此外,汉语普通话声母中清音多、浊音少。只有 m、n、l 是浊音,r 是浊擦音,其余都是清音。而外国学习者有时会将汉语的清音[p]、[t]、[k]念成浊音[b]、[d]、[g]。要想纠正学习者以浊代清的错误,我们需要让学习者理解什么是清音、什么是浊音,让他们认识到发好清音的关键是声带松弛、声门敞开,气流呼出时不使声带颤动。浊音则相反,发音时声带靠拢,气流冲出时声带颤动。我们可以让学习者用手轻轻地按住喉头的外部,发音时如果感觉到喉头内部的颤动就是浊音,如果感觉不到颤动就是清音。

(三) 韵母之难

对外国学习者来说,汉语的辅音系统与元音系统相比,前者相对容易一些。韵母的主要组成部分是元音。它可以只有一个元音,称为单元音韵母;也可以有两个或三个元音,称为复元音韵母,其中包括二合元音韵母和三合元音韵母;韵母中也有以辅音-n、-ng 结尾的,称为鼻音韵母。由此可以看出汉语韵母系统的复杂性。

1. 关于单元音韵母。

单元音是最基本的元音,发好单元音是发好其他元音的基础和先决条件。《汉语拼音方案》用 a、o、e、i、u、ü 六个字母代表汉语普通话中不同的元音,而这六个字母分别代表六个不同的音位。外国学习者的难音主要有以下几个:

首先，对一般的外国学习者来说，ü 最为困难。ü 是舌位靠前的高圆唇元音，英、俄、日等语言中都没有这个元音。有时学习者会过于强调圆唇而使舌位拉向后部，与 u 相混。在教学时我们可用 i 来引导学习者学 ü，因为 ü 和 i 都是前高元音，不同在于 ü 圆唇而 i 不圆唇。发 i 时保持舌位不移动，只要将唇收圆就可以发出标准的 ü。

其次，不少学习者觉得 e 比较难。字母 e 在汉语里代表四个不同的元音，在不同的条件下出现。其中 e 单独做韵母时是一个舌位靠后、半高的不圆唇元音[ɤ]，而与它相应的圆唇音就是 o。学习者容易将 e 发成接近于舌后部最高不圆唇的元音[ɯ]或者复合元音 ei 等，所以我们可以利用 o 的发音来引导：先发 o，舌位保持不变，然后将双唇向两边展开，就可发出 e 了。教学时要反复练习，避免出现开口度过大或过小的问题。

再次，汉语中不圆唇的舌尖元音[ɿ]、[ʅ]对外国学习者来说也比较难。其实舌尖元音出现的条件是很有规律的，舌尖前元音[ɿ]只在声母 z、c、s 后出现，舌尖后元音[ʅ]只出现在 zh、ch、sh、r 后。因此，教学习者时可以通过前加辅音 z、c、s 或 zh、ch、sh、r 并延长发音从而带出舌尖元音[ɿ]、[ʅ]。不过这种方法似乎仍无法解决将舌尖音发准的问题，其原因之一在于我们可能还未完全弄清楚舌尖音的音值。或许实验语音学的研究可以帮助解决这个问题。

2. 关于复元音韵母。

汉语中除了单元音韵母外，还有复元音韵母。复元音韵母共有 13 个，其中二合元音 9 个，三合元音 4 个。其他语言中，复合元音的情况和特点跟汉语不尽相同，但总的来说，汉语的复合元音学习起来并没有太大的困难，但在教学时需要注意两点：

第一，要突出复合元音的两个特点：一个特点是从一个元音到另一个元音是滑过去的，发音时有动程，即口形具有变化过程，中间包括许多过渡音，而单元音发音时没有动程，口形始终保持不变；另一个特点是复合元音中各个元音的响度不同，其中最响的元音听起来最清楚，也就是说最响的元音韵腹是韵母的中心部分。

第二，应注意三合元音 iou[iou]、uei[uei]受声调影响,音质会产生细微的变化。即 iou[iou]、uei[uei]中的 o[o] 和 e[e]在第一声、第二声字中消失或减弱,在第三声、第四声字中就很明显。但拼写时,如果 iou[iou]、uei[uei]前有声母(y、w 除外),只用简式-iu、-ui,如 jiu、dui。由于学习者对 iou[iou]、uei[uei]音质变化的规则不了解,再加上受书写形式的影响,很容易念成[iu]和[ui],把中间的元音省去不读,这会影响语音的准确性。

在突出元音韵母特点时,我们还应对学习者容易混淆的元音加强指导与练习,特别是发音相近但又有细微差别的元音。比如 o 和 uo,学习者在学习 o 时常会因开口度过大而念成 uo。对此,教师需要不断强调 o 是单元音,发音时没有动程,而发 uo 时口形会发生变化。另外还需要强调,汉语中很多字母实际上代表一个音位,而在发音时常常具有不同的条件变体。如 ie 和 ian 两个音中的 e 和 a 看上去是不同的字母,但发音实际上是一样的,都读作[ɛ]。

3.关于鼻音韵母。

汉语有 16 个鼻音韵母,均由单个元音或一串元音末尾加上鼻辅音-n 或-ng 构成。两个鼻音韵尾-n 和-ng 构成两个不同音位,不能混淆。而其他语言中也大多有这两个鼻音,但一般不形成两个音位。因此,鼻音韵尾也是外国学习者学习汉语语音的共同难点。其实,区分韵尾-n 和-ng 并不难。相比而言,前鼻音细弱、低沉,后鼻音宽宏、响亮。有一种方法可以帮助学习者分清-n 和-ng 舌位的不同,舌尖抵上齿龈是-n,舌根(实为舌后面)抵软腭是-ng。也就是说,发-n 时舌尖用力而且位置靠前,练习时如果用夸张的方法,使舌头特别前伸,就可用牙齿咬住舌尖,这样可使学习者清楚地体会到-n 舌位靠前这一特点。练习后鼻音时,舌后缩,舌根用力,就可发出后鼻韵尾-ng。教学中还可以采用-n 和-ng 连读的办法,使学习者有效地控制舌头的前后,并提醒学习者,在发音终结之前,舌头保持不动。常有学习者发 an 时,开始舌在前,但发音过程中不自觉地将舌头后缩,结果还是 an、ang 分不清。另一种方法是先练习自成音节的[n]和[ŋ],体会发音部位的不同,当能熟练地发出-n、-ng 之后,再把它加在元音后面充当韵尾,也可收到一定的效果。这种方法对纠正某些学习者的鼻化元音也是有效的。

4. 关于卷舌元音 er。

现代汉语中还有一个较为特殊的元音——卷舌元音 er。er 常常用在其他音节的后面,使这个音节的韵母变为卷舌韵母,并与原音节中的声母结合成一个音节,如 hái(孩)＋er(儿)→háir(孩儿)。汉语语音中韵母的这种变化就叫作韵母"儿化"。韵母儿化的音节在用汉字书写时,一般用两个汉字来表示,而在用汉语拼音字母来拼写时,只需要在原来的音节之后加上表示卷舌作用的 r 就行了,如"花儿(huār)""门儿(ménr)"。

对学习汉语的外国人来说,正确掌握韵母儿化的发音是非常重要的。因为儿化韵母是一个极为典型的形态音位,具有区别词性、区别词义和表达感情色彩的作用。比如,"画——画儿"和"盖——盖儿"是区别词性的,"头——头儿"和"笑话——笑话儿"是区别词义的,"小球儿""门缝儿""小狗儿""慢慢儿"等表示说话者的感情色彩。

有统计显示,约 60% 以上的学习者念不好 er 和儿化韵,要么不会卷舌,要么卷舌时间过晚。因此,卷舌元音也是语音教学的一个难点。而练习 er 的发音是学习儿化韵的基础。对于不会卷舌的学习者,首先要教会他们发卷舌元音 er。er 是一个带有卷舌色彩的央元音 e[ə]。虽然教材中通常将 er 作为一个整体的单元音,但发音训练时不妨将其分成 e 和 r 两部分,采取夸张过渡的方法,先发一个舌面中部微微隆起的央元音[ə],如轻声音节 de、le 中的 e,然后在发[ə]的同时把舌尖卷起来对着硬腭(随着舌尖卷起,整个舌头的位置也稍向前移动)。在练习时逐步缩短两个动作之间的衔接过程,使 e 和 r 越连越紧,最后形成一个整体的 er。发好 er 之后再学习儿化韵就容易多了,因为儿化韵就是使一个音节的主要元音带上卷舌色彩。在儿化韵中,er 失去独立性,并入前一个音节,只保持一个卷舌动作,使两个音节融合成为一个音节。多数学习者的毛病在于卷舌过晚,对此教师需要强调指出,在发 er 尾前的主要元音的同时就要卷舌。因此,教学中一般应先教卷舌韵母 er,再教儿化韵,两者的时间间隔不宜过大。

值得注意的是,韵母儿化后,其音值往往会发生一些规律性的变化。如 i、ü 两个韵母儿化后要在原韵母之后加上[ər],i 和 ü 仍然保留;在舌尖元音韵母-i([ɿ]、[ʅ])儿化后,元音-i([ɿ]、[ʅ])失去,再加上[ɚ];而以 i[i]、n[n]为韵尾的韵母儿化后,韵尾丢失,变成主要元音加卷舌动作;以-ng[ŋ]为韵尾的韵母儿化后,-ng[ŋ]韵尾消失,前面的主要元音变成鼻化元音加卷舌动作。对外国学习者来说,带后鼻音韵尾的儿化韵可能最难。练习时我们可以教给学习者一种检验发音的简单方法:发后鼻韵尾的儿化韵时,可用拇指和食指轻轻捏住鼻翼两侧,如果感觉到鼻孔内有轻微的颤动,就表明发音正确,否则就说明元音未曾鼻化,发音不正确。

学好儿化韵是很重要的,它不仅能使语音纯正自然,富有感情,而且能起到语法和修辞的作用。但也要注意,不能教过多的儿化词语,只需把汉语普通话中必须儿化的词教给学习者就够了,以免增加学习者负担。

三　汉语语流音变之难[①]

(一) 从单音节到语流

只学会基本的声韵调,还不足以学会说地道的汉语,学习音节只是一种手段,它的最终目的是为了正确而自然流畅地说话。在用语言进行交际时,总是一个音接着一个音说的,各个音连续不断,形成长短不等的语流。因此,我们还应该掌握声韵调之外的一些语流音变规律,这样才能把汉语说得"够味儿"。

同一个音节,在连续发音(语流)的情况下,或多或少有一些与单说时不同的地方,有的音改变了原有的发音部位,有的音改变了原有的发音方法,有的甚至声、韵、调全都变了。这种现象就叫"连读音变",也叫"语流音变"。人们在连续发音的情况下,发音器官的前后动作要相互适应、相互协调,从而使音节产生语音变化。世界上的各种语言都普遍存在连读音变的现象,如法语中的联诵(liaison)就是典型的语流音变。在两个词衔接起来时,前一词的末尾辅音和后一词开始的元音就可以连起来读,原来属于前一词的结尾辅音因联诵而脱离前一词的末一音节,和后一词的第一个音节的元音拼合起来组成一

[①] 此部分主要参考孙德金主编《对外汉语语音及语音教学研究》,商务印书馆,2006年;赵金铭主编《语音研究与对外汉语教学》,语文出版社,1997年;赵金铭主编《对外汉语教学概论》,商务印书馆,2004年。

个音节,如 quel homme[kɛ-lɔm](什么人)。而且联诵时词末辅音还会发生音变,有的清辅音要读成浊辅音。

(二) 汉语的语流音变

现代汉语中最典型的语流音变包括连读变调、轻声、儿化等。对于第二语言学习者来说,学习一种语言,仅仅把单个的音素或音节发得准确是远远不够的。我们必须要让学习者掌握汉语的语音变化规律,这也是汉语语音教学的基本任务之一。轻声和儿化现象前面已做过较为详细的介绍,不再赘述。下面重点讨论连读变调现象。

汉语是有声调的语言,每个音节都有固定的声调模式,但是在语流中,一些单字的声调会发生变化,这就是连读变调。连读变调在声韵调之外的语音现象中几乎居于首要地位。汉语的连读变调有两类:一类是一个词(或二字组合)内部可变可不变的变调(如可否轻声),以及各个词和短语之间的变调,这种情况下不变也无妨,只是听起来不太自然,或对语气有些影响而已。另一类是一个词(或二字组合)内部必然的变调,不变调就影响了词义(如"大意"和"大·意"),或者听起来很不自然(如"看戏"是两个去声相连,前一个去声"看"如按本调51念就非常别扭,只能念成53才行)。

汉语的连读变调是普遍存在的一种语音现象,如上声变调、"一、七、八、不"变调等,其中的规律都值得我们进行深入系统的研究。外国人学习汉语普通话的语音,普遍感到最困难的是声调,而这四个声调中最难掌握的又是上声。这是因为在语流中上声在多数情况下都要发生变调。上声的变调具有一定的规律性,许多语言学著作或教材都指出,上声在上声前变为阳平,如"你(nǐ)+好(hǎo)"读作 níhǎo;在阴平、阳平、去声和轻声前,如"你听、你读、你看、你呢"中的"你"均要变为半上声,半上声是一种低降调。相对而言,上声似乎念本调的机会不太多。有著作指出,上声在单独使用或结尾时,会保持本调214 的调值。但研究表明,上声即使单用或用于结尾,除非说话人有意强调,否则一般也很难保持其原有的降升调。因为在自然语流中,由于时值的限度,任何单音节,一经下降,则上升的趋势自然会变得很微弱。比如,我们将"好(hǎo)"或"你真好(nǐ zhēn hǎo)"中的"好(hǎo)"按214 调值来读就显得非常不自然。因此，近来有不少学者建议，在教学中可以先教出现频率最高的半上声，然后再教全上声。

除了两个上声相连之外，语流中还常常出现三个上声连读的情况。三个上声的连读变调更为复杂，比如，"展览馆""跑百米""我也有""甲乙丙"等，它们的变调模式各不相同，外国学习者更感困难。不少学者认为，三个上声连读的词语可以按照其内部结构参照两个上声连读的变调规律。比如，"展览＋馆"是二一格，连读时前两个字"展览"变为阳平；"跑＋百米"是一二格，"跑"读作半上，"百"读阳平；而"我也有"是主谓结构，"我也"二字读作阳平；"甲＋乙＋丙"是单一格，"甲""乙"均变调为阳平。而像"李晓敏""索马里"等专名似乎没有统一的变调规律。可见，多个上声连读的情况十分复杂，仍有深入挖掘之处，对外汉语教师应该留意搜集相关材料，及时总结相关的变调规律。

相比之下，"一、七、八、不"的变调规律就清楚得多。目前来看，绝大部分教材已经不大提及"七、八"的变调，认为"七、八"始终读本调阴平。"一"和"不"的变调则有较强的规律："一"在阴平、阳平、上声前（如"一天""一年""一起"）均读去声 yì，只有在去声前变调为阳平（如"一样"中的"一"读 yí）。"一"在单读（如"一、二、三……"）、位于词句末尾（如"第一""万一"）时读本调阴平 yī。"不"在阴平、阳平、上声（如"不高""不白""不好"）前读本调去声 bù，而在去声（如"不要"）前变调为阳平 bú。"一"和"不"夹在动词当中念轻声，如"走一走""买不买"等。由于"一、不"变调的规律性较强，因此不是外国学习者的学习难点，但要熟练掌握还需加强练习。

四 语音变化的价值

语音变化是汉语韵律模式的重要体现，是鉴别外国学习者汉语水平的重要指标。人们表达思想的最小单位不是音节，而是句子。声韵调单项训练可以使学习者掌握正确的发音部位和方法，提高学习者自我辨音和纠音的能力，这些都是在为句子训练打基础。打基础本身不是目的，在语流中声韵调正确才是语音教学的目的。因此，声韵调单项训练要与语流训练相结合，注意句子的整体训练，才能从根本上解决单音发得准而说出话来却怪音怪调、洋腔洋调的问题。连读变调、轻声和儿化是汉语语音的主要音变方式,对这些音变规律的认识和把握,是进一步掌握汉语语调模式的重要基础。特别是汉语的连读变调现象,外国学习者想要熟练掌握非常不容易。比如,汉语的连读变调现象基本上是以二字连读变调为主,三字连读以单字和二字连读调型的结合为基础,但有时也有它自己的规律,成为三音节调型模式。单字、二字组、三字组的音调模式相互搭配,再加上轻声和一些变化,便成为汉语语调的基本单元。

由此可见,掌握汉语连读变调的基本模式和规律,对掌握汉语的语调模式是至关重要的。学习者只有较好地掌握汉语句子中的语音变化,读准语流中的声韵调,才能把汉语说得"够味儿",其汉语水平也才能登上一个新的台阶。

第三节 外国人汉语语音学习中的"洋腔洋调"

一 什么是"洋腔洋调"

所谓"洋腔洋调",是指外国学习者在用汉语进行口头表达时由于各种各样的语音语调错误而带有外国味儿。语音是语言系统的物质外壳,语言表达中的各种信息(诸如词汇的、语法的、语义的、语用的信息),都会透过语音这个物质外壳表现出来。语音、语调和语义是三位一体的和谐统一体,因而只要其中任何一部分出现偏差,都会出现"洋腔洋调"。

不同民族的语言具有各自独特的语音特征,受母语的影响,外国成年学习者由于对汉语语言系统认识不足,掌握不够,再加上辨别力、模仿力、记忆力的下降,受干扰程度就更加严重。因此,他们在学习汉语时所表现出的"洋腔洋调"也就必然存在一定的差异,往往带有各自母语的特点。找出学习者学习汉语语音时的难点,并有针对性地重点加以练习,是克服"洋腔洋调"的有效手段。

下面将分别从声母、韵母和声调三个方面对不同母语背景学习者的"洋腔洋调"加以说明,并尝试提供一些有针对性的策略和解决办法。

二 外国人"洋腔洋调"示例

(一) 韩国学习者"洋腔洋调"示例①

任何语言的语音之间都有共同之处和相异之点。一般而言,母语中没有的音学起来更难一些。

1. 声母问题及对策。

汉语普通话有 22 个声母,韩语有 19 个辅音。汉语中有 7 个辅音是韩语所没有的,即唇齿音 f,舌面音 j、q、x,舌尖后音 zh、ch、sh。韩国学习者容易将唇齿音 f 念成 b 和 p,如将"吃饭(chīfàn)"念成 chīpàn。我们首先要告诉学习者二者的发音部位是不同的——f 是唇齿音,b 和 p 是双唇音;然后用夸张法放慢发音过程,使上齿轻咬下唇,气流磨擦而发音。教师先示范,然后学习者模仿、感觉、辨别。

舌尖后音对韩国学习者来说更是难点,因为韩语中有与汉语的舌尖前辅音十分接近的音,他们往往很难分清 z、c、s 和 zh、ch、sh,如将"出租车(chūzūchē)"发成 chūzhūcē。教学时可以先学习舌尖前音,按照 s→z→c 的顺序来教;通过比较的方法导入舌尖后音:结合舌位图比较 s 和 sh 的不同舌位,再结合 sh 的舌位图重点说明发音要领,讲塞音 zh 和塞擦音 ch 时,可以准备三张图分别表示"准备-蓄气-发音"的三个阶段(很多学习者发不出 zh 是因为蓄气不足);然后用手演示发音部位和过程:一只手演示舌头的动程,一只手演示口腔部位,将充当舌头的手上翘至另一只手中表示硬腭前部的位置,同时也张大嘴将舌尖上翘,带领学习者模仿,要注意舌尖的位置保持不动。

韩语中有舌尖前音[ts]、[tsʰ]、[s],还有展唇的高元音[i],所以发 xi[ɕi]时常发成尖音 si[si]。解决问题的关键也是要讲清楚发音部位,可以用图示法,用放大的舌位图加以展示,然后夸张地放慢发音过程。如发 j[tɕ]时,先张大嘴,舌尖抵住下齿背,保持不动,抬起舌面,使舌面前部同硬腭前部贴紧,然

---

① 此部分主要参考宋春阳《谈对韩国学生的语音教学——难点及对策》,《南开学报》1998 年第 3 期。又见孙德金主编《对外汉语语音及语音教学研究》,商务印书馆,2006 年。

后气流冲开一条窄缝摩擦而出,声带不振动发出 j[tɕ]。还可以辅以手势,即下手掌手背对上手掌掌心,下手掌指尖向下,指关节部位拱起贴上手掌手指中前部。先学 j、q,后学 x。

舌尖后浊擦音 r[ʐ]也是韩国学习者学习的一个难点。他们常常将"热(rè)"读成"乐(lè)"、"然(rán)"读成"兰(lán)",把英语的 red 读成 led。r[ʐ]的特点是舌尖贴住前腭声带振动。学习 r 时,可让学习者把 sh 音拉长并振动声带带出 r,之后马上加 an、ang、uo 等韵母加以拼合练习。拼合之后再进行区别练习。如 re—le、rao—lao、ruo—luo 等。练习时可全体跟读,也可单个读;可听后判断,也可听后写。

韩语中有 h[x]这个辅音,但韩国学生在拼合 h[x]和 u[u](uo[uo])时,常常把 h[x]变成双唇清擦音[ɸ]或唇齿音[f],如"老虎"念成[lau³⁵ fu²¹⁴]或[lau³⁵ ɸu²¹⁴]、"狐狸"念成[fu³⁵ li]或[ɸu³⁵ li]等。解决的办法是,一方面要说明 h[x]和 f[f]发音位置的不同,另一方面是强调在与 u[u]拼合时,要把双唇用力收圆并略有前突,以防止双唇或唇齿摩擦,最好通过对比练习使学习者体会出 h 和 f 及 p、b 的不同。如"婆—佛—活""谱子—斧子—胡子"。

2. 韵母问题及对策。

韩语有 8 个单元音,13 个复元音。韩语没有汉语的 ü[y]、舌尖前-i[ɿ]和舌尖后-i[ʅ]。韩语虽然没有 ü[y],但是有元音[u]加[i]组成的复合元音ㅟ[wi],所以韩国学习者常常把 ü[y]发成[wi]。解决问题的关键在于,要让学习者理解 ü[y]是前高圆唇单元音,与 i[i]的部位相同。因此,可以用先发[i]的方法来过渡到[y]。在发完 ü[y]的整个音程后保持口型不变,练习时可由 i[i]到 ü[y]再由 ü[y]到 i[i]交替练习。

受韩语中的尖音影响以及韩国学习者对汉语 i 所代表的三个元音音素位置的互补规则的不习惯,韩国学习者在读含有舌尖前元音[ɿ]和舌尖后元音[ʅ]的音节时常常犯两种错误:一是把它们读成[i],二是把它们读成[ə]和[w]。教学时,教师可以先板书这三个音,并讲解示范 i 的不同发音,弄清楚发音部位,再进行音节的对比练习,如 ji—zhi 与 zi、xi—si—shi、qi—ci—shi、li—ni—ri。

汉语的韵母 e 代表[ə]和[ɤ],韩国学习者受母语的影响,常将其发成后高展唇的元音[ɯ],其错误原因在于开口度不够。因此,要提示学习者防止展唇,加大开口度。

韩国学习者在学习复合韵母 uo、ou、ui、iu、un、ün 时常有两个错误倾向:(1)当与声母拼合时,两个元音之间有停顿,一个音节变成了两个音节,如"错[tsʰuo⁵¹]"说成了[tsʰuwə];(2)u 和 o 或 o 和 u 之间没有过渡音或发成一个音,如把"说[ʂuo⁵⁵]"念成[ʂo]或[ʂu]。此时,教师应该告诉学习者复合元音的发音特点是从前一个音滑向后一个音,中间有过渡音,滑动慢而不断,其中主要元音最响亮,口型有变化。教师可以使用夸张法向学习者示范口型变化。如 uo[uo]开口度由小到大,ou[ou]开口度由大变小。此外,还可以在 ui、iu、un 后面加注它们的实际读音即 uei、iou、uen 等,以免引起误读。

3. 声调问题及对策。

与声韵母相比,声调对韩国学习者来说要难得多。这主要是因为韩语中没有声调音位,即韩语中声调不区别意义,所以韩国学习者对声调音位并不敏感,即便模仿也常常固定不住。

学习声调时韩国学习者突出的问题在于"阳平上不去,去声下不来":前者是指读中升的 35 调时常读成高平的 55 调或半上声的 21 调;后者是指读全降调时往往读成高平调或读成入声,这是受韩语有[p]、[t]、[k]收音的入声的影响。

在声调组合发音方面,韩国学习者不易学会"二声＋四声""二声＋二声""二声＋轻声""三声＋二声""一声＋二声""一声＋四声""四声＋四声"的声调组合。如将"饭店"读成"饭颠"、"彩绸"读成"彩抽"、"机会"读成"几会"等。解决的办法是先要发好高平调。实践表明,"反桥式"和"桥式"方法唱四声要比传统的"阴－阳－上－去"顺序练习四声效果好得多。"反桥式"法是按照"阴－去－上－阳"的顺序练习,而"桥式"法则是按照"上－阳－阴－去"顺序练习四声。[①] 这两种方法流畅自如,一气呵成,教师打起手势来简便、清楚;对学习者来说,前一个声调的尾音就是下一个声调的起点,定调容易了许多。而且这

---

① 参见胡炳忠《四声连读与"辨调代表字"——教学笔记》,《语言教学与研究》1979 年第 1 期。

两种方法有助于解决韩国学习者"上声+阳平"易读成"半上+阴平"、"阴平+去声"易读成"半上+阴平"或"去声+半上"的发音问题。为了增加声调练习的时间,在学习声母和韵母的同时可以练习唱四声。如教师可在黑板左侧板书声母,上方板书韵母,在讲清声韵母发音要领之后,带领学习者唱四声。可以采用领读、齐读、单读等方法实施,先一个一个地练习声调,然后再两个声调两个声调地练习,并加快速度。

实践表明,有的韩国学习者虽然能读准拼音,但读不准汉字的声调,说话时也记不住词的声调。我们可以实行语流教学与音素教学相结合的方法,即通过制作生词卡片,在上课之前教师闪示卡片,学习者快速认读,重点是记音记调。可按声调分类,集中连续闪示相同声调的词语,如"阴平+轻声"的"妈妈""哥哥""他的""桌子";也可把同声调类型的双音节词语组成有意义的短句进行练习,如为了克服"阳平+轻声"的发音难点,可以设计"谁的+孩子+来了""朋友+孩子+来了"这样的几个句子,开始时教师闪示卡片让学习者读,然后教师说出一个句子,指定学习者重复,这样的练习生动有趣,效果良好。

(二)日本学习者的"洋腔洋调"示例[①]

日本学习者在学习汉语语音时,普遍有听力差、发音难等不利因素,其原因主要有两点:一是日语本身的语音音素要比汉语少得多;二是日语与汉语相同的同位语音音素也极少。

1. 声母问题及对策。

汉语中的 b—p、d—t、g—k、j—q、zh—ch、z—c 六对声母,有送气与不送气的区别,而送气与不送气在汉语音节里具有区别意义的作用。日语中某些音虽然也有送气与不送气两种读法,但区分不明显,也没有辨义作用。如た こ(风筝)尽管说た送气,こ不送气,但如都送气或都不送气,仍是"风筝"的意思。因此,日本学习者常把"胖(pàng)"读成 bàng、"骨(gǔ)"读成 kǔ,分辨不清"青草(qīngcǎo)"和"清早(qīngzǎo)"。教学中教师可采用一张薄纸教学习者检

[①] 此部分主要参考余维《日、汉语音对比分析与汉语语音教学》,《语言教学与研究》1995 年第 4 期。又见孙德金主编《对外汉语语音及语音教学研究》,商务印书馆,2006 年。

验所发的声母是不是送气音。若是送气音,呼出的气流强,会使纸颤动,反之是不送气音。要教日本学习者养成读送气音的习惯。

汉语的 j[tɕ]、q[tɕʰ]、x[ɕ]是舌面前音,zh[tʂ]、ch[tʂʰ]、sh[ʂ]、r[ʐ]是舌尖后音。日本学习者因母语没有[tʂ]组辅音,所以很难掌握,常同[tɕ]组辅音相混。教师可用手势来说明发音原理。如两手手心相对,上面的手掌表示嘴的上腭(其中手指的前、中、后部可分别表示齿背、硬腭、软腭),下面的手掌表示舌。发 j[tɕ]组时,舌平伸后缩到硬腭前部;发 zh[tʂ]组时,舌要上卷,接触上腭。然后再通过"旗子(qízi)""池子(chízi)"等的辨音练习,让学习者在汉语的听说交际中逐渐分清两组声母,避免混淆。

汉语的 f 是唇齿音,h 是舌根音。日本学习者往往不习惯发这两个音,就都用母语中的双唇音ふ[ɸ]来代替。于是,造成 f[f]、h[x]、ふ[ɸ]三音不分。要区分三者,关键在于区分三者的发音部位。教师可用手势说明:f[f]是由上齿接触下唇构成发音部位,气流在唇齿间摩擦成声;h[x]是由舌根隆起接触软腭构成发音部位,气流在软腭与舌根间摩擦成声;ふ[ɸ]是上唇接触下唇构成发音部位,气流在双唇间摩擦成声。

2.韵母问题及对策。

首先来看单元音韵母。日语元音系统中有五个单元音:あ、い、う、え、お;汉语有七个单元音,分别用七个汉语拼音字母表示为:a、o、e、i、u、ü、er,其中 i 有三个变体[i]、[ɿ]和[ʅ]。日本学习者在学习单元音韵母时主要存在两个问题:一是开口度大小控制不好,二是唇舌位置找不正确。

受母语的影响,日本学习者发单韵母时,往往开口度不够大。如汉语的[A]是央低不圆唇元音,发音时开口度很大,舌位很低。学习者往往发成日语中的前元音あ[A̠],且开口度小,易与舌面前半高不圆唇元音[e]相混。汉语的 o[o]是后半高圆唇元音,比日语的お[o̞]口形大一点。汉语的 e[ɤ]是后半高不圆唇元音,日语没有这个音,学习者学习这个音很难,有的把 e[ɤ]读成[e]。教师可用舌面元音图来说明各单元音韵母的舌位区别,同时可用手势说明开口度与舌位的关系。上下手掌相对合并,手腕夹一支铅笔(代表舌),上手掌(上腭)不动,下手掌(下腭)可以开闭。当下手掌打开时,铅笔(舌)也会随之往下,下手掌合上时,铅笔(舌)也随之抬高。这样可使学习者知道,开口度的大小与舌位高低有密切的关系。

汉语的 u[u]是后高圆唇元音,发音时,双唇要收拢成圆形,舌要后缩,舌根接近软腭。日语没有与 u[u]相同的音,学习者往往用日语的舌面央高圆唇元音う[ɯ]来代替。我们要告诉学习者发 u[u]时把唇收拢,而且要把舌后缩。汉语的 ü[y]是舌面前高圆唇元音,与 u[u]不同的是,ü[y]的舌位靠前。日语没有 ü[y],有的学习者舌位高度不够,或舌位前移不够。教师要强调发 ü[y]时,唇又小又圆,舌位又高又前。汉语的 er[ɚ]是央不圆唇的卷舌元音。日语没有这个音,学习者往往发得舌位过低。教师要强调[ɚ]是单元音,要抬高舌位,发音时舌不滑动,可用延长声音的方法来检验所发的[ɚ]是否正确。汉语中有两个舌尖单元音-i[ɿ]和-i[ʅ],-i[ɿ]只出现在 z、c、s 之后,-i[ʅ]只出现在 zh、ch、sh、r 之后。学习者往往用[i]来代替[ɿ]、[ʅ],如把"资[tsɿ]料"读成"资[tsi]料",把"一直[tʂʅ]"读成"一直[tʂi]"。教师要告诉学习者[ɿ]的舌位靠前,唇形要扁,而[ʅ]的舌位靠后,唇形较圆。还可在教学之初将拼音方案的三组音分开标写,分开教学,即 zh-ʅ、ch-ʅ、sh-ʅ、z-ɿ、c-ɿ、s-ɿ、j-i、q-i、x-i,以避免发生混淆。

在复元音韵母方面,日本学习者存在的问题是主要元音发得不够响亮。如 ua[uA],u 和 a 是舌位滑动的开头和结尾,其中 a 是主要元音,要读得响亮。而日本学习者在学习这类韵母时,由于主要元音开口度不够大,所以声音不响亮,类似单元音韵母。教师可以使用舌面元音图示意学习者,u 轻读,a 要重读。

日本学习者发复元音韵母时不太注意舌位动程的大小。汉语的三合元音韵母的特点是舌位要从一个元音滑向另一个元音,然后再滑向第三个元音,如 iao。日本学习者会把 iao 发成[jo],这是受日语元音发音习惯的影响。他们把连接在一起的两三个元音当作混合在一起、比较长的一个元音来发,结果造成"刀(dāo)""多(duō)""都(dōu)""都(dū)"不分。教师可通过舌面元音图指导学习者掌握复合元音韵母发音的特点,告诉学习者元音之间滑动的动程要明显,要在舌位滑动时出现过渡音,其中有一个元音是主要元音。

鼻音韵尾存在[-n]和[-ŋ]的对立是汉语普通话韵母的特点之一,而日语中只有一个可以在词尾出现的鼻音音位[N]，它与汉语的两个鼻音韵尾在发音上存在较大差别。因此，汉语的鼻音韵尾是日本学习者学习的难点之一，他们总把-ng[-ŋ]发成或听成-n[-n]。如发 an 和 ang 时，日本学习者在舌位高低、舌位前后的差距以及软腭下降的幅度等方面都显得过小，发音不到位。教师教学时首先需要强化发音训练，通过引导法、辅助法及检查法等苦练-n[-n]和-ng[-ŋ]的基本功。如发-n[-n]时，舌头前伸，手指不能伸入口腔内；而发-ng[-ŋ]时，舌根后缩，手指可伸入口腔内。为了突出前后鼻韵尾音，可以进行鼻韵母音组合对比练习，如 an—ang、en—eng、ian—iang、uan—uang 等。此间，可通过舌面元音图告诉学习者-n[-n]与前 a[a]组合，-ng[-ŋ]与后 a[ɑ]组合。发 an[an]的[a]时舌前伸，舌尖抵住上齿背；发 ang[aŋ]的[ɑ]时舌后缩。此外，还可进行鼻韵母音聚合对比练习，如 an：ian—uan—üan，ang：iang—uang 等。

3. 声调问题及对策。

从多年的教学实践来看，日本学习者最难学习和掌握的还是声调。他们学习生词时，最后学会的是声调，最先遗忘的也是声调。这是受母语影响的结果。日本学习者的声调问题主要表现在掌握不好声调的起音度、重音以及变调等方面。

日本学习者在听辨上声与去声、阳平与上声、阳平与去声方面非常困难。特别是区别不开阳平和上声，往往把上声当作阳平。教师可用五度标记法来指导学习者学习和纠正声调。汉语的阴平55是高平调，学习者由于起音过低而发成半高平调44或中平调33。汉语的阳平35是高升调，学习者由于起音低而发成中升调24或低升调13。汉语的上声214是低降升调，学习者常常发成升调14或35。汉语"上上"相连时"前上"变为阳平，这也给学习者造成一种错觉，好像上声类似阳平。汉语的去声51是全降调，学习者由于起音不高，常常读成低降调31或21。对于字调的教学，教师要讲清楚声调的起音度，才能使学习者学好。

汉语中双音词占绝大多数。日本学习者学习双音词时，除声、韵母外，声调的轻重也很难掌握，重读的音节常常出错。有的学习者为了适应汉语的特点,就把第二个音节一律重读,甚至包括轻声音节在内。因此,教师还应告诉学习者把轻声音节区别开,防止学习者走极端。

汉语中"上上"相连时"前上"变阳平,如"美好(měihǎo)"应读成 méihǎo,"美(měi)"的变调是 214→35。"上上"相连的双音词如果"后上"读轻声,"前上"有两种情况:一种变阳平,如"想起"的"想"要读成 35;另一种变"半上",如"姐姐"的前一个"姐"要读成 21,像上声的前半部分。上声后面是阴平、阳平、去声时,"前上"也变成"半上",如"首先"214+55→21+55、"改革"214+35→21+35、"美丽"214+51→21+51。日本学习者对"前上"变阳平比较容易掌握,而变"半上"则不习惯,常读错。除上声外,去声的双音词的声调也是比较难学的。如"妹妹(mèimei)"的第一个音节容易读成阴平 55,降不下来,"再见(zàijiàn)"的"再"也读成阴平 55,改变了调值。教学中教师可用调值示意图加以说明,并配以相应的练习,让学习者掌握变调的规律。

(三)欧美学习者的"洋腔洋调"示例[①]

英语是欧美国家所普遍使用的语言,下面重点介绍以英语为母语的学习者学习汉语语音时的特点。欧美学习者在汉语发音方面所遇到的困难大多源于其母语的干扰,且语音难点基本一致:合撮不分,j、zh 两组不分,上声与阳平相混等。

1.合撮不分与 j、zh 两组的问题及对策。

u 和 ü 不分,即合撮不分,是英语国家学习者韵母方面最严重的问题。汉语的 u[u]是圆唇后高元音,ü[y]是圆唇前高元音,欧美学习者往往把这两个元音央化,发成英语的圆唇央高元音[ʉ],如混淆 lu—lü、nu—nü、chu—qu、zhu—ju、shu—xu 等,把"旅行"读成"鲁行"。

u 和 ü 不分的现象还与欧美学习者发不好声母 j、q、x、zh、ch、sh、z、c、s 有关。其中 z 组问题不是很大,尽管由于英语里字母 z 代表[z]、c 代表[kʰ]或[s]而导致学生将"再见"读成[zai dʒian],但这是初学者对汉语拼音不习惯而

[①] 此部分主要参考倪彦、王晓葵《英语国家学生学习汉语语音难点分析》,《汉语学习》1992 年第 2 期。又见孙德金主编《对外汉语语音及语音教学研究》,商务印书馆,2006 年。

造成的,问题很快就能得到解决。

　　欧美学习者声母方面最大的问题在于 j 和 zh 这两组声母。j 组是舌面前音,zh 组是舌尖后音,欧美学习者往往发成英语的舌叶音[dʒ]、[tʃ]、[ʃ],且还加上舌叶音附加的双唇前伸动作。j 组只与齐撮韵母相拼,zh 组只与开合韵母相拼,所以他们很难分开 jia—zha、qiao—chao、xuan—shuan 等音节。当 j 组与撮口呼相拼,zh 组与合口呼相拼时,由于合撮不分,声母、韵母全混淆了,如将"去"和"处"都读成[tʃʉ]、"宣"和"拴"都读成[ʃʉan]。因此会造成这样的问题:你问学习者"你住哪儿",而他们可能误解成"你去哪儿"。当 j 组与齐齿呼相拼,zh 组与开口呼相拼时,由于他们把声母发成了舌叶音,齐齿呼受舌叶音的影响,i 介音发得比较轻松,而在 zh 组与后面开口呼的央后元音之间,受舌叶音的影响,有一过渡性的腭化音[j]。如将"上海"读成了[ʃjæŋ hai],就是因为他们将 sh 发成了舌叶音,同时双唇前伸,元音发音部位也偏前了。

　　声母和韵母两大问题纠缠在一起,成为欧美学习者汉语发音中最突出的问题之一。在教学中,我们可以根据难点分散的原则,先分别进行声母和韵母的正音。首先帮助学习者克服发 j 组和 zh 组双唇前伸的毛病,再通过各种辨音练习,帮他们分辨两组声母。如发 u 和 ü 时,告诉学习者,它们一个是前元音,一个是后元音,让学习者先发 i,保持舌位不动,双唇圆起,发出 ü。同样,让学习者先发 o,抬高舌位就能发出 u。学好单个的声母和韵母后,声韵的组合也就相对容易一些。

　　2.声韵母方面的其他问题及对策。

　　除了合撮不分、j 组和 zh 组不分之外,欧美学习者在声母发音方面还存在清浊不分、h 和 r 相混的问题。英语国家的学习者常用浊音代替汉语的不送气清音,这与他们母语发音的习惯有关,同时也与《汉语拼音方案》采用字母 b、d、g、j、zh、z 标志[p]、[t]、[k]、[tɕ]、[tʂ]、[ts]有关。因为英语字母 b、d、g、j、z 正好标志浊音[b]、[d]、[g]、[dʒ]、[z],所以容易相混。教师教学时对此需加以说明。汉语的 h 是舌根音[x],而英语的 h 是喉音[h],欧美学习者易将汉语的 h 发成喉音,如将"吃吃喝喝"读成[tʃi tʃi hə hə]。欧美学习者还易将汉语的舌尖后浊擦音 r 读成圆唇闪音 r[ɾ]。教师可以用汉语不圆唇的 r 念一个英文单词 red,学习者便很快学会汉语的 r,放弃圆唇的动作。

韵母方面,汉语的 e 除了在轻声音节念[ə]外,其他都是不圆唇半高后元音,末尾舌位略有降低。而欧美学习者习惯将 e 这个元音央化,同时也往往把舌尖后元音[ɿ]和[ʅ]也央化,从而造成很难分开"吃"和"车"、"字"和"仄"、"知"和"遮"的情况。此外,汉语的 er 发音时有一个卷舌的动作,而欧美学习者往往在发音前就已完成卷舌动作。教学时要告诉学习者发 er 时要边发音边卷舌。还有,受英语母语及汉语拼音拼写的影响,ang、iang 常被发成[æŋ]、[iæŋ],元音偏前;ong、iong 常被发成[ɔŋ]、[iɔŋ],主要元音开口偏大。

3. 声调问题及对策。

对欧美学习者来说,声调是个全新的概念,英语没有声调。从单字调来看,上声是欧美学习者发音的难点,他们容易将阳平和上声相混。这是因为上声的相对音高比较低,且发音时,前边下降的一段念得较长,后面上升的一段念得较短,即前长后短。而欧美学习者音高和音长都存在一定问题。他们起点偏高,降得又不到位,且前短后长,即强调了上升的部分,于是上声就念成了325 或 335,听起来像阳平。此外,汉语的去声是高降调 51,与英语的强调重音很近似,因而欧美学习者往往在发音时用力过度,读得很夸张。

在语流中,欧美学习者的声调问题更多。他们往往任意改变声调,词语越长,越出乱子,而且很难找到规律。普遍的问题是高调上不去、低处下不来,即升降得不到位。阴平念得不够高,往往被念成中平调、低平调或降调。阳平升不上去,往往念成平调或降调。语流中,阳平的问题最为突出。前面提到欧美学习者读上声时往往降得不到位,音长分配不正确,易与阳平相混。而语句中,单个的及停顿前的上声(完整的上声)并不多,两个连续的上声变调的困难又与阳平的困难相似,反而半上声念得偏高显得突出。去声的问题是起点不够高而又降不到位,且用力过度。相对来说,阴平和去声比较容易。教师教学时要给欧美学习者建立起一种全新的有关声调的发音习惯,因此强化汉语声调的训练至关重要。

(四)东南亚学习者"洋腔洋调"示例

东南亚地区包括泰国、菲律宾、印度尼西亚、越南、柬埔寨、缅甸、马来西亚、新加坡等国家。近年来，随着贸易往来的增多，东南亚国家学习汉语的人越来越多。每个国家的学习者都存在一些相同或相异的"洋腔洋调"问题。下面我们重点介绍泰国、柬埔寨和越南学习者语音学习方面的特点。

1. 泰国学习者学习汉语语音的难点及对策。[①]

泰语与汉语同属汉藏语系，泰语属汉藏语系中的泰语支。泰语有21个单辅音（42个辅音字母），这些辅音分为高、中、低三组，并有清、浊音之分；有18个元音，分长元音和短元音两类。另外还有11个复辅音（15个复辅音字母），17个复元音，以及5个声调。这些要素就构成了泰语的语音和文字系统。

（1）声母问题及对策。

和汉语拼音相比较，泰语辅音有s，但缺少与汉语对应的j、q、x、zh、ch、sh、z、c。因此泰国学习者常常被这三组音所困扰。先看z、c、s。尽管泰语有/s/这个音，但是泰国学习者发s仍有困难，问题在于与s相拼发音的舌尖前元音-i[ɿ]。我们知道，辅音本身一般是不发声的。而泰语中的单辅音全部要与元音-ə[ɤ]相拼发声，-ə是一个舌后半低圆唇长元音。而在汉语拼音中，辅音声母的读音是根据发音部位分别与不同的元音相拼合而成的。这对泰国学习者来说有一定难度，且泰语中的/s/音位可以和元音[i]、[iː]相拼，如[si]、[siː]。而汉语的z、c、s却不能与[i]、[iː]相拼，且-i[ɿ]这个舌尖前元音在泰语中不存在。这就使得泰语中存在的舌面元音[i]音位形成了对z、c、s发音的干扰。针对泰国学习者发z、c、s的尖音化倾向，教师教学时要注重与泰语进行比较，并讲解这组音的发音特点，克服尖音化。同时，也要避免发生元音后移读成[tsɤ]、[tsʰɤ]、[sɤ]的倾向。根据[i]是舌面前高不圆唇元音，而[ɿ]是舌尖前高不圆唇元音和发音部位的区别，教学中要求学习者把发音部位定在舌尖与上齿龈之间，分别发出塞擦音（不送气和送气）和擦音。关键是在发音的过程中舌头的位置绝对不能移动，保持到发音结束。

再看zh、ch、sh这组音。泰语中没有这三个音，但有与之发音相近的舌间

---

① 此部分主要参考蒋印莲《泰国人学习汉语普通话语音难点辨析》，载《第五届国际汉语教学讨论会论文选》，北京大学出版社，1997年。又见孙德金主编《对外汉语语音及语音教学研究》，商务印书馆，2006年。

硬腭塞擦音[c]和[cʰ]。泰国学习者易将 zh 组音向舌面音迁移,把舌尖音读成舌面音。zhi、chi 中的-i[ɿ],也会习惯性后滑发作[ɤ]音。于是把"师"读作[sɤ]、"吃"读作[cʰɤː]、"知"读作[cɤː]。教学时教师可以从整体认读的音节入手,抓住声母与韵母拼合的关键,特别是发-i[ɿ]时,一定要保持发音部位不移动,可以做延长音练习,强化学习效果。

j、q、x 这组音对泰国学习者来说难度更大。汉语中只有齐齿呼和撮口呼韵母才能与 j、q、x 相拼,而由于泰语舌面前音[i]发音时位置靠前,所以在发以 j、q、x 为声母的音节时,舌面前音都前移而发成舌叶音[tʃ]、[tʃʰ]、[ʃ]。所谓舌叶齿音就是用舌尖和靠近舌尖的前舌面向上齿龈靠拢形成控制气流而形成的辅音。泰国学习者往往将 jia 读成[tʃiːɛ],把 qian 读成[tʃiːan],把 xie、xue 读成[ʃiːɛ]。纠正这组音时,教师可以要求学习者将发音部位从舌面前尖部移至舌面前部,发音时维持住舌面和发音点的位置,不让它向舌尖滑动。

(2) 韵母问题及对策。

韵母方面,泰语的复合元音也存在受发音习惯干扰的情况。比如,泰语中没有撮口呼韵母 ü,泰国学习者发 ü 时易向 i 和 u 迁移。教学时我们可以通过示范讲解,让学习者先发 i,然后过渡到 ü。复合元音中以 i 和 u 开头的韵母在发音时存在问题。汉语拼音的 i 和 u 充当韵头时发音短促,一带而过,重点在后面的元音上。而泰语中元音分为长、短两类,均可与其他元音结合,构成复合元音。泰语以[i]开头的三个复合元音中有两个[i]读作长音[iː],这对汉语拼音 ia、iao 形成干扰,比如,把 jia 读作[tʃiːa]、xia 读作[ʃiːa],把 piao 读作[piːau]、xiao 读作[ʃiːau]。以 u 开头的复合元音中,泰语的三个音中也有两个[u]读作长音[uː],所以往往就把汉语的 hua 读成[xuːɔ],使 u 变成了主要韵母,而 a 则成了附带的元音,因此往往会出现把"瓜"读成"锅"的情况。ia、iao、ua、uai 误读的纠正方法是提示学习者遇到以 i 和 u 开头的复合元音时,有意识地将介音 i-和 u-读作泰语中的短元音[i]和[u],强调介音的短促特征。

汉语的 iu 和 ui 是拼音 iou 和 uei 的缩写形式,泰国学习者常常会将其与泰语的[iu]和[ui]混为一谈,丢失了中间的元音 o 和 e,如将"堆"读成[dui]、"灰"读成[xui]等。这个问题需要学习者加强记忆。对初级学习者而言,甚至可以不用缩写式。

(3) 声调问题及对策。

声调方面,在一个音节一个音节地说时,泰国学习者说的汉语声调在区别性方面还是很清楚的,但有明显的口音。一般来说,阴平不够高,在去声前后常被抑制,在语句中尤其如此。阳平有较长的预备阶段,上升时起点较低。上声多以半上形式21出现。去声音节时长过长,有拖沓感。纠正阴平太低的偏误,教师要让学习者多练习起调,起调要高,然后延长声音,可以采用唱音阶定音高和确定起调字的方法。纠正去声的偏误,教师要训练学习者发得短促一点。阳平也要发得短促一些,且要将起点抬高。

2. 柬埔寨学习者学习汉语语音的难点及对策。[①]

(1) 辅音问题及对策。

柬埔寨的国语是高棉语。高棉语共有33个辅音字母,35个辅音音素。它们有清浊的对立,送气与不送气的对立。送气与不送气的对立与汉语相同,均有区别意义的作用。这些辅音可以全部出现在音节的开头。其复辅音非常丰富,有126组之多。可以充当韵尾的有14个。汉柬辅音的差异主要表现在:汉语有丰富的塞擦音和擦音,高棉语中塞擦音和擦音要少得多,因此汉语中的z、c、s、zh、ch、sh、j、q、x、f、h的绝大部分,在高棉语中都没有相应的音素;高棉语的塞音和塞擦音有清浊的对立,而汉语的塞音和塞擦音只有清音没有浊音;高棉语有舌叶音,还有舌面后浊擦音,喉壁音和喉音,而汉语没有。汉柬辅音的这些差异使柬埔寨学习者常发生如下发音偏误:

一是清音不清。柬埔寨学习者往往将汉语中的不送气清塞音[p]、[t]、[k]念成[b]、[d]、[g]。如"玻璃"读成[boli]、"高山"读成[gauṣan]。教师可以提醒学习者汉语不存在浊塞音,发汉语中的塞音时声带不振动。

二是以[tʃ]、[tʃʰ]代替[tʂ]、[tʂʰ]、[tɕ]、[tɕʰ]。高棉语中有一对清塞擦音。[tʃ]、[tʃʰ]作为舌叶音,其发音部位介于舌尖后音和舌面前音之间,所以

[①] 此部分主要参考李艾《柬埔寨留学生在学习汉语语音时的几个难点》,载《语言文化教学论文集》(第1辑),北京语言学院出版社,1995年。又见孙德金主编《对外汉语语音及语音教学研究》,商务印书馆,2006年。

汉语的[tʂ]、[tʂʰ]、[tɕ]、[tɕʰ]，柬埔寨学习者都用[tʃ]、[tʃʰ]来代替，造成[tʂ]、[tɕ]不分，[tʂʰ]、[tɕʰ]不分。如将"展览"读成[tʃan lan]、"北京"读成[pei tʃiŋ]等。教师可让学习者先发舌尖后清塞音，体会舌尖后音的发音部位，然后保持这个部位，把舌头卷起，发塞擦音即可发出[tʂ]和[tʂʰ]。还可以用舌面前鼻音来带出[tɕ]、[tɕʰ]。

三是[s]和[ʂ]不分。二者同属舌尖音，发音部位接近。高棉语中没有卷舌音，学习者常用[s]代替汉语中的[ʂ]。如把"老师"读成[lausi]、"书包"读成[subau]。可以舌尖后清塞音[tʰ]引导出[tʂʰ]后，保持发音部位，持续送气，发擦音，这时发出的音就是[ʂ]。

四是以[j]代[ʐ]。二者同属浊音，发音方法相同，舌面中音与舌尖后音的发音部位相去也不远，所以学习者常以[j]代[ʐ]。如将"人民"读作[jən min]、"热闹"读作[jə nau]。教师可让学习者发[ʂ]时使声带振动即可发出[ʐ]，也可以用高棉语[d]引导，先让学习者发[d]，然后保持发音部位发浊擦音，也能发出[ʐ]。

五是以[h]代[x]。喉壁音在高棉语中只出现在韵尾中，而汉语中的[x]是作为声母放在词首的，柬埔寨学习者习惯用母语中的[h]代替汉语的[x]。如将"汉字"读作[han tsɿ]、"友好"读作[jou hau]等。教师可以[kʰ]代[x]，让学习者在发[kʰ]时持续送气，保持舌面后音的发音部位发擦音，并适当加强摩擦，即可发出[x]。

六是柬埔寨学习者在发汉语中的元音开头的词时，往往会加上母语的舌面后浊擦音[ɣ]，如常把"饿"读成[ɣɤ]、"恩人"读成[ɣən jən]。教师应该提醒学习者克服母语的影响，有意识地去掉[ɣ]，直接发元音。

高棉语的[ʔ]常出现在音节的末尾，因此学习者说汉语时喉音很重，其他辅音出现在音节末尾，使得学习者说的汉语语流时常被阻断，显得不太顺畅。

(2) 元音问题及对策。

高棉语有10个单纯元音和12个复合元音。韵母分为两组，各25个，分别同相应的清浊辅音相拼。汉语与高棉语元音的差异之处在于：汉语有舌尖元音[ɿ]和[ʅ]，高棉语没有；汉语有卷舌元音[ɚ]，而高棉语没有。这些差异使得柬埔寨的学习者发生如下元音偏误：

一是[i]和[ɿ]、[ʅ]不分。舌尖元音[ɿ]和[ʅ]是高棉语中所没有的，所以学习者常以舌位最靠前边的[i]来代替。如将"孩子"读成[xai tsi]、"知道"读成[tʂi tau]。教师教[ɿ]时，可用[s]带[ɿ]，发[s]时声带振动，并稍稍加大舌与上齿间的缝隙，消除摩擦，即可发出[ɿ]。教[ʅ]时，以[ɖ]带[ʅ]，先发[ɖ]，除阻后保持声带振动，并适当加大舌尖与硬腭间的距离，不使气流发生摩擦，即可发出[ʅ]。

二是以[i]代[y]。高棉语只有不圆唇的[i]，没有圆唇的[y]，学习者往往把[y]读作[i]。如将"选举"读作[ɕien tɕi]、"安全"读成[an tɕʰien]。教师可让学习者在摆好舌面前高元音舌位的同时将唇收圆，然后发声，即可发出[y]，要注意保持最小开口度。

三是以[ə]代[ɚ]。[ɚ]是一个卷舌韵母，高棉语没有，所以学习者常用[ə]代[ɚ]。如把"儿子"读作[ə:tsi]等。教师要告诉学习者[ɚ]与[ə]的区别，[ɚ]有一个卷舌动作，先摆成央元音[ə]的舌位，很快将舌尖向硬腭翘起，在翘舌过程中发声，即可发出[ɚ]。

3. 越南学习者学习汉语语音的难点。

相对于欧美学习者来说，越南学习者学汉语较为容易，但在学习过程中也时常会出现一些语音偏误。

越南学习者声母偏误的主要类型有：送气与不送气相混，尤其是 z—c、b—p、j—q；以清代浊，如把清音 b 发为浊音；易把塞擦音发成擦音；舌尖后音 zh、ch、sh 发音靠前；发 k 音困难。韵母方面存在的问题有：发[A]音普遍靠前，往往发成接近于[a]的音；发[ɛ]音略微靠前；发[y]时，舌位靠后，唇形不稳定，撮口不到位，唇型不够圆；ou、uo 不分。声调偏误主要集中于以下几点：去声不够降，发成 43 或发成 44；阳平起点偏高，上升不平滑，发成 45、445；上声发音前面拖得长，尾音升得短、急促，发成 2212，或只降不升，发成 211；阴平调值偏低，发成 44；轻声和"一"变调比较难掌握。

由上可知，外国汉语学习者在学习汉语语音的过程中，其所存在的"洋腔洋调"现象是非常普遍的、大量的，各种母语背景的学习者都存在这样那样的语音问题。当然，汉语的声调、部分的声母和韵母，学习起来相对困难一些，因而也就成为汉语语音教学的重点和难点。这种情况充分说明,外国学习者在汉语语音学习的过程中,普遍受到母语背景的影响,这就要求我们的语音教学要更具针对性。

三 外国人"洋腔洋调"所发生的层面[①]

外国成年人学习汉语时的"洋腔洋调",是一种普遍存在的中介语现象,它表现在外国学习者汉语口语表达的单字音节、语流音变、语调模式和音义配置关系等各个层面。

(一)单字音节层面

外国学习者的"洋腔洋调"在声调、声母和韵母等方面都有表现,具体说来有三种形式:第一种是把汉语的某个音错读成另一个音。比如,由于字母和字形的影响,《汉语拼音方案》用 b、d、g 代表不送气清音[p]、[t]、[k],而英语、法语、德语等语言则用它们来代表浊音[b]、[d]、[g],外国学习者很容易把汉语的清音 b、d、g 念成浊音。第二种是外国学习者用自己母语里相似的音来代替汉语的音,这种现象是大量存在的。比如,有些语言如英语的元音[i]和[i:]有长短松紧之分,母语为英语的学习者就容易把汉语的[i]发成松元音。第三种是发音"过头",也就是某一个音素的发音部位偏离或发音方法不当。比如,外国学习者发汉语的圆唇元音时,开口度过大或过小,也都会造成"洋腔洋调"。

(二)语流音变层面

汉语的语流音变有连读变调、轻声和儿化等多种方式,每一种情形内部又各有不同的表现,有些语流音变是有规律的,而有些又没有什么规律。对于外国学习者来说,这种复杂的情况掌握起来自然相当不容易。比如,母语为英语的学习者会把汉语的"很好"(hěn hǎo)发成英语的[hen haw],其中的三声变调是他们的困难所在。再比如,母语为英语的学习者常常把汉语的"后重"词的重音移到第一个音节上,变为"重轻"或"重中",如把 shítáng 念成 shítang。

[①] 此部分主要参考赵金铭主编《对外汉语教学概论》,商务印书馆,2004 年。

这些都是语流音变把握不准所导致的现象。

(三)语调模式层面

把握好汉语语调模式的关键在于把握声调与语调的关系。一方面,声调进入语流以后,调型会发生变化;另一方面,汉语的语调模式是建立在声调基本不变的基础之上的,尽管汉语的语调也可以表示不同语气和感情抑扬顿挫的变化。还是拿英语来说,由于英语是非声调语言,而汉语是声调语言,英语和汉语的语调模式不同,所以很多英美学习者在进入汉语语流后,以其母语的语调来代替汉语的声调,使声调错误急剧上升,并且语调也不对。具体表现在他们往往把句中的每个音节都发成中平调,在该增强音量的地方不增强音量,在该减弱音量的地方不减弱音量,从而使句子没有抑扬顿挫之感。再加上缺少汉语节拍的制约,所以说出来的话显得呆板、不自然。

(四)语调与语义的配置关系层面

语调和语义是对立统一的,人们说话时语调各部分的配合,主要是由语义来决定的,但是语调反过来也会影响语义。只有语调和语义的配置完全协调,才能准确地传情达意,达到交流思想的目的。对于外国学习者来说,要完全掌握这种配置关系(如句调和句尾的变化、重音的移动、停顿的位置、语速的变化等)也是相当困难的。如语法重音,中国人自然而然表达出来的语法重音,对外国人来说则是最难掌握的。"想起来了"这句话,不同的重音表达完全不同的意思:"ˈ想起来了"表示回忆起某事,"想ˈ起来了"则表示要起床,这其中的音义关系如果把握不准,自然也会产生"洋腔洋调"。

四 "洋腔洋调"难以消除的原因

对外汉语语音教学面对来自不同国家和地区的学习者,他们不仅母语各不相同,而且文化水平、知识素养、接受能力以及努力程度等更是千差万别,他们在汉语语音学习的过程中会遇到各不相同的困难,产生各种类型和层次的"洋腔洋调"。总体来说,学习者母语语音系统的干扰和影响是产生"洋腔洋调"的根本原因。如果我们把汉语语音与其他语言的语音加以系统比较就会发现汉语语音的突出特点所在,也往往是学习者"洋腔洋调"产生最为集中的地方。

每个民族的语言都有其自身的语音特征。一般来说,每个人只对自己母语里有区别意义的音位特别敏感并容易分辨、容易发出,而对本民族语言中没有的音位则很难感知并发准。于是在第二语言学习的过程中,他们便会忽略目的语某些音位中的一个或数个区别性特征,把目的语的音位与其母语的音位等同起来,并按照其母语音位的发音模式去发目的语的音位。这种用母语语音代替目的语语音的现象,便是"洋腔洋调"最直接的表现。比如,汉语中的送气音与不送气音的对立具有区别意义的作用,但这种对立在英语中却没有意义。因此,英美学习者便往往把汉语的送气音发成不送气音。

同世界上的许多语言,特别是印欧语言比较起来,汉语的最大特点是它的声调。汉语作为声调语言,对母语是语调语言的学习者来讲,是有其特殊困难的。把汉语声调与母语语调相混淆,是外国学习者产生"洋腔洋调"最主要的根源之一。另外,学习者由于目的语知识掌握不足,把学到的不充分的目的语知识,套用在新学习的语言现象上,结果也会产生一些"洋腔洋调"。比如,把半上变成全上,把连续的几个上声一律读成全上,就是对上声变调规则泛化使用而导致的结果。

如何改进语音教学,使学习者的"洋腔洋调"在没有形成固定习惯以前尽量减少它的影响,应该是当前对外汉语语音教学迫切需要解决的问题。

第四节 汉语的韵律与句法[①]

一 汉语的"韵律之美"

(一)汉语的韵文传统

韵律,在中国古代也称为"声律"或"节律",其研究已有几千年的历史了。古代的韵律多指韵文中的声韵和节律,古人多从修辞角度来研究韵律,特别讲

[①] 此部分主要参考冯胜利《论汉语的"自然音步"》,《中国语文》1998年第1期;冯胜利《韵律制约的书面语与听说为主的教学法》,《世界汉语教学》2003年第1期;冯胜利《汉语韵律句法研究》,北京大学出版社,2005年;吴为善《汉语韵律句法探索》,学林出版社,2006年。

究字词的搭配、音调的和谐,如平仄、对偶、押韵等,使行文富于变化,读来朗朗上口,从而形成汉语循环往复的音乐之美。和谐的韵律、鲜明的节奏,读之文从字顺,诵之铿锵悦耳,正是汉语韵律之美的具体体现。王勃的"落霞/与孤鹜/齐飞,秋水/共长天/一色",李白的"抽刀断水/水更流,举杯消愁/愁更愁",杜甫的"无边/落木/萧萧下,不尽/长江/滚滚来"等名句,和谐工整,讲究平仄,体现了抑扬顿挫的节奏感,令人百读不厌。李清照的"寻寻觅觅,冷冷清清,凄凄惨惨戚戚",运用回环反复的形式,使用七对叠字,贴切、新奇而自然地表达了作者难以诉说的沉痛,为全词定下了低沉凄楚的基调。韵文十分讲究韵律的严整,韵脚的和谐,如二十四节气歌:"春雨惊春清谷天,夏满芒夏暑相连。秋处露秋寒霜降,冬雪雪冬小大寒。""天、连、寒"读来朗朗上口,乐感极强。[①]

与印欧语言不同,汉语是声调语言,字调和韵律共存于一体,因此汉语语音学对韵律更为关注。早期传统语音学对节奏、停延、重音等有过研究。近几十年来人们采用现代语音学方法进行研究,包括声学语音学、感知研究和言语工程等的研究。现代语言学认为,韵律是语音动态的高层表现,在声学上以特定模式实现为各种韵律要素(音高、音强和音长)的协调变化。[②] 节奏、重音、韵律单元、时长、韵律边界和停延等都是韵律结构研究所关注的内容。

(二) 单音节的韵律基础

汉语音节结构有四个位置:声母、介音(韵头)、韵腹和韵尾。其中除了韵腹必不可少外,其他位置几乎都可以是"空位"。但实际上这些"空位"却并不空,因为汉语的声母和韵尾是必不可少的。汉语的零声母绝大多数是确实占据声母位置的声母,这从零声母的实际音值和在语流音变中的反映可以看出。零声母字的音节开始其实都有明显的辅音性成分;语流音变中,汉语零声母字位于多音节词的后字位置时仍然保持零声母,如"袄"在"棉"后不会读成mia nao,是因为有喉塞成分的阻挡。对于单韵母而言,看似没有韵尾,其实

---

① 参见陈良煜《汉语韵律例释》,《青海社会科学》2003年第2期。
② 参见刘俐李《近八十年汉语韵律研究回望》,《语文研究》2007年第2期。

单韵母的时长与有尾韵母没什么不同,时长较长。研究表明,音节中的介音也占有一定的时间长度,占有一个位置。不过相对而言,介音有可能是真的"空位",如"啊(a)""他(ta)"等音节中似乎真的没有介音。① 概而言之,汉语音节结构模式有两个特征:四个可能的位置(声母、介音、韵腹、韵尾)和"空位"不空的事实(第二位置即介音位置除外)。汉语单音节的这种音节结构模式是汉语韵律结构的基础。

　　汉语的韵律结构特征是各个语音要素综合作用、协调变化的结果。汉语的韵律结构特征与汉语单音节的音节结构模式具有内在的"相似性"。"音步"(foot)是人类语言中最小的能够自由运用的韵律单位。音步必须具备如下条件:同时支配两个成分,即严格遵循"二分枝"(Binary Branching)的原则。所谓"二分枝音步"其实就是韵律节奏中"轻重抑扬"的反映,因为没有"轻重"就没有节奏,没有节奏就无所谓韵律。音步代表的是语言节律中最基本的角色,它是最小的一个"轻重"片段,是一个"二分"体,在韵律级层系统中须由两个下属成分(音节)组成。由二分枝组成的音步在语言任何使用系统中(口语、书面语以至诗歌等)都是一组典型的轻重组合单位。而单音节词虽然不足一个音步,但往往会通过如上所述的"停顿"或"拉长该音节的元音"等手段去满足一个音步,去填补某些"空"的位置。只不过因为这种满足是临时的,因而不能算作一个音步。单音节内部结构存在轻重之分,相比声母、介音和尾音而言,韵腹是最响的,因而是结构中"重"的部分,其他部分则是"轻"的部分。由此可见,汉语单音节的内部结构确实体现了汉语的韵律特征。②

(三) 单双音节组配的韵律格局

　　单音节的语音结构是汉语各层级韵律结构的基础,这种语音结构与汉语的句法结构之间具有某种相似性,这可以从汉语单双音节组配的韵律格局看出。汉语的音步一般由两个音节组成,双音节词(如"语言""研究")以及双音节短语固定形式(如"睡觉""走路")等,均是双音节音步实现的产物。双音节

---

① 参见沈炯《汉语语调模型刍议》,《语文研究》1992年第4期。
② 参见冯胜利《论汉语的"韵律词"》,《中国社会科学》1996年第1期。

音步是汉语的基本音步,也叫标准音步。韵律词是由音步决定的,建立在音步的基础之上,因此,韵律词必须至少是一个音步,也必然至少包括两个音节。有些不满一个音步的单音词或者单音语素要成为韵律词,就得再加上一个音节。变单为双、多音节的词或短语紧缩成一个音步的现象在汉语里比比皆是,其方式和功能也各式各样。如"阿姨""石头"等"凑补式"的词、"天哪!""哎呀!"等感叹语、"北大""清华"等缩略语以及"眼睛""水井"等复合词,等等,都变成了由两个音节所构成的一个音步。下面的例子之所以能说和不能说,与汉语的基本音步为双音节音步直接相关。

国:国家　我国　*我国家　*我们国　我们国家

校:学校　我校　*我学校　*我们校　我们学校

由三个音节组成的音步叫超音步,根据其成分的句法关系,可分为[1+2]的形式,如"副经理""系主任"等,以及[2+1]的形式,如"豆腐干儿""皮鞋厂"等。无论是[1+2]的形式,还是[2+1]的形式,超音步实际上都是由单音节和双音节组配在一起的,而且汉语的这种单双音节的组配还体现出特定的规律。比如,汉语中很难发现由双音节动词加上单音节宾语或补语构成的复合词(如"提高——*提拔高""得罪——*获得罪");汉语里也没有单音动词加上双音节宾语或补语式的复合词(如"放松——*放宽松""垫肩——*垫肩膀")。三音节的复合词多半由偏正关系组合,且[2+1]比[1+2]的形式更有优势,如"手表厂"比"表工厂"常见、"煤炭店"比"煤商店"常见。如果我们把"皮鞋工厂"压缩成三音节,只有[2+1]式是词,[1+2]式就不行,如"皮鞋工""皮鞋厂"可以接受,而"皮工厂""鞋工厂"就不符合汉语的语感。汉语里动宾短语的[1+2]形式比[2+1]更占优势,如我们常说"种大蒜"而不说"种植蒜"、说"扫马路"而不说"打扫路"。

综上所述,对于[2+1]式而言,偏正结构的复合词是合法的,而同类型的动宾复合词、动补复合词则是非法的。如:

偏正:[[电影]院]

动宾:*[[超越]轨]

动补:*[[修改]正]

从表面上看，这类单双音节的组配规律与其句法结构关系具有一定关联，而究其实质，则是因为韵律词在起作用。因为[1+2]式不能造成韵律词，因此不能产生复合词。也就是说，对于复合词而言，首先必须是韵律词才行。偏正结构跟动宾结构和动补结构的不同，是由于句子基本成分的韵律结构跟句子基本成分加上修饰成分后的韵律结构的不同造成的。① 首先，动宾跟动补成分都属于句子的基本结构，而偏正结构里"偏"属于修饰成分，不在句子的基本结构之内，它们是后加的。区分这种结构上的不同十分重要。因为就句子的基本结构而言，双音动词一般不能支配一个单音成分。这可以从下列动宾关系看出来：

种树 ＊种植树　还钱 ＊归还钱　读报 ＊阅读报
选课 ＊选择课　浇花 ＊浇灌花　砍树 ＊砍伐树

上述双音动词跟单音宾语的组合不合法，是因为它违背了SVO型语言重音居后的普遍原则。如果说[2+1]式动宾结构、动补结构一开始就不合短语的韵律之法，那么由此产生的韵律词就成了无本之木。换言之，汉语中不存在这类短语，当然也不可能有这类韵律词。没有这类韵律词，也就没有这类复合词。

（四）声调和谐、轻重搭配的基本要求

韵律是一种广义上的语音现象，包括节律、声律、重音、轻重等现象。韵律是有节奏的，称之为节律结构，它是指语流的轻重音结构，在语流中轻重音按一定的规则交替出现构成节律单元，形成一种语言特有的节奏规律。一般来说，节律结构在多音节轻重型语言中至关重要，而在单音节有声调的汉语中则不那么显著。这可能是因为在多音节轻重型语言中，作为基本韵律单位的"词"的语音形式是由确定的重音（音强）来控制的，而汉语的一个个有意义的"字"都是单音节，语音形式由确定的声调（音高）来控制，却没有固定的轻重特征，读音的轻重具有一定的弹性和模糊性。②

---

① 参见冯胜利《论汉语的"韵律词"》，《中国社会科学》1996年第1期。
② 参见吴为善《汉语韵律句法探索》，学林出版社，2006年。

那么,汉语的这种音高特征和轻重特征之间具有怎样的关联呢?其实,中国古代诗词的平仄律就显示了这种关系。格律诗的平仄配置要求中有一条逢双必究的规则——"一三五不论,二四六分明",意思是逢单数的字平仄可以不拘,而逢双数的字平仄必须分明。这些双数音节就是节奏点,诵读时需要拖长加重,因而声调特征就十分显著。这样律诗每个双音节内部形成相对的短与长、轻与重的对比,显示了汉语的节奏是"后重原则",从而形成有规律的抑扬变化。需要注意的是,这种抑扬变化不是汉字固有的,而是受节奏模式的制约,人为地拉长调子产生的。由此可见,汉语的"重音"并非以音强为基础,节律结构中声"扬"的音节与其说是"重音",不如说是以增加时长、凸显声调为主要特征的"重读"。

现代汉语正常重音的节律结构可以归结为四个位置:次重位、轻重位、主重位和弱重位。一个节律单元的构成必须要有一个主重位。每个节律单元的发音过程都经历了一个类似于"起音-领音-收音"的过程,其中"领音"表现为声调的凸显部分。而汉语的一个连调域内必有也只能有一个凸显成分,它决定了连调域的分界,也是一种重音。

韵律的基本结构是"轻重",轻重同时并现,构成一个"轻重单位"——音步。由于不同的声调具有不同的长度,使得音步不能在音节层面实现。声调可以通过对音节的控制而影响韵律,只是声调与韵律的关系不在于声调的长短可以表现韵律的轻重,而是恰恰相反,就韵律整个系统而言,声调的长短抵消了韵律的轻重。[①] 由此可见,声调与语音的轻重之间相互作用、关系密切。注重声调的和谐与轻重之间的搭配是汉语韵律特征的基本要求,因为只有声调和谐、轻重相间,才能使汉语产生节奏鲜明、抑扬顿挫的韵律之美。

二 外国人对汉语韵律特征感知的困难

(一)汉语基本音步的感知

汉语的基本音步是两个音节,单音节不足以构成一个音步,这与汉语的韵

[①] 参见冯胜利《汉语韵律句法研究》,北京大学出版社,2005年。

素(mora)①缺乏足够的长度直接相关。初学英文的中国人都会将 I[ai]读成"爱";而初学中文的美国学习者都将"爱"读成"爱姨",把"爱"里的[i]发得过长过清晰。这就是说,英文中的每一个韵素都在时间上占有一定的位置、一定的长度。因此在发[ai]时,从[a]到[i]的动程十分清晰,而这样的两个韵素自然可以构成一个音步。但是汉语则不然,这就是为什么当外国人把"天"说成"梯安"时,中国人总听着别扭。汉语韵素缺乏足够的长度,所以音步必须在音节这一级层上满足其"抑扬轻重"的二分要求。正因为单音节不足以构成一个独立音步,标准音步必须至少要由两个音节组成,所以双音步才占统治地位。同时,正因为单音节不足以构成一个音步,在奇数字串中才出现三音节音步。所以超音步的存在也是"单音节不成音步"的必然结果。这是汉语音步的自然属性所在。② 外国学习者要想学会感知汉语的音步,就先要学会感知汉语的音节结构——声、韵、调的统一体。

(二) 汉语声、韵、调的感知

外国学习者对音步感知的困难,实际上就是对汉语的音节感知存在困难,而汉语的音节是由声母、韵母和置于其上的声调共同组成的。如何将声韵调三者有机地结合在一起以构成学习者听感上的音节,这十分重要。语音是韵律的基础,没有严格的语音训练,就不可能产生正确的韵律结构。汉语的韵律结构是音高、音长、音强等语音要素综合作用、协调变化的结果,这种韵律结构与汉语的音节结构具有内在相似性。因此,让外国学习者学会感知汉语的声母、韵母和声调的发音特点是掌握汉语韵律结构的基础,其中音长、音高、音强等语音要素在汉语声韵调上所体现出的特征,对学习者感知汉语的韵律特征具有重大意义。

譬如,汉语中存在轻重音的差别。非声调语言(如英语等)的重音主要依靠音高来表现,而汉语则不同,其重音的声调调型较为饱满、音长更长。汉语声调的音长虽无区别意义的作用,但在汉语中却具有区别轻重音的作用,而外

---

① "韵素"指的是"音节韵母中所包含的最小韵律成分",如 bao(包)中的 a 跟 o 以及 dan(单)中的 a 跟 n。参见冯胜利《论汉语的"韵律词"》,《中国社会科学》1996 年第 1 期。

② 参见冯胜利《论汉语的"自然音步"》,《中国语文》1998 年第 1 期。

国学习者学习汉语轻重音时,往往很难做到控制好音长。如"学校""老师"等属于"中重型"合成词,"校""师"比"学""老"念得长一点,调域也宽一点。而英语则多是重音在前一成分,如 'bookstore、'highway 等。因此,外国学习者习惯用母语中的"重轻型"语音模式来念汉语的双音节词语,把"学ˈ校"念成"ˈ学校",把"老ˈ师"念成"ˈ老师"。

声调和语调之间的关系非常密切,它们均与音高有关。语调是语句音高运动的模式,主要体现为音阶的总体走势及其波动形式;声调是音节或词(组)的音高运动模式,包括音高升降曲折的形式(即调型)和相对的音阶特征。在语流中,声调与语调相互依存、彼此制约:声调受语调的调节,语调存在于声调之中。①

(三) 汉语语流音变的感知

语音教学的最终目的是使学习者正确而自然流畅地说话并理解别人所说的话,"我们用语言进行交际的时候,总是一个音紧接着一个音说的,各个音连续不断,形成了长短不等的语流。"②在对外汉语语音教学中,由于外国学习者对汉语语流很陌生,语流因而成为至关重要的教学难点,而这恰恰是语音教学的薄弱环节。教学中教师强调较多的往往是声韵调教学,而对训练字音以外的语音表达方式(语流中体现的韵律)则考虑较少。针对这种情况,在语音教学中,教师一定要让外国学习者更多地感知汉语的语流音变,增强对语流中汉语韵律特征的体悟和领会。

调查发现,外国学习者语流中经常出现的偏误大致分为两类:一是整个句子说得较流利,但洋腔洋调;二是每个音节较准确,但不成句。造成这种情况的主要原因是:声调进入语流后调型发生了变化;声调的音长把握不到位;缺乏对汉语节拍的认识。③

外国学习者所说的声调在进入语流之后,其调型往往发生变化。他们不能准确地把握汉语低平调的位置,特别是上声在进入语流后,基本上都发低平

---

① 参见曹剑芬《汉语声调与语调的关系》,《中国语文》2002 年第 3 期。
② 参见林焘、王理嘉《语音学教程》,北京大学出版社,1992 年。
③ 参见蒋以亮《语流教学初探》,《语言教学与研究》1998 年第 4 期。

调211。外国学习者如果掌握不好低平调,而急于去发下一个声调,往往就把握不住调域范围。

汉语声调的音长虽无区别意义的作用,但如何认识和掌握这种长短的差异,对外国学习者学习汉语却非常重要。非声调语言里的音节个性不是很清晰,发音时往往一带而过,受母语音系的影响,外国学习者不习惯把汉语每个音节的声调都发清楚。如外国学习者找到高平的位置并不难,却难以持续发出高平调。

节拍是语言重要的语音特点之一。汉语计算节拍以音节数目为主,两音节一顿,是汉语最基本的节拍单位。而英语计算节拍是以重音为主,一个重音一个节拍,同是一个节拍所含的音节数目就可能相差较大。外国学习者往往缺乏对汉语节拍的认识,难以念对标准的汉语句子。有的学习者只注意每个音节的声韵调,把它们等速地、准确地念出来,而不顾及全句的节拍,自然念不成句。

针对上述问题,我们首先应该改进声调教学,并加强有关方面的训练。为了尽早给学习者建立汉语声调的意识,在正式接触汉语音素之前,可以让他们利用鼻音体会发不同声调时声带的状况。同时,可以把各声调在五线谱上标示出来,用唱歌的方法把它们哼出来。其次要培养外国学习者对汉语语流的感觉,改造学习者的发音习惯。建议在学习者基本掌握了音节而又尚未形成自己的汉语"语流"之前,应该"先入为主",及时输入汉语韵律特征比较典型的句段,如诗歌韵文、绕口令、歌词以及有关的专项训练。这样进行成段的语流训练,不仅有利于学习者把握住句内音节间的相对音高,还有利于培养他们对整个段落语句音高的协调能力。因为在成段的语流中,汉语的韵律特征表现得更加充分,汉语语感反映得更加强烈,学习者的感受力也会更深一些。

(四)韵律模式是语音感知的基础

音段和韵律是构成语音的两个共时系统,它们在语音产生的过程中相互影响,共同作用。在一个语音系统中,音段特征通常是针对元音系统和辅音系统而言的;而韵律特征,则主要包括声调、语调、轻重音等超音段现象。

人们在用语言进行交流时,不仅传递语言文字的语音,而且还传递一个很重要的信息即语言表达的韵律信息。韵律是语音研究的基本问题之一,话语的韵律结构和韵律表现在语言表达的自然度和可理解度方面扮演着非常重要的角色,它会影响听话人对话语结构的感知,帮助听话人更好地理解说话人的含义。

韵律不仅具有辨义功能,而且是影响语音表现力的主要因素。自然语言中韵律的变化手段非常丰富,说话人对相同的一句话可以自由地选择如轻重音、节奏、语流音变、语调等韵律手段,从而传达出声音的轻重缓急、抑扬顿挫、不同的语气和口气、独具特色的个人语音特征等。有研究表明,韵律的节奏在感知上往往体现出一系列声学特征:音节间停顿加长、短语的最末一个音节时长变长、调域的低音线下倾等。考察发现,较低的边界调是造成感知法语"外语口音"的重要因素,新加坡人和中国台湾人所说英语具有音节节奏而非重音节奏的特点也说明,节奏特征对"外语口音"感知具有重要的作用。

由上可知,韵律模式是感知汉语语音的重要基础。外国学习者要想习得地道的汉语,必须学会并掌握好汉语的韵律结构模式。语音是韵律的基础,没有严格的语音训练,不可能产生正确的韵律结构。然而学会一个字的声母、韵母、声调只是汉语语音学习的第一步,这种单字音的学习只是静态的发音,进入话语之后单字音的发音要有变化,这是动态的汉语发音。这种动态的发音体现为汉语的韵律特征。掌握好动态的发音是外国学习者学习汉语语音的最高目标,因为如果没有娴熟的韵律语感,就不可能自觉地驾驭韵律的句法功能。如"喜欢钱"可以说,但"阅读报"却不能说。然而,对外国学习者来说,它们的发音没有任何区别:

  西—欢—谦恩(=喜欢钱) 约—督—报奥(=阅读报)

因为如果"阅读书报"合法,在外国学习者看来,也没有道理不能说"阅读报"。因此,韵律不是简单的发音问题,训练发音也不仅仅是为了说话好听,它直接关系到语义的正确与否。从韵律作为感知语音的基础这个意义上说,语音、语义和句法是相互渗透、相互影响以及相互制约的整体,语音教学必须重视韵律才能达到理想的效果。

三 汉语韵律对汉语句法的制约

(一) 韵律句法学研究什么[①]

韵律(prosody)指节律(rhythm)、声律(metrics)、重音(stress)、轻重(strong-weak)等现象,它是一种广义上的语音现象。而韵律与句法之间是相互作用的关系:韵律要受句法的影响与控制,句法也会受韵律的影响与控制。前一方面已被当代语言学普遍接受,而后一方面却未受到普遍的重视与接受。我们认为,韵律对句法具有强大的作用力,句法不能独立于韵律之外。比如,"种植/花草"可以说,"种花草"也同样合法,然而却不能说"种植花"。原因何在? 从句法上看,"种植花"是动宾关系,结构合法;从语义上看,"种植"的对象是"花",也是合理的。可是为什么不能说"种植花"呢?"种植花"之所以不合法,是因为汉语韵律不允许[2+1]型动宾形式。这就是说,韵律可以把本来合法的(句法、语义)变成非法的。韵律制约句法的作用可见一斑。

韵律句法学是研究韵律与句法之间相互作用的一个分支学科。具体而言,是要研究韵律制约句法的现象,并总结现象背后的规律。韵律句法学所研究的是句中句法与韵律的交叉现象,是"句法-韵律"相互作用的规律,因此凡是和句法没有直接关系的韵律现象以及和韵律没有直接关系的句法现象,都不在研究范围之内。韵律句法学是一个交叉学科,韵律学、句法学、音系学、韵律音系学、构词学、韵律构词学等学科,都和韵律句法学发生一定的关系,都在韵律句法学中发挥着一定的作用;甚至语用学、语义学以及历史句法学等,也是韵律句法学所常常借助的学科。韵律句法学无疑是要建立在韵律学与句法学交接的基础之上。而韵律学的基本原理及推导则离不开音系学、韵律音系学的研究。研究句法不能不涉及"词",因此区分构词与造句也是韵律句法研究中无法回避的问题。而韵律构词学——介于韵律与构词之交——则更是韵律句法学不得不观照的对象。发掘现象、证实规律、寻找造成该现象诸因素中的决定因素,又离不开语义学、语用学等语言其他层面的相互制约与相互影响

---

① 此部分主要参考冯胜利《汉语韵律句法研究》,北京大学出版社,2005年。

的研究。韵律句法学需要其他学科的帮助,当然,它的研究成果反过来也会影响和帮助其他学科。韵律句法学既有自己的研究范围和领域,又与其他邻近学科发生相互依赖、相互借助的密切关系。因此,韵律句法学的最终目的是要建立韵律制约句法的理论。

（二）汉语韵律对句法的制约作用示例[①]

如前所述,韵律与句法是相互作用的,且韵律对句法具有强大的作用力。研究表明,汉语的韵律可以破坏句法、征服句法、"硬用"句法和改变句法等。下面分别举例加以说明。

韵律可以破坏句法,即打乱原有的成分结构。如"醉把/茱萸/仔细看"。"把茱萸"是一个句法成分,可是在诗律里,"醉把"却成了一个单位。可见,在韵律里,句法有时也不得不让位于"读法"。又如,"一衣带水"原本是"一条如衣带一样宽的河水",可依照韵律规则,这四个字必须读成"一衣/带水",以致很多人不知这里的"带"为何义。可见,为满足韵律,汉语不惜牺牲句法与语义。

韵律可以征服句法,使非法变成合法。如"三十而立"。"而"本是一个连词,但是人们却可以说"而立之年","而立"成了一个单位,甚至一个词。无论从句法上还是语义上,"而立"都不合法,但在韵律上,"而立"是一个韵律单位。因此,尽管句法上不合法,但韵律上允许,韵律征服了句法。

韵律可以"硬用"句法。韵律可以在句法不允许的范围内,迫使句法发生效力。比如,"鞠躬"本是一个单纯词,句法规则本不能应用于其中的"鞠"跟"躬",但我们却可以说"鞠了一个躬"。"幽默"也是一个单纯词,却也可说成"幽了他一默"。在20世纪初叶,"体操"可以说成"体了一堂操"、"军训"可以说成"军完了训"等。为什么句法规则可以在词汇里发生效力呢？赵元任解释说："从'体了一堂操'的语素意义看,'操了一堂体'当更合逻辑。但是我们常常见到的是,语音因素重于逻辑因素:那种绝对的动宾式的抑扬格节律,迫使'体'扮演起动词的角色,而'操'则充当了宾语,不管合不合逻辑。"所谓"语音重于逻辑""抑扬节律的迫使",说的就是韵律对句法发生作

[①] 此部分主要参考冯胜利《汉语韵律句法学》,上海教育出版社,2000年。

用的现象。

韵律可以改变句法，或使原来的词序发生位置上的变化，或使原来的句法成分发生性质上的演变。比如，上古汉语中的疑问代词一般出现在动词左边，亦即采用[何－V]形式，到了汉朝以后，开始出现[V－何]形式。这种演变是伴随着句子核心重音的后移与双音节疑问代词的出现而发生的。又如，上古汉语的介宾短语PP，在动词的前后均可出现，如"易之以羊""以羊易之"。但汉代以后，动词后的介宾结构日见其少。与此同时，一些[[V_1＋NP][V_2＋NP]]结构中的V_1，而非V_2，开始逐渐虚化为介词。我们知道，汉语的介词一般都源于动词。可是为什么历史上的"动词变介"具有如下三个特点？（1）强烈的时代性：成批演变大多发生在汉以后，而不是以前；（2）严格的位置性：一般都由动词而来，亦即[V＋NP]→[P＋NP]；（3）一致的方向性：一般都是从[[V_1＋NP_1][V_2＋NP_2]]中的V_1而非V_2而来。这一问题似乎尚未引起人们足够的重视。

据研究，核心重音（普通重音）后移是汉朝以后汉语的一大特点，因而对上述现象的一种自然合理的解释是：核心重音的后移，致使介宾附加语（adjunct）前移，同时也把[[VP_1][VP_2]]中的[VP_1]固定在非焦点的位置之上，所以V_1易于虚化而为介词。这种V→P的演变绝不可能出现在[VP_2]里，因为[VP_2]是焦点所在，是核心重音的位置。在汉语的连动结构中，前一个动词短语[VP_1]往往会虚化为介词短语，如"拿鞭子打他"中的"拿鞭子"、"用锅烧水"中的"用锅"，都会发生轻音化的现象，而其中的动词也处于动介不清的模糊状态。伴随着这些变化，整个结构的重音便转移到后一个动词短语[VP_2]上。这种结构的一系列变化都是韵律促发下的句法演变。

（三）汉语韵律与对外汉语教学

由上可知，汉语韵律对句法确有强大的制约作用。那么，汉语韵律与对外汉语教学有着怎样的关联呢？汉语的韵律特征在对外汉语教学中起着什么样的作用？又该如何发挥韵律特征的作用呢？对外汉语教学绝不能忽视对学习者汉语语感的培养，而语感之中首先包括的就是语音感。汉语的语音感体现在对于汉语语音要素及其结构系统的感知、辨识和把握的能力上，也体现在对于汉语的语音特征对不同意义的区别作用的把握上,而汉语的韵律特征尤其能体现汉语的语音感。每种语言都有自己的韵律特征,对将汉语作为第二语言的外国学习者而言,要准确把握汉语的韵律特征确属不易,这也是汉语作为第二语言学习的难点。在对外汉语教学过程中,外国学习者由于节奏感的不准确、不健全而出现的语言错误经常可见,如"阅读书""驾驶车""很热情欢迎"等不符合汉语语感的说法。又如外国学习者也会说出"我明天有特别事,不能上课"(应该是"特别的事")、"他给我们讲了他的故事,我听了感动"(应该是"听了很感动")等句子。[①] 要想纠正这类错误,我们除了要讲授一些词语的用法特点之外,还应讲解汉语词语组合的韵律规则,让学习者加深对汉语语音感的认知与体悟。

那么,哪些方法有助于外国学习者了解与掌握汉语的韵律特征呢?借鉴中国传统语文教育的经验,加强"诵读"教学是培养汉语健全语感的有效方法之一。相比"朗读"而言,"诵读"更加重视音节、节奏的因素。清人姚鼐说:"大抵学古文者,必要放声疾读,只久之自悟;若但能默看,即终身作外行也。"这就是说,诵读不仅仅有助于解决读音的问题,也是学习和掌握文章句法、语言节律、诗词格律、修辞艺术和理解内容的有效手段,且领悟之后,还能够促进写作。在对外汉语教学中,诵读也有培养汉语语感的作用。因为诵读就本质而言是一种语音强化训练,是经过反复的朗读甚至记诵来建立学习者对目的语语音节奏模式的语言及语言心理的习惯性反应,也就是形成对目的语语音节奏模式的语言直觉。不过目前来看,诵读法在对外汉语教学领域似乎还没有得到足够的关注。这可能是与在基础汉语阶段难以推广以及汉字本身相对难写难认等原因有关。但我们认为,如果加强对外汉语诵读教学的理论研究(如诵读与语感的培养、诵读在听说读写等技能训练中的作用等),并加强诵读教学的实践(如结合不同课型开展与学生的语言水平相适应的诵读教学,开设专门的诵读课,甚至编撰诵读课本、举办汉语诵读会、话剧演出等),那么,相信

[①] 吴淮南《汉语词语构成的音节因素和节奏语感的培养》,《南京大学学报(哲学社会科学版)》2003年第3期。又见孙德金主编《对外汉语语音及语音教学研究》,商务印书馆,2006年。

诵读一定会为外国学习者语音感的培养带来良好的效果。诵读教学在对外汉语教学中究竟应放在怎样的位置,还需要实践者们的经验积累与理论总结。

第五节　汉语语音教学的基本思路、原则与方法[①]

一　汉语语音教学的基本思路

对外汉语语音教学既要使学习者掌握系统的语音知识,又要使学习者通过声、韵、调和语调的训练形成语言技能。长期以来,由于汉语语音系统本身的复杂性和教学安排上的限制,人们对基础汉语阶段的语音教学产生了两种不同的认识和价值取向,从而形成了两种不同的教学思路。这就是所谓的"音素教学"和"语流教学"。

（一）音素教学

所谓音素教学,是指语音训练从汉语单字的音素(声母、韵母)以及声调的单项训练开始,逐步过渡到短语、句子和会话练习。音素教学强调打好语音基本功,即从音素入手,教好一个个音素的发音后再教词、句子。在教学实践上,一般都在汉语教学刚刚开始时的长期班安排一个相对集中的"语音阶段",这一阶段大约10天到两周。语音教学一般是按照语音系统的规律并根据音素和声调的难易,循序渐进地进行语音训练,使学习者能够有一段专门的语音训练时间来基本掌握汉语的声母、韵母和声调,并熟悉《汉语拼音方案》。这样做的好处是能让学习者较为系统地学习语音,集中力量打好语音基础。《汉语教科书》以及后来的《基础汉语》《基础汉语课本》基本上都是这样安排的。音素教学的思路代表了20世纪五六十年代语音教学的指导思想,并且在很大程度上一直被沿用下来。

（二）语流教学

20世纪70年代,随着句型教学法理论的引进,人们提出了语流教学的思

---

① 此部分主要参考赵金铭主编《对外汉语教学概论》,商务印书馆,2004年。

路。语流教学强调从会话入手,一开始就教句子,音素在会话练习中得到纠正。因此,语流教学不设相对集中的语音阶段,而只在开始时用很短的时间快速介绍《汉语拼音方案》,将所有的声母、韵母和声调先过一遍,然后再把语音教学与词汇、语法和课文教学结合起来,强调在语流中学习语音、细水长流地进行语音教学。《初级汉语课本》基本采用这种思路。语流教学的指导思想是:语音不可能在短短的一个阶段学会,而只能先让学习者有一个初步的大致了解。由于拼音采用拉丁字母,对大部分学习者来说并不陌生,初步弄清楚《汉语拼音方案》并不难,而要真正掌握汉语的声、韵、调系统则需要长期的艰苦练习,语音教学应贯穿整个汉语教学的始终。

应当承认,长期以来,在零起点教学的前三周,即通常所说的"语音教学阶段",我们强调较多的是声、韵、调的教学,而对训练字音以外的语音表达方式(语流中体现出的韵律)考虑较少。而语音教学的最终目的是要让学习者能够正确而自然流畅地说话,形成长短不等的语流。在对外汉语基础教学阶段,由于外国学习者对汉语语感很陌生,语流是至关重要的教学难点,而这恰恰又是我们语音教学的薄弱环节。当然,由于影响语流的因素要比影响音素的因素更难把握,语流教学也存在着许多操作上的困难,因此语流教学至今仍然是一个有争议的话题。

二　汉语语音教学的基本原则

汉语作为第二语言的语音教学,是一个非常复杂而又有一定系统的教学过程。由于语音在语言系统中的基础地位,一般都需要对语音进行一定程度的专门教学,这已经为几十年来的教学实践证明是行之有效的。围绕这一总的教学思路,对外汉语语音教学应当遵循三条基本原则。

(一)音素教学与语流教学相结合的原则

任何一个语言的语音系统,都有其内在的系统性。而音素教学强调对语音系统的基本训练,为以后的学习打下了良好的语音基本功,这是毋庸置疑的。但是,语音教学的目的并不仅仅是声、韵、调本身,而是要让学习者学会把音节连成准确、自然、流畅的语流,这自然需要进行系统的语流训练。只有坚持音素训练与语流训练相结合,充分体现语音的表现功能,才能够既为学习者打下良好的语音基础,又能够让他们形成良好的语流表达能力。

(二) 针对不同学习者的特点进行教学的原则

对外汉语语音教学的对象是来自世界各地的成年人。这一特点决定了语音教学的针对性必须包括两个方面:一是要针对成年人语音学习的生理和心理特点,二是要针对学习者的母语和汉语的不同特点进行教学设计。这就要求我们把汉语与学习者母语的语音系统进行充分比较,找出两者之间的相似和相异之处,以便能够充分利用学习者母语的语音特点。我们不应抽象地设想汉语的发音困难,而应使之具体化。英国人、法国人、德国人、日本人或韩国人等,他们在学习汉语语音时的困难是不同的。长期以来,对外汉语教学界十分重视汉外语音系统的比较研究,取得了丰富的成果。比如说,通过比较我们看到,一般的外国学习者在汉语语音方面的困难,首先是声调,其次是声母,再次是韵母。但以阿拉伯语为母语的学习者在韵母上的困难更大一些,因为阿拉伯语的元音比较简单,而且必须同辅音在一起才能构成音节,辅音却可以没有元音而独立构成音节。这一点与汉语恰恰相反。再进一步看,《汉语拼音方案》采用的是拉丁字母,阿拉伯语字母是阿拉米亚字母,因而以阿拉伯语为母语的学习者比起使用拉丁字母的学习者来,就又增加了熟悉字母的任务。我们只有在充分比较的基础上,深刻认识外国学习者汉语语音各自的困难所在,才能在设计语音教学时有的放矢。

(三) 不同的教学阶段与不同的教学目标相互适应的原则

在一定的教学单元里,过高的目标会使人丧失信心,过低的目标又使人不能满足。因此我们应根据不同的教学对象提出侧重点不同的教学要求,根据不同的教学阶段提出不同高度的教学要求。赵金铭提出了一个简化音系教学的思想,就是这一原则的具体体现。[①]

针对初级阶段音素教学过细过严的状况,赵金铭主张开始阶段的语音教学不必太苛求,采取粗线条的办法较为妥当。开始阶段的语音教学要简化,整个的语音教学可采用"蜘网式"教法,先拉线,即给出经过简化、适合外国人学

[①] 参见赵金铭《简化对外汉语音系教学的可能与依据》,《语言教学与研究》1985年第3期。

习的声、韵、调系统；以后再织网，即不断地正音、巩固。一个粗糙的、但基本准确的语音网，必须首先在学习者的头脑中建立起来，如果使用有效的技能训练方法，这一点是不难做到的。语音教学是一个相当漫长的过程，对学习者的语音要求应贯彻始终，不能只管一个语音阶段，而是在各个阶段都要管语音。从语音教学的全过程来看，教授和训练字音以外的语音表达方式，即掌握汉语的韵律，其重要性并不亚于声、韵、调的教学。鉴于语音是要反复训练的，故而音素教学不宜过细，也不应要求过高，应力求把语音系统最简单、最基本的内容教给学习者，使其掌握。在这种思想指导下，赵金铭提出了一个对声母和韵母进行简化的语音教学系统，具有重要的参考价值。

三 汉语语音教学的基本方法

在长期的汉语语音教学中，广大对外汉语教师经过自己的实践，摸索出了一整套的语音教学微技巧。应当说，这些微技巧在主要依靠口耳相传的传统语音教学模式中发挥了积极的作用，是值得我们吸收和借鉴的。下面，我们对这些教学微技巧做一个简单的介绍。

（一）演示法

演示法主要通过直观手段体现发音部位、发音方法。

借助实物进行演示：在教 p、t、k、q、c、ch 这些送气音时，可以在嘴前放一张小纸片，用力吹气，气流冲击会使纸片颤动，从而形象地展示送气的效果。

利用图表进行演示：在教练声调时，引导学习者按照"声调示意图"的线条，控制声带的松紧，练习升降。看见"ˉ"的形状，就读高平调（阴平）；看见"ˊ"的形状，就读升调（阳平）；看见"ˇ"的形状，就读降升调（上声）；看见"ˋ"的形状，就读降调（去声）。

使用形象的板书进行演示：在教韵母 ie[iɛ]时，可以在 e 的下方划一个不等号，即 e[ɛ]≠e[ə]，从而避免学习者把[iɛ]读成了[iə]。在教 ju 和 zi 等音节时，也可以使用板书的方法展示音节之间的区别。

（二）对比法

为了有针对性地教好发音，教师应对学习者的母语与汉语的语音系统中发音部位、方法相近似的音素进行比较,或对汉语语音系统内的各个音素进行比较,找出差别,这样在教学中就可以扣其难点、抓住关键。

比如,有外国学习者习惯性地把汉语的h[x]发成英语的[h],这时教师就需要告诉学习者[h]的部位比[x]后得多,发[x]音时,声音响并能拖长,发[h]时,声音不响也不能拖长。这样进行比较,学习者就能很容易地根据差别规律转换过来,发出正确的音。

又如,很多学习者分不清汉语的 z、c、s 和 zh、ch、sh 两组音。教学时,教师应注意进行比较,zh、ch、sh 是翘舌音,成阻时,舌尖向上翘起,对着上腭前边凹入部分的最前端。如果对着镜子观察,能从上下门齿窄缝间看到卷起的舌头前半的底面。而 z、c、s 是平舌音,舌尖要努力向前平伸,顶住门齿背后。发音时,上下门齿不能分离。经过这样的比较之后,学习者就能逐步掌握两组音的发音要领。

(三) 夸张法

夸张法是指教发音时应该把平时说话时的发音部位与发音方法适当夸张,从而造成清晰、形象的效果。

比如,舌面前音 j、q、x 与舌尖后音 zh、ch、sh、r 在部位上是很接近的,很容易混淆。发舌面前音时,可以将舌尖深深地下垂在下齿背后,舌面隆起,与硬腭接触,同时嘴角向左右展开,上下齿对紧。

又如,教轻声时,在发准前边音节的同时,声音加重并适当延长,然后轻轻一带,便发出轻而短促的声音,实际上也就是把轻声音节轻而短促的特征加以放大。

(四) 手势法

手势法是指教师可以借助手势辅助展示口腔发音时的运动过程和状态。

比如,外国学习者在发 u 音时,习惯将舌头向前平伸。这时,教师可以将双手举到嘴前,手心朝下。告诉学习者左手代表嘴唇,右手代表舌头,然后左手五指向前收拢,表示舌头后缩。学习者按手势控制舌位的同时,努力圆唇,再发 u 就不难了。

又如,有学习者习惯将央元音[A]带上鼻音,教师可以用大拇指和食指捏住鼻孔，使气流从口腔送出，就可以发出不带鼻音的央元音了。

(五) 拖音法

延长音程导出新音是教舌尖元音-i[ɿ]、-i[ʅ]的一种简易有效的办法。单发舌尖元音是比较难的，因为它总是出现在带摩擦成分的辅音 z、c、s 或 zh、ch、sh、r 的后面，听起来像是前边辅音中摩擦成分的延长和减轻而有带音成分。因此，教舌尖元音-i[ɿ]、-i[ʅ]时，可以从辅音 z、c、s、zh、ch、sh、r 入手，先发不带音的纯辅音 s、sh，由轻到重，由弱到强，由不带音逐渐带音，最后将所发出的 s、sh 延长，去掉辅音，剩下的就是舌尖元音-i[ɿ]、-i[ʅ]了。

(六) 带音法

带音法是用一个已经学过的发音部位相近的音素带出另一个新的音素，这是发音教学中用得最多的一种方法。

比如，教练 ü 时，可以用 i 带发 ü，即先发 i，声音不断，舌头保持不动，然后嘴角逐渐收缩，唇形由扁变圆，就可以发出 ü 了。

又如，教练 e 时，可以用 o 带发 e，将 o 拖长声音，嘴角慢慢向左右展开，唇呈扁平状，就可以发出单韵母 e 了。在学习 r 时，可以用 sh 带发 r，即发 sh 时保持发音部位不变，使声带颤动，就能发出 r 了，发 r 时不能摩擦过重。

再如，学习者发阳平时可能升得不够高，此时教师可以在阳平前配上去声音节，这样声带一升一降，由紧变松，可以使学习者找到去声的感觉，容易发准且省力。

(七) 分辨法

分辨法就是通过听觉、视觉来甄别一个音素发音的正误。比如，不断成对地发 b[p]音和[b]音，清晰而能延长的是[p]，低沉、短促、不能延长的是浊音[b]。如果学习者能够听辨出其中的差异所在，那么一般是不难模仿准确的，发[p]也就容易了。

(八) 固定法

由于舌头在口腔里的形态和动作，学习者一般看不见，且单靠讲解语音理论知识，学习者也难以体会，那么如果教师采用突出容易模仿的一点，然后固定其发音部位的方法，便可以收到一定的效果。

比如，发 o 这个音，教师先固定好 o 舌头在口腔内的形态，然后逐渐圆唇到只能看见上门齿的最下边缘、下齿绝对看不见为止。让学习者观察这时的口腔动作和形态，然后加以模仿，发 o 就比较容易了。

（九）模仿法

模仿法是语音教学中最基本的方法，有直接模仿和自觉模仿两种形式。直接模仿最简便、最容易，教师怎么说学习者就怎么说，教师说什么学习者就学说什么，模仿的效果完全依靠听觉。而自觉模仿则要靠听觉、视觉等方面的配合，经过听音、观察、比较、分析，进而模仿。模仿法是语音教学中不可缺少的一种教音方法，必须同其他方法配合使用才能收到好的效果。

上面所介绍的九种教学微技巧，并非语音教学技巧的全部。需要说明的是，这些微技巧并不是万能的，某些技巧或许只与某些特定的音素或语音特征相适应。随着计算机和多媒体技术的日渐成熟与普及，汉语语音教学手段的现代化已成为我们需要考虑的一个重要课题。在现代教育技术的平台上，汉语语音教学手段必将会得到进一步的改进和提高。

思考题

1. 为什么说汉语是一种"声调语言"？
2. 举例说明汉语作为第二语言在语音教学中的困难。
3. "洋腔洋调"现象说明第二语言学习者具有怎样的特点？
4. 你如何看待"音素教学"和"语流教学"？
5. 就汉语中的某一声、韵、调现象对不同母语背景学习者进行调查，并分析他们对这一现象掌握的差异。
6. 结合第五节所介绍的语音教学技巧，谈谈 b、d、g 和 p、t、k 这两组辅音的具体教学方法。
7. 请设计一个小的教学技巧，提高学习者对 rè 这个音节拼读的正确率。
8. 请就声母 zh、ch、sh、r 和韵母 ua、uo、uai、uei(ui)、uan、uen(un)、uang、ueng 的教学设计教案。

第三章　汉语词汇教学

词汇教学是对外汉语教学中一个极为基础而重要的环节。对外汉语词汇教学的基本任务是培养外国学习者识词、辨词、选词和用词的能力。围绕这一基本目标，我们要深入研究汉语词汇系统和词义系统的基本结构及基本特征，并从语言对比的角度把握汉语同其他语言在词汇和词义系统上的联系与区别。对外汉语词汇研究与词汇教学研究虽然取得了一定的成果，但是对这些研究成果的系统化还不够，特别是目前对已有成果的整理和应用转化工作也做得并不充分，还有大量的工作要做。

第一节　汉语的词汇系统

一　汉语词汇系统的重要性与复杂性[1]

词汇是一个语言系统的词语总汇，是语言的重要组成部分。语言说到底是由词语组合而成的。词汇的重要地位可以从词汇与语音、语法的关系来看：语音是词语的具体读音的综合，语法是词语的具体用法的概括，离开了词语也就没有语言可言。如果掌握了词语的具体读音和具体用法，即使不学语音和语法也可以，母语的获得经历的就是这样一个过程。相反，如果

---

[1]　此部分主要参考赵金铭主编《对外汉语教学概论》，商务印书馆，2004年。

只掌握语音和语法的知识,而不掌握具体词语的读音和用法,那么还说不上已经掌握了这种语言,往往会一说就错,一用就错。① 从另一个角度来说,词汇是语言的建筑材料,没有建筑材料就不能盖房子,没有词汇就不能造句子。就一个人来讲,掌握的词越多,其词汇就越丰富,也就越能确切地表达思想。② 对于汉语学习者来说,词汇量的大小就决定了其语言表达能力的强弱。这样看来,词汇教学理应在对外汉语教学中"占据一个重要位置,即使不说是一个核心位置"。③

在汉语作为第二语言的教学中,词汇拥有举足轻重的地位。但同时,汉语的词汇又是一个非常庞大的系统,其内部构成非常复杂,这给学习者造成了很大的困难,为词汇教学带来了巨大的挑战。

我们可以从各个不同角度对汉语词汇进行系统构成的划分。从内容上讲,词汇可以分为基本词汇与一般词汇。基本词汇是指语言系统中那些反映人们最基本的日常生活所必需的事物、行为和性状等概念的词汇。这些词汇所反映的概念,在人类语言中是普遍存在的。比如,人类生活的衣、食、住、行,自然界的风、雨、雷、电,人类认识世界的真、善、美、假、丑、恶,等等。基本词汇是一个语言系统中最具活力、最能产的成分。因此,在第二语言教学中,基本词汇具有特别重要的研究和教学价值。从形式上讲,词汇又是由词和熟语构成的。熟语包括成语、俗语、谚语、歇后语、惯用语等。汉语熟语一般具有特定的形式和特殊的文化渊源,是外国学习者汉语词语学习的难点之一。从来源上讲,汉语词汇由历史传承词语、新造词语、方言词语、古语词语、行业词语、外来词语等各个部分组成。

从汉语词内部的结构关系讲,现代汉语中的词首先可以分为单纯词和合成词。单纯词是由单一语素构成的词。受到古代汉语词汇格局的影响,在双音节词占主导地位的现代汉语词汇中,仍保留了部分单音节词。这些单音节词都是单纯词,单音节单纯词形成的是"一个音节一个语素一个汉字"的基本

---

① 参见胡明扬《对外汉语教学中语汇教学的若干问题》,《语言文字应用》1997年第1期。
② 参见黄伯荣、廖序东主编《现代汉语(增订三版)》,高等教育出版社,2002年。
③ 参见赵金铭主编《对外汉语教学概论》,商务印书馆,2004年。

格局,如"钱""人""跑""哭""难""大"等。汉语里也有少数多音节单纯词,它们往往是联绵词,或双声(如"仿佛""流连""澎湃"等)或叠韵(如"逍遥""哆嗦""灿烂"等)。合成词是由两个或两个以上的语素构成的词。在合成词中,语素有词根语素和词缀语素两类,词根是词的主要意义基础,词缀是附加在词根上的构词成分。词根与词根组合构成复合词,词根与词缀组合构成派生词。复合词是汉语词的主体,是汉语词汇系统中最主要的结构方式,其内部关系可以进一步再做更为细致的区分。由于复合词与短语结构关系基本一致,因而对理解汉语词汇的构成、短语结构和句子结构都具有重要意义。汉语派生词的词缀一般是从词根语素虚化而来,数量有限,所形成的派生词也不多。不同的人对语素虚化把握的尺度不同,特别是那些组合、类推能力强的语素,究竟是看作词根语素还是词缀语素,有时会产生不同的理解。这也是汉语词汇教学所面临的一个难题。

复合词同短语结构关系一致,是汉语的一个显著特点。根据汉语复合词内部词根与词根的关系,可以把复合词分成六类:(1)陈述型,后词根陈述前词根,如"胆大""眼花""头痛""地震""心酸""雪崩""体察""神交""手软""面善";(2)支配型,前词根表示动作行为,后词根表示动作行为支配的对象、方式等,如"改行""表态""管家""伤心""接轨""投资""打针""看病""埋头""出席";(3)偏正型,前词根限制、修饰后词根,后词根是复合词的中心,如"香瓜""阳光""米酒""红色""微笑""狂欢""花园""海浪""山峰""人心";(4)补充型,前词根表示动作行为,后词根表示结果或趋向等,如"看见""加强""推广""抓紧""改善""延长""解决""提高""说服""摧毁";(5)联合型,前后两个词根具有相同、相近、相反或相关的意义联系,如"语言""泥土""依靠""教授""重复""反正""解释""尺寸""眉目""是非";(6)重叠型,同一语素重叠而成,如"偏偏""仅仅""哥哥""爷爷""妈妈""常常""连连""刚刚"。

根据词根与词缀的不同位置关系和词缀的形式类型,可以将汉语派生词分为:(1)前缀+词根,如"第一""初二""老虎""阿姨""老板""小伙";(2)词根+后缀,如"疯子""盖儿""石头""用于""净化""男性";(3)词根+叠音后缀,如"红彤彤""喜洋洋""气鼓鼓""汗淋淋""亮晶晶""绿油油"。

从上面的简单介绍可以看到，汉语词汇系统的单纯词、合成词和单音词、多音词之间呈现一种交叉关系，这给外国学习者的"识词"造成了相当的困难。

对外国学习者进行汉语词汇教学，一个重要的前提是要充分认识、理解和把握汉语词汇结构的基本特点，即：以语素为基础，按照汉语短语结构的基本规则构词，从而使形成的复合词在结构上与短语保持一致性。这种一致性，一方面给汉语词汇学习带来词义理解上的便利，另一方面也给汉语词的辨识带来困难。如何挖掘这种一致性特征的有利因素，克服它所带来的不利方面，是汉语词汇教学所要解决的一个重要问题。

二 汉语词与非词的困扰[①]

现代汉语的词汇单位与非词汇单位之间缺乏明晰的界限，这给学习者汉语词汇学习带来了困扰。现代汉语词汇单位与非词汇单位的模糊不清，表现在"语素""词""短语"的不确定性上。

（一）词和语素的界限不清

语素是最小的音义结合的语言单位，词是最小的独立的造句单位。语素可以分为两种：一种是自由语素，可以独立成词（如"水""跑""香"）；一种是黏着语素，不能独立成词（如"语""虑""固"）。依照这一标准，可以较为容易地判断像"伟""丽""绩""泽"这种成分的性质，它们不能独立地用来造句，是非成词语素。但是，有些成分的确定就不是这么容易，如"季""庆""愿"。其原因就在于，现代汉语的非成词语素是从古代汉语的成词语素发展演变而来的，有的语素已经完成这一演变过程，有的尚处在发展过程之中。因此，对后一种情况来说，它们可能在性质上具有两重性，既有非成词语素的发展倾向，又有在特定语境中独立成词的表现。比如，"愿"在"愿你们永远幸福"中是成词语素，但又常常要跟其他语素一起构成复合词，如"祝愿""如愿""愿望""愿意""愿景"等。又如"好汉""英雄汉""硬汉"中的"汉"不能独立成词，可是在"天蓝蓝，海蓝蓝，天尽头有一群铁打的汉"中又可以独立成

[①] 此部分主要参考刘中富《现代汉语词汇特点初探》，《东岳论丛》2002年第6期。

词。

（二）词和短语的界限不清

词和短语的界限不清有两种情况。一种是词与固定短语界限不清。比如，有人认为"砸锅""顶牛""露馅"等是惯用语，而我们觉得这些单位具备词的一般特征，应视为词。不过，这类认识上的分歧不影响其作为词汇单位的性质，因为词和惯用语都是词汇单位。我们更为关心的是另一种情况，即词和自由短语的界限问题。这种情况的处理更为棘手，也给汉语教学带来了更大的困扰。词是最小的造句单位，自由短语是由词构成的比词大的造句单位；词是备用单位，自由短语是临时组织的单位。从理论上讲，二者界限也是清楚的，但是实际分辨起来却常常比较困难。人们习惯上用扩展法来区别词和自由短语，能扩展的是自由短语，不能扩展的是词。比如，"大河"扩展为"大的河"而意义不变，但"大车"扩展为"大的车"后意义有所改变。所以"大河"是自由短语，而"大车"是词。同样，"白菜"是词，"白纸"是自由短语；"骑兵"是词，"骑马"是自由短语。还有一种方法用来区别词和自由短语，那就是看两个成词语素组合以后意义是否融合。成分意义融合的是词，成分意义不融合而相加的是自由短语。比如，"买卖"在"茶叶买卖"中是词，表示"做生意"；而在"买卖文物"中是自由短语，表示"买和卖"。不过，语言中还是有用这两种方法不易定夺的情况。像"羊肉""猪皮""鸡毛""牛奶""象牙"等，都可在中间加"的"进行扩展，并且扩展后的意义和原来的意义基本一致，似乎可以据此判断为自由短语。但是，这些词语单位的扩展形式是极其有限的，在语言生活中一般不用，如"买一斤羊肉"不说"买一斤羊的肉"，"鸡毛掸子"不说"鸡的毛掸子"，内部构成成分结合较紧。因此，似乎又可视其为词。

（三）固定短语与自由短语界限不清

一个短语是固定的还是自由的，看法上可能有分歧。事实上，一个短语可能处在"自由"与"固定"之间，说它是固定短语不够典型，说它是自由短语也有些勉强。比如，"科学技术"，它不像成语、惯用语、专名那样结构定型，意义完整，但"科学"与"技术"结合在一起使用的频率很高。"高科技""精神文明""精神污染""两个文明""改革开放""生态保护""生态农业"等，情况也是一样。

《现代汉语词典》在"耍"字条下收有"耍把戏""耍笔杆""耍花枪""耍花招""耍流氓""耍贫嘴""耍手艺""耍无赖""耍心眼儿""耍嘴皮子",而没有收录"耍脾气""耍态度""耍手腕""耍手段""耍小聪明",可是"耍脾气"等跟"耍把戏"等并没有什么本质区别。这种确立词目上的随意性就是由这类词汇单位的二重性造成的。

(四)词与非词中语素顺序的不同

同样的两个语素,顺序不同,有的是词,有的是短语,这也给汉语学习者的理解造成了一定的困扰。如:

　　A. 大小、矿工、手背、北面、数字、船头、雪白、好说
　　B. 小大、工矿、背手、面北、字数、头船、白雪、说好

A组为词,B组为短语,词和短语是两种语言单位。"大小"形式意义固定,是词,指辈分高低,如"大家请坐,不分大小";而"小大"是带有黏着性的短语,如"这支毛笔写字小大由之"。"北面"是词,"面北"是述宾短语,属古汉语残留形式。"数字""字数"只是音形相同,但词义没有联系。"数字"是词,"字数"是短语。这种语素顺序不同造成的词与非词的差异,给外国学习者学习汉语造成了一定的困扰,也是对外汉语词汇教学的特殊性之一。

三 汉语词语连写对词汇感知的困扰

对外汉语词汇教学的特殊性之一来自词汇成分在切分上的困难。拼音文字为分词连写,书写时前后间隔,词与词之间界限分明。而汉语书面语的一个显著特征则是词语连写,词与词之间在书写上没有间隔。

(一)汉语书面语词语连写所带来的困扰

汉语书面语词语连写,词与词之间的界限是潜在的而不是表层的,它需要读者在对句子的分析与解读中建构词与词之间的关系。书面语这种词语连写特征无疑给大多数汉语学习者,尤其是母语为拼音文字的学习者认读汉语词语带来一定的困难。对汉语学习者而言,面对一个连续不断的字符串,需要在语言心理上切分出一个一个的词,这的确是一件相当不易的事。这是汉语词汇教学所必须正视的一个现实问题。

造成汉语与拼音文字语言最大差异的原因,是方块汉字与单词在认读上的差别。汉语的字和词都是音义结合体,但二者不是同一概念,也不完全对应。对学习者来说,认识了"活"和"泼",不见得可以知道"活泼"的意思。再如,"刻薄""快活""露骨"之类的词都不是能从字面理解的。据统计,现代汉语3500个常用字能组成现代汉语所使用的70 000个词,平均每个汉字能构成20个合成词。汉语有词也有字,词的数量大大多于字的数量,字和词是不能画等号的。而使用拼音文字的语言,只利用几十个表示声音的字母,就可以拼读拼写任何单词。在这样的语言中,只存在音义结合体的单词,而并不存在音义结合体的字。从兼表音义这个角度来说,汉字与单词处于同一层次,而在组词造句的功能表现上,汉字与单词又大有不同。汉字与单词本身的缠绕已经给汉语学习者造成了困扰,而在这样的背景下,汉语的词语连写无疑又给学习者增加了一层迷雾,加重了学习难度。

(二)汉语书面语词语连写困扰的表现

作为第二语言的词汇教学与作为母语的词汇教学相比,最本质的差别在于其教学对象汉语词感背景的缺乏。加上汉语书面语词语连写的困扰,学习者往往产生两种错误表现:词与非词的混淆;词的"破读"现象。

词与非词的混淆是指学习者误将语素和短语作为一个词进行理解;或反过来,将一个词理解为一个语素或短语。这其中的原因主要体现在两个方面:一方面,汉语语素、词与短语本身在一定程度上有交叠。比如,"白布"中"白"是词,"白菜"中的"白"则是语素,学习者往往会将前种意义类推到后者身上,将"白菜"理解为一个短语(白色的菜)。另一方面,汉语中词与短语、句子组合规则的一致性也会造成词与短语之间的混淆。比如,"雪白"是一个偏正短语,但由于它的组成成分为"名词+形容词",与主谓短语的结构相似,因而也容易被理解为一个主谓短语(雪很白)。这种状况,一方面要求对外汉语教师对词语构造特征进行交待,让学习者理解词语结构;另一方面,对外汉语教师还要积极引导学习者建立词语分界意识,了解词与词的组合关系,以克服汉语不分词连写带来的困扰。

词的"破读"现象是指学习者将词语在错误的地方断开,如把"发展中国家"读成"发展/中国/家"。相对词与非词的混淆错误,"破读"会给学习者的阅读造成更大的困扰。因为一旦读破,会造成意义完全改变或丧失。造成"破读"现象的原因,常常是词语长度的增加,如"发展中国家"为五音节词,而初有汉语词感的汉语学习者更习惯于单、双音节词。

另外,离合词也常常会引起"破读"现象。离合词主要是指汉语支配型中的一部分复合词,当它们进入某种具体文本时,常常要在两个语素中间插入其他句法成分,从而使这些词的两个语素处于分离状态。如:

毕业——毕了业　　照相——照了一张相　　鼓掌——鼓了三次掌
见面——见了三次面　　离婚——离过两次婚　　放心——放不下心

这些离合词实际上表现出的是一种短语的句法行为。离合词的原式与变式、常例与特例等不同形态,会给学习者造成分辨上的困难。面对离合词分离的形式,学习者很难将词的前后两部分在心理上作为一个整体进行处理,因而容易读破。面对一般词语以及离合词的破读现象问题,除了进一步增强学习者的词感,明确词语的界限外,词汇量的增加是更为有效的解决办法。

四　建立正确的汉语词感是理解句法结构的基础

对外汉语教学的基本任务是培养汉语的语感,也就是要揭示语感、展示语感、模仿语感、培养语感。

(一) 什么是语感[①]

语感是语言使用者所具有的对一个语言结构系统的形式、意义和功能之间的特定内在联系的高度自动化的判断意识和准确的使用能力,是语言使用者纯熟的语言经验的表现。通俗点说语感就是在自然的状态下对语言的一种敏锐感觉,它是人类在长期规范的言语活动中对语言文字所形成的一种理解能力和感受能力。随着现代语言学对语感研究的不断深入,人们发现,语感不仅仅只是人类对语言的一种感性直觉,从深层次上讲,它更是人们直接地感受、领悟、把握语言这一对象的一种能力、一种方式、一种结构,也就是说,它暗

[①] 参见张旺熹《语感培养是对外汉语教学的基本任务》,《世界汉语教学》2007年第3期。

含着人类对语言的一种理性分析,是一种理性的直觉性。所以,从完整意义上分析,语感是人类对语言的一种直觉判断和理性推理的融合。因此,任何一名对外汉语教学从业者,在教外国学习者学习汉语时,都必须把培养他们的汉语语感作为整个对外汉语教学系统的核心目标。

汉语语感包含六个基本方面:语音感、汉字感、词汇感、语法感、语篇感、认知感。由于汉语从语素到词、从词到短语、再从短语到句子的结构形式基本上是一致的,因此建立正确的汉语词感是理解句法结构的基础。

(二) 怎样建立汉语的词感[①]

在教学中,我们常发现学习者在阅读课文时是逐字认读的,他们对汉语的词语没有一个整体的概念,也就是缺乏汉语词感,因而影响了整个句义的理解。那么,如何让学习者在词语的认读和连写中建立正确的汉语词感呢?

首先,要明确地让学习者了解,在汉语中字和词不是同一概念,也不完全对应。词是一种客观存在,我们不能因为现代"字本位"理论的兴起而否认汉语词的存在。有观点认为,汉语中根本不存在"词"这个单位,真正与西方语言的 word 相对应的单位是"字"。汉语书面语确实不存在用空格隔开的、使人们一眼就能分辨的词,但并不能据此否定"词"这一单位的存在。因为对于以汉语为第二语言的学习者来说,即便记住了几千个常用字,仍然不能阅读书报,那么还算不上基本上掌握了汉语。

字和词的关系问题在汉语语法学中一直备受关注。"词"是个外来的概念,中国人熟悉的是一个个的"字",人们习惯上把字作为一个独立的单位。我国第一部语法著作《马氏文通》以字为词,字词不分,这固然有囿于传统的因素,同时也是因为该书研究的对象是古代汉语,而古代汉语以单音节词为主,一个汉字表示一个音节,因此也可以说一个汉字就是一个词。黎锦熙 1924 年出版的《新著国语文法》严格区分字和词,是因为作者研究的对象是现代汉语。其后的一些讨论现代汉语语法的著作,如吕叔湘的《中国文法要略》、王力的

[①] 此部分主要参考杨月蓉《论对外汉字教学中字与词的关系》,《重庆工商大学学报(社会科学版)》2010 年第 1 期。

《中国现代语法》等,都有专门的篇幅谈词和字的区分问题。现代汉语词汇以双音节词为主,这是早有定论的,既然是双音节词,显然其意义不会是两个字的意义的简单相加。引进语素概念之后,人们把字与语素对应起来,赵元任曾指出:"跟'字'最相近的语言学单位是语素。"从语法学的角度给了"字"一个恰当的地位,所以后来人们也常称汉字是语素文字。

汉字教学离不开词的教学,甚至可以说,汉字教学的目的还是为了加速作为基本的语言单位——词——的教学。一个汉字除了有固定的"形"外,作为语素的体现者还有一定的"音"和"义"。所以我们常说汉字是形音义的统一体。母语儿童学习汉字,是在掌握一定程度口语的基础上进行的,学习的目的是将汉字的形与相应的语素联系起来,因此汉字的学习可以独立完成。而对外国学习者来说,学习的目的是将汉字的形音义结合起来,因而汉字的形、音、义以及三者的对应都是必不可少的学习内容。汉字的形和音基本上是固定的,但字义并不固定,所以义与形、音的对应具有不确定性。如有的字能够独立成词,这时字义可以单独学习(如"泼水"的"泼");但同一个字有时又作为语素出现,这时字义不能从单词中直接得到(如"活泼"的"泼");还有些不能成词的语素,必须放在词里才能解释(如"婚""澡"等),离开了词就无法解释。所以,对外汉语教学中汉字的学习离不开词。"字本位"和"词本位"的差别不是简单的先字后词还是先词后字的教学顺序的不同,也不是"语文分离"还是"语文一体"的教学策略的差异。字本位教学强调的应该是词汇教学中对单个字的重视,编排教学内容注意以字为纲、遵循由易到难的顺序,但并不忽视或排斥词的教学。也就是说,现代"字本位"理论并不意味着对"词本位"的全面否定。

其次,要让外国学习者了解,词是组成句子的基本单位,而很多字是不能单用的。如果不在词中教学汉字,会使学习者把不能成词的单字误当作词来使用,如"屿"虽然词典翻译为 island,但它只能放在"岛屿"中。有些汉语教材单纯为了追求生词量,将很多不成词的字作为生词列出,如在某教材中,"儿"和"子"都作为生词出现,并且都翻译为 son,这就会使学习者误把"儿"和"子"都当作词用,说出"我父亲有两个子"这种错句来。有学者指出,"教学失误"是对外汉语教学中产生偏误的原因之一。在词汇教学中,把不能单用的汉字列在汉语教材的生词表中,并采用直接翻译法注释字义,往往就会造成词语应用的偏误。有研究认为,阅读认知的心理过程可以分成四个步骤"字符知觉→词汇分析→关系分析→语义分析"。虽然人们知觉的是字符,但理解时是以词为单位,词汇分析是汉语认知过程中最基本的操作,认知中以词为单位可以提高阅读效率。所以,在让学习者识字的前提下,也要使其对双音节或多音节词产生整体观念,否则就会养成一个字一个字阅读的不良习惯。

　　再次,词汇教学还应教授一定的汉语言知识,即语素构词、词组成短语、词和短语构成句子等语言知识,准确把握词与词之间的类聚关系。对外汉语教学的目的,就是为了在最短的时间里让学习者掌握汉语的语感,形成一种程序性的知识系统,提高汉语的交际能力。如果不教或少教语言知识,让学习者靠直觉去感受、摸索,势必效率低下。教授语言知识,一方面可以减少学习者"试误"的过程,从而节省时间、提高效率。另一方面,语言虽复杂,但不是杂乱无章的,而是系统的、有规律的。学习者一旦掌握了系统规律的汉语知识,就可以用类推的方式"纲举目张"地理解汉语,既可以提高学习兴趣,又可以提高理性认知,从而有意识地"套用"语言知识进行"造句"。在成功"造句"的过程中,可以把静态的、离散的陈述性汉语知识转化为动态的、系统的程序性汉语知识,进而形成汉语的生成能力,汉语的语感也就形成了。所以,在对外汉语教学中,不是不能讲授语言知识,而是要选择合适的内容、采用适当的方式方法讲授。语言知识是否适合用来讲授,关键要看内容是否准确地传达了汉语的本质属性特征;方式方法是否适当,则要看是否能够帮助学习者快速掌握汉语的结构特点,是否能够帮助学习者尽快培养汉语能力。

　　此外,听、说、读乃至写都是在对外汉语教学中培养学习者汉语语感最直接的手段和方法。除此以外,还有一些间接的手段与方法也值得我们重视,这尤其体现在如何让学习者全面地了解汉文化方面。学习者在汉语学习的初级阶段掌握了汉语的语音、汉字、基本词汇和语法之后,就迈入了汉语学习的中级阶段。这时,他们感到最棘手的问题不是在句子理解方面,而是在对词语文化意义的理解方面。众所周知,各个民族有着各自不同的历史文化和社会价值观念,这些本属于文化范畴的东西往往渗透在民族语言里,从而导致语言和文化水乳交融、不可分割。中华文化源远流长,汉语作为中华文化的载体,很多词汇都蕴含着丰富而深刻的文化含义,是中华文化几千年积淀下来的活化石。因此,教师在给学习者讲解这些词汇时,若只是按照词典中的释义简单介绍,只能使学习者对这些词语的理解停留在表面,而对它们的深层意义特别是象征意义却无从了解。这就使得学习者很难对一个句子的意义做出准确的判断,汉语语感也就自然难以生成。难怪对外汉语教学界流传这样一句话,不了解汉文化就学不好汉语言。

总之,建立正确的汉语词感先要了解汉语词汇系统的复杂性,建立汉语语素、词和短语的分界意识,分析汉语书面语不分词连写所带来的问题,准确把握词与词之间的类聚关系。在对外汉语教学过程中,由于汉语语感在增强学习者的听说读写能力方面起着关键作用,所以培养学习者的汉语语感可以说是整个对外汉语教学系统中最为基本的目标。而对外国学习者而言,由于他们在阅读或写作汉语文章时,不可能总是对字词、句式、修辞、篇章结构有意识地加以观照,而是要靠长期积淀的汉语知识所形成的内在感受力去支配自己的汉语阅读和写作,所以就要求对外汉语教学从业者能够有意识地采用各种有效的手段和方法来增强外国学习者的汉语语感,让他们能在活学活用中提高自己对汉语的理解能力和接受能力。这是对外汉语教学所要达到的基本目标。

第二节 汉语词的透明度对教学的影响

一 汉语语素的有限性与词汇的合成性

(一)汉语基本语素的有限性

词由语素组成。汉语的基本语素非常有限。1988年公布的《现代汉语常用字表》,其中常用字2500个,次常用字1000个。现代汉语所使用的六七万个词,大部分是由这3500字组成的。同样,《汉语水平词汇与汉字等级大纲》收词语8822个,所用汉字也只有2905个。汉语语素与汉字基本上是重叠的,多数语素与汉字是一一对应的关系,因而数量上的差别不大。[①] 汉语的常用汉字基本就可以对应于基本语素,现代汉语所用的词仅仅由3000个左右的基本语素就可以构成,可见汉语中基本语素的有限性。

(二) 汉语词汇的合成性与无限性

从上面的数据可以看到,虽然汉语基本语素是有限的,但以这有限的语素却可以组成现代汉语六七万个词,其原因就在于现代汉语词汇的合成性。现代汉语的基本语素具有很强的构词能力,可以生成大量的词。现代汉语词汇中,合成词占了很大的比例。复合词词根语素交叉组合可以形成大量的词。比如,"参观"由"参"和"观"两个语素组成,这两个语素交叉组合可以形成大量的词,"参"与别的语素组成"参加""参阅""参考""参谋""参照""参赛""参与""参看"等,"观"与别的语素组成"观察""观点""观望""观赏""观众""主观""乐观""客观""可观"等。在附加词中,词缀语素更有着超强的合成词语的能力。据统计,现代汉语中构词率最高的是词缀语素"子",含"子"词共有1581个,[②]如"本子""牌子""鼻子""盘子""脑子""嗓子""儿子""镜子""蚊子"等。从理论上说,每一个语素的组词能力都是无穷的,新词语也因此才有可能产生,也就是说,汉语词汇具有无限性的特点。

汉语词汇的一大特点就是语素义和词义关系密切,并且语素义的数量比词义的数量少得多。因此,"对我们母语是汉语的人来说,掌握了这3500字(即语素),就具备了理解70 000个词的基本条件"。[③] 同样,对外国学习者通过语素分析来进行词汇教学,也可以达到事半功倍的效果。从另一个方面来说,对外汉语教学的对象一般是成年人,他们都具有一定的语义推导能力。因此,在词汇教学中引入语素分析法,通过字与字的组合,让学习者在学会一个一个词语的同时,学会词语的组合原则和掌握语义的聚合群,这样可以开发他们潜

---

① 据尹斌庸《汉语语素的定量研究》(《中国语文》1984年第5期)统计,90%左右的汉字与语素是一对一的关系。有人说汉字实际上是一种语素文字,但严格地讲,语素的范围大于汉字,除了与单个汉字对应的单音节语素外,还包括双音节语素和多音节语素。
② 参见张凯《汉语构词基本字的统计分析》,《语言教学与研究》1997年第1期。
③ 参见张凯《汉语构词基本字的统计分析》,《语言教学与研究》1997年第1期。

在的开放式扩展词语的能力。

(三) 语素合成中的类推原则

汉语词汇的构造有很强的理据性,语素义与词义大多有着千丝万缕的内在联系,如果能挖掘出语素义、语素构造与词义的种种关联性,有意识地训练学习者通过离析语素、凭借对语素义的理性把握并结合语境来猜测词义的能力,学习者猜词的成功率就会有效地提高。比如,一旦让学习者理解了"车"的含义,可以使用其学习过的相关语素组合成"汽车""火车""电车""自行车""马车"等词,这样的过程可以帮助学习者在大脑中建构词汇的网络。学习者在学习了一个语素之后,接触到含有该语素的词语时,就能有意识地将该语素的意义在所出现的词语中延伸下去,有限的词汇通过这样的点就慢慢结成了大的词汇网络系统。再如"海",学习者明白了它的基本义项之后,可推测"海岸""海滩""海水"等由"海"构成的词语的意义。

在汉语词汇教学中,随着学习者语素意识的增强,可以把利用语素合成中的类推原则作为扩大词汇量的一个重要手段。比如,一个字的单纯词也可以作为语素适当地加以系连,以扩大词汇学习的范围,如"式"可以类推出"中式""西式""洋式""老式(旧式)""法式面包""日式快餐""中式英语""港式中文"等词语。又如由"服"字这一语素系连到"衣服"一词,提出"衣服"的构造和语素义,从而类推出"外衣""内衣""上衣""睡衣"等词语。这些带"服""装""衣"语素的词成为一个小的语义场,学习者容易识记。在"服装"一词中,"服"="装",由此学习者又可以类推出"西装""时装""羽绒服""衣服""服装店""服装厂""服装公司"等词语。这时,教师可试着让学习者猜"童装""男装""女装""老年装""工装""洋装""中山装"等词语。一般来说,由于学习者明白了"服装"一词的语素构成及语素义,在猜测和学习新出现的词语时,成功率往往比较高。

(四) 语素合成的过度类推问题

汉语是理据性很高的语言,复合词的意义一般可以由其组成成分去推求。在对外汉语教学中我们常常采用语素分析法进行词语教学。但是,词语类推及语素较强的组合能力又可能带来一些问题。比如,我们在教学实践中也遇到了这样的情况:向学生解释了语素"面""口""餐""赤""足""窃"分别相当于现代汉语中的常用词"脸""嘴""饭""光""脚""偷",因此"面色""住口""早餐""赤足""窃听"可以同义替换为"脸色""住嘴""早饭""光脚""偷听"。学习者随后会在词语学习中出现如"面具→脸具""亲口→亲嘴""快餐→快饭""画蛇添足→画蛇添脚"等不正确的类推。此外,学习者还会根据反义语素类推出一些所谓的"反义词",如"开心——关心""大人——小人"等。另外,作为对世界已有相当认知的成年人,学习者总会根据已有的经验和知识来理解事物及现象。如:

    画布——盖在画上的布 云海——海的名字
    办学——办入学手续   无声——听不见

  这些对词义的揣测类推,有的涉及日常经验,有的结合社会生活,有的则不乏诗意的想象,其共同点就是都被学习者从字面生发开去,结合个人对世界的认识而加以"推衍"。这些单纯从母语经验、本族文化出发来进行类推理解而产生偏差的情况,都属于对语素合成的过度类推。这种状况是防不胜防的,作为对外汉语教学从业者,我们应该及时发现并纠正此类状况。

二　汉语词语合成的透明度

  语义透明度是指合成词的整词语义可从其构词语素的语义推知的程度,其操作性定义是指各构词语素与整词的语义相关度。比如,"美""丽"和"美丽"都是"好看"的意思,从构词语素义就可以得知整词义;"马"是一种动物,"上"表方向,而"马上"却表示很快的意思,两个构词语素义与整词义完全无关。这种差异在认知心理学上被称为"语义透明度"(semantic transparency)的差异,前一种是透明度高的词语,可称为透明词(transparent words),后一种是透明度低的词语,可称为不透明词(opaque words)。语素与透明度密切相关:如果语素义与整词义高度相关,则为透明词,反之则为不透明词。

(一) 词语透明度的不同类型[①]

  词语的透明度并非只包含透明与不透明两极,而是在两极之间体现为一

---

① 此部分主要参考王绍新《谈汉语复合词内部的语义构成》,载《第二届国际汉语教学讨论会论文选》,北京语言学院出版社,1988年。

个连续统。根据透明度的高低,汉语词大致分为三类:

1. 高透明度词语。①

这类词语的词义等于语素义的简单加合,这是最单纯的语义结构,完全可以从字面上来理解。如:

   父母:父亲和母亲 奖惩:奖励和惩罚 史料:历史资料
   市民:城市居民   热爱:热烈地爱   自愿:自己愿意

这类词语在语素合成词的过程中没有增加新的含义,即同一语音形式负载的信息量没有增值,我们不可能对上述词的解释再补充任何别的内容。

2. 中透明度词语。

这类词语看来容易解释,其词义像是语素义的简单加合,实际上它确实包含着简单加合的意义,但同时还含有字面义以外的不可分割的内容。比如,"晚会"不能简单地释为"晚间的集会",而是"晚上举行的以文娱节目为主的集会"。"以文娱节目为主"即字面之外而又不可分割的含义。再如:

   工潮:工人为实现某种要求或表示抗议而掀起的风潮。
   国画:我国传统的绘画(区别于西洋画)。

这些词的构成不仅是单词数量的增加,同时意味着原有构词材料表义能量的扩大,词汇总体所容纳信息的增量。

3. 低透明度词语。

有许多复合词按照现在对字面的通常理解不容易解释清楚,词的意义似乎不能根据所含语素的习见意义及语素间的句法关系直接推求出来。然而复合词既然是两个(或两个以上)语素按某种句法关系组成的,形成之初总有一定的理据,词义总是由语素义按一定的逻辑关系结合而成的。这是新词能够产生并为社会接受的必要条件。之所以会出现理据不明的状况,大抵是由于语言或其所反映的客观事物在历史的长河中发生了变化,以致现代人对某些复合词的整体意义或其中所含语素的意义不能了解。低透明度词语出现的原因大致可以分为几类:

---

① 学界对这类情况属于词还是短语有所争议,下举诸例词均出自《现代汉语词典》。

(1)民族文化背景改变导致的理据不明。比如,"采风"与"采光"结构相同,"采光"是现代建筑学术语,意思是"使室内采得适宜的光线"。若以此类推"采风",就会误解为"使室内通风",但它实际的意义是"搜集民歌",原指古代统治者为考察民情民意而进行的采集民间歌谣的活动。这里的"风"不是自然现象的风,而是指民歌民谣。了解了古代的社会情况,就会明白这种复合词原来也是语素义的加合,属于高、中透明度词语,只是由于社会的发展变化,才使得词义与现在通用的语素义之加合产生了距离,变成了低透明度词语。这样的词语再如"袖珍""青史""碧血""足下""红娘""阳春白雪""鸡肋""知音""推敲"等。

(2)语言演变导致的理据不明。首先是语义的演变。比如,"救生"解释为"救护生命",词义与语素义是加合关系,而"救火"当然不是"援救火灾",为什么说"救"呢?原来《说文解字》中"救"只有"止也"一义,后来又产生了"援救、挽救"之义,到了现代单音词"救"已经失去了"止"义,但此义还存在于"救火""救灾""救亡"等词中。其次是语法的演变。比如,"见"在古代作为一个常用的助动词,与动词的结合是很自由的,可以说"见疑""见杀""见屠""见留""见辱"等。这种句法关系保留在现代汉语少数复合词中,如"见笑""见怪""见外"等,这些词就不能跟动宾结构的"见鬼""见面""见效"或联合结构的"见解""见识"等归为一类。

高、中透明度词语尽管有所不同,但语素义与词义的关系基本都可以视为加合关系,其不同只在于是两个语素义的简单加合还是语素义与其他含义的加合。但低透明度词语有所不同,词义中常常找不到语素义的影子,二者为非加合关系。

(二)语素与词语的意义关系对加合关系词语透明度的影响[①]

在现代汉语中,有的语素只含有一个常用的基本意义,因而词语的意思可以通过语素义推知一二。比如,"酒"仅有一个常用义,"酒菜""酒吧""酒鬼"

---

① 此部分主要参考郭胜春《汉语语素义在留学生词义获得中的作用》,《语言教学与研究》2004年第6期。

"酒量""酒杯""酒水"等词的透明度就很高。但现代汉语中更多的是多义语素,若是其中有一个一向是常用的,而其他义项不常用,那么对词语透明度的影响还小些,但如果多个义项都常用,那就很难据此推得词义。比如,"火"有"物体燃烧时所发的光和焰"义,也有"紧急"义,这就影响到如"火速"这种词的透明度。再如学习者对下列词语意义的误读(括号内斜线之前为该语素在词中原本的义项,之后为被试错误提取的义项):

好意(善良的心意):好的意思。(意:心意,愿望/意思)

早春(初春):早来的春天。(早:时间在先的,早期/比一定的时间靠前)

记名(记载姓名):记住名字。(记:记载,登记/把印象保持在脑子里)

进军(军队出发向目的地前进):进入军队,入伍。(进:向前移动/从外面到里面)

此外,同形语素也会困扰学习者,影响到词语的透明度。比如,学习者将"复信"解释为"把信再写一遍"或者"信的复印件",就是混淆了"复"字所代表的不同语素("答复"的"复"与"重复"的"复")。还有一些根本不搭界的情况,如从"原"(原主)联想到"原因",从"传"(传令)想到"传统"。

很多词的语素义与词义的关系十分间接,甚至模糊不清,影响到了词语的透明度。比如,有的词是用语素义的隐喻或转喻用法来表示词义,前者如"鳞爪"(鳞和爪,比喻事情的片断),后者如"眉目"(眉毛和眼睛,泛指容貌);有的词中部分语素义已失落或模糊,如"忘记"("记"在此处无意义),"斯文"("斯"原义"这、于是",此处意义模糊);有的词中的语素已不常用,其意义更是为一般人所不解,如"夙愿"("夙"义为"素有的")。

语素义和词义的不一致还表现在同义语素常常因语用场合的差异而发生分化,这更可能使学习者陷于混乱。比如,"学习"一词,"学"="习","复习""预习"中的"习"就是"学习"的意思,但是"自学"与"自习"中的"学"和"习"却不同;"心"="心脏",但"心脏病"≠"心病";"圈"="环",但"花圈"≠"花环"。这种例子比比皆是。因此,单以构词语素为线索去揣测词的整体意义,得出的结果很可能是非常宽泛的,难以做到准确,甚至会南辕北辙。

作为对外汉语教学从业者,我们必须清楚词汇具有结构上的凝固性以及意义上的独立性和完整性,词义包含的信息远多于语素本身的含义;作为构词的原料,相同的语素义所组合出来的词义未必就相同。我们必须明白:为什么同样的语素,只是由于在词中排列的位置不同,词义就迥然有别(如"水泥"和"泥水")？为什么即使两个词的语素组合关系相同、语素的义项也无异(如"斗争"和"争斗"),词义仍不容混淆？另外,汉语中一词多义的现象俯拾皆是,比如,"解决"可以指"处理问题",又可以指"消灭坏人";"紧张"既可以指"精神上兴奋不安",又可以是"供应不足"的意思。再有就是同形词问题,比如,"听信"(等候消息)与"听信"(听到而相信),"雨水"(由降雨而来的水)与"雨水"(二十四节气之一),前后两词所指的概念明显不同。

三 词语透明度与词汇教学

在第二语言学习中,对词义的把握是准确理解和运用词语的前提。我们在长期的对外汉语词汇教学过程中,发现词语透明度对教学的影响。一般来说,高透明度词语的学习难度低,只要明确其中的语素意义,学习者就能大致了解整词的意义。这类词语的教学可以一带而过。比如,"父母"一词的讲解,只需让学习者明确"父"指父亲、"母"指母亲即可。中透明度词语的学习难度次之,虽然词语意义大于语素意义的加合,但通过教师的讲解或相应的母语翻译,词义的理解并不困难,而且包含在词义中的语素义也为词语的记忆提供了线索。这类词语的教学尤其要注意的是无法从字面得到而又是词义不可分割部分意义的介绍。比如,"晚会"通常被学习者理解为"晚上的 party",但其实并不是同一概念,教师应该强调"晚会""以文娱节目为主"的性质,以让学习者理解其准确意义。高、中透明度词语中处于同一语义场而且包含相同语素的词语(如"水军""陆军""空军"),或不同语义场而包含同一语素的词语(如"军事""军火""军服"),较为适宜使用类推方法及语素教学法进行教学和学习。一旦明确了其中一个词语的意义,并且理解了其他词语中表达类属的语素义,这些相关词语所表达的名称即可了然。

低透明度词语无法通过语素来了解整词的意义,还可能被语素误导,学习难度最高。此类词语应该区别对待,如带有古代文化背景的词语,建议教师在讲解词语的同时,介绍相应的中国文化,这样一方面让学习者了解了中国的古代文化,另一方面还可以引起学习者的兴趣,使其更容易地理解和记忆生词,起到事半功倍的作用。但对那些由于语言演变而降低透明度的词语,则不一定将语言演变的规律一起介绍给学习者,尤其是对初中级阶段的学习者,以免增加其记忆负担,造成现代汉语与古代汉语语言规律的混淆,而应该以词义的直接介绍和词语的扩展讲练为主。对低透明度词语,要防止学习者出现过度类推的问题,如因望文生义而把"马虎"理解成两种动物。在词汇教学中,教师既要善于引导学习者产生对词语过度类推的抑制意识,也不能因此而对词语类推的学习方式全盘否定。

第三节　汉语字词关系的复杂性对教学的影响

讲到汉语词汇,不能不说到其与汉字的复杂关系。一方面汉字是汉语的书写单位,词语的书写当然也离不开汉字;另一方面,作为形音义的结合体,汉字又在语言结构单位这个问题上与词汇有所纠结。

一　汉语字词的复杂关系

(一) 作为汉语的书写单位的汉字与汉语词汇的复杂关系

1. 汉字与词语的对应关系。

汉字与词汇的对应关系主要有这样几种情形:一字一词,即一个汉字对应一个词汇成分,如"人""走""好";一字多词,即一个汉字对应几个词汇成分,如"升$_1$(由低到高移动)——升$_2$(容量单位)""听$_1$(用耳朵感受声音)——听$_2$(金属筒子)";多字一词,即几个汉字对应一个词汇单位,如"钢铁""居住""丰富多彩"。在汉字与词语的对应关系中,还存在一种书写形式完全相同而意义完全不同的情况——同形词。如:

　　　　风化$_1$:风俗教化　　　　　风化$_2$:自然风化

生气₁:不高兴　　　　　生气₂:有活力

仪表₁:仪器　　　　　　仪表₂:人的外表

后天₁:明天的后一天　　后天₂:跟"先天"相对①

汉字与词语的这种复杂对应关系,会对学习者快速、顺利辨识汉语的词语造成相当的困难,尤其会造成词语的分界困难,难以确定词与词之间的界限。

2.汉字对同音词的分化。

汉字并不只为词汇学习带来困难,相反,它在某些方面对词汇系统的教学与学习有相当的帮助,特别表现在对同音词的分化方面。

同音词是指声韵调完全相同的词。现代汉语的声母、韵母和声调所组成的有效音节只有1300多个,而汉语词语有六七万,因此,即使在双音节词占主导地位的现代汉语词汇系统中,也势必存在相当数量的同音词。在《汉语拼音词汇》所收的59 100多个词中,同音词就有5500多个,占近10%。而汉字在书面语中为这些同音词起到了分化作用。比如,单音节同音词"式""事""试""市""视""室""世",双音节同音词"案件"与"暗箭"、"年轻"与"年青"、"占有"与"战友"、"就是"与"就势"及"旧事"、"形式"与"形势"及"刑事"、"著名"与"注明"等。这些读音形式完全相同的词语,会给学习者造成困扰,而用汉字这种书写系统就可以清楚地将这些词语区别开来,为词语的教学提供帮助。

大部分同音词的书写形式不同,在词义上也没有明显的关系,但也有部分是同义同音异形词,如"掉换"与"调换"、"当做"与"当作"、"题辞"与"题词"。它们是同一个词,只是书写形式不同,这也给词语的学习和使用增加了额外的困难和负担。

(二)作为语素的汉字与词汇的复杂关系

汉字与语素有90%是一对一的关系,所以很多教材和著作中提到的汉字与语素其实是一回事。当我们把汉字作为语素提出来时,就已经不把它看作语言的书写单位,而是看作语言表达系统的单位了。这时,它与同为语言结构单位的词汇就有了更为复杂的关系。这里有一个实质性的问题需要解决,就

---

① 用例引自赵金铭主编《对外汉语教学概论》,商务印书馆,2004年。

是字和词究竟谁是语言基本结构单位。"字本位"与"词本位"两种理论的探讨,其实质就是对这一问题的不同看法。

在古代汉语中,词多以单音节形式出现,字和词其实是统一的。从中国语言学传统来看,文字始终是主要的研究对象。自两汉始,"'字'作为汉语结构单位和书写单位的概念在社会心理现实中的地位日益提升,因而开创了以字的研究为基础探索形、音、义的结构及其相互关系的规律的汉语研究传统"。①

在现代汉语词汇中,双音节词代替单音节词占据了绝对性的优势。现在一般的看法认为,字是词的组成单位,词是语言的基本结构单位。但不可否认的是,由于汉字是形音义的统一体,确实很难只把它看作词的构造单位,而不允许其进入语言结构中。何况现代汉语中仍存在大量的单音节词,尤其从动态使用看,单音节更是占据优势。从对外汉语教学的角度来看,单纯只把字看作书写单位也是不合适的,因为在汉字教学中,不能撇开字义只谈字音和字形,同时汉字教学与词汇教学也不是能够绝对一刀切开的。在我们看来,"字本位"与"词本位"并不是两种完全对立的教学理论,在"词本位"理论指导下的教学实践不能完全排斥汉字的地位,同样,"字本位"也不能完全割裂字与词的关联。

不管是词本位还是字本位的教学系统,目前在对外汉语教学界亟需科学完善的教学体系。词本位理论指导下的教学目前呼声很高的是词汇教学系统的完善,现有教材词汇表中词与非成词语素并出,人为导致了词与非词界限的进一步混乱。字本位的教材尚不多见,其教学体系更是有待建设。其中首先要解决的是汉字与词甚至句子的学习顺序问题,在这个问题上,有人主张先学汉字,等有一定的汉字积累后再学习词,②有人则反对这样的做法。

二 字词关系与词汇教学③

从文字和语言的关系上考察,汉字绝大多数记录的是语素,称汉字为语素

---

① 参见徐通锵《语言学是什么》,北京大学出版社,2007年。
② 参见张朋朋《词本位教学法和字本位教学法的比较》,《世界汉语教学》1992年第3期。
③ 此部分主要参考李芳杰《字词直通 字词同步——关于基础汉语阶段字词问题的思考》,《语言教学与研究》1998年第1期。

文字既科学,也很实用,尤其是在基础汉语教学中。汉字既能发挥文字功能,解决汉语语素同音过多的问题,又具有语言功能,即作为语素充当词或构词成分,因此在基础教学阶段让汉字跟词直接挂钩,即"字词直通",可行且可取。

以字代语素,字词直通的观点,既体现了汉字的语言功能,又把汉字教学和词汇教学的密切关系(前者是后者的基础、一部分)反映出来了。字词教学既互相促进,又互相制约,因此,处理好字词关系,成为基础阶段提高教学效果和质量的关键。处理字词关系的原则应该是:字词直通,字词同步,两者脱节不行,合而为一不行,厚此薄彼不行。

在字词同步的问题上,应该注意这样几个问题:字词同步要求教学规定的字词量比例合理;字词同步要求字词等级相应;字词同步要求处理好字词难易问题;字词句教学全面同时进行。

在构词字与其所构成的合成词的教学顺序方面,先词后字较为可行。具体说就是:以词带字定字音辨字义,以字解词证译释明词义,以字串词习旧词学新词。

"以词带字定字音辨字义"即在"生词生字表"中碰到合成词,先出词,再从词中分离出构词字紧附于词下面。如"商店在放音乐"在生词生字表里的排列方式如下:

(1)商店　　(2)在　　(3)放　　(4)音乐

　　　商　　　　　　　　　　　　　音

　　　店　　　　　　　　　　　　　乐

道理有两点:第一,学习汉语的根本目的是培养用汉语交际的能力,而汉语最基本的交际单位是句子;第二,常用汉字有很多是多音字,也常常有几个义项共存,先出"商店""音乐",再往下列"商""乐"等字,标音释义方便而明确,否则,其音其义缺少词做框架,不便确定。

"以字解词证译释明词义"即通过对构词字的字义分析来验证、补充译释,使词义更加明确。目前基础汉语教材采用对译词(有时夹注译文说明)译释生词,即一个生词后面注上一个或多个对译词。这种对译方式有局限性。因为不同语言语汇单位之间,"基本上不存在简单的对应关系,更不可能是一种'一对一'的关系,而只有一种极其复杂的交叉关系,也就是只是在某些情况下可以互相对译,在其他情况下根本不能对译"。[1]

"以字串词习旧词学新词"在注释或练习里进行,有两层意思:一是把学过的含有该构词字的词串起来,借以复习旧词;二是用该构词字去串学过或将要学的字,组成新词,扩大词汇量。

"以词带字"与"以字解词""以字串词"互相关联,"带字"是为了出字识字,也是为了"解词""串词"。因此,带出什么字,决定于该字字义与词义的关系,即该字义在多大程度上有助于解释和理解词义。比如,"麻烦"里的"烦"字,其义与词义关系密切,对理解词义有帮助,应从词里分离出来单列并加以译释;"麻"字其义与词义关系相去甚远,就不宜作为字单列。不过有些字虽然对理解词义关系不是很大但构词能力强,也应从词中分离出来单列,如"老""子""儿""头"等。在适当的时候,将其从词中分离出来单列并讲清其构词法功能,会收到举一反三、事半功倍的效果。这种实效正是我们加强汉字教学、探讨字词关系所追求的,也是提高整个基础汉语教学质量所必需的。

第四节 跨语言的词汇差异对教学的影响

对外汉语词汇教学,不仅要从汉语词汇系统内部的音、形、义三方面着眼,而且还要从汉外语言词汇对比的角度着手,这是由汉语作为第二语言教学的本质特点所决定的。

人类所生存和依赖的是同一个世界,所面对的社会生活也有许多相同的方面,再加上人类思维发展的水平和认知能力大体相同,必然使得以概念为基础的词义有相当大的共通性,各种语言的基本词汇就是这种共通性的集中体现,不同民族语言的词义系统因而也就有相同或相近的一面。同时,我们也要看到,由于不同民族思维方式的差异,各种语言的词义也存在着相当大的差

---

[1] 参见胡明扬《对外汉语教学中语汇教学的若干问题》,《语言文字应用》1997年第1期。

异,这种差异一方面表现为部分词概念意义的不同,另一方面概念意义相同的词也会产生不同的附加意义。汉语学习者基本上都是掌握了母语词汇系统的成年人,当他们面对一个新的词汇系统时,就必然要把汉语的词汇同自己母语的词汇加以对比,因此,不同语言的词汇系统,尤其是词义系统方面的差别,就会成为他们所要学习和掌握的重点与难点。

一 概念与词义的关系

(一)词义概说

词是最小的能自由运用的音义结合体,音是词的形式,义是词所反映的内容。一般来说,一个实词完整的词义应当由概念意义和附加色彩两部分构成。

词义是人们对外部世界的客观事物或现象进行主观感知、认识并加以概括而在意识中所形成的一种反映。首先这种反映要以事物或现象的客观性为基础,从而形成词的概念意义。其次这种反映也会体现人们对事物或现象感知、认识和概括的主观性特征,从而形成词的附加色彩。比如,在他人不知道的情况下拿走别人的物品并占为己有,这是人类社会常见的一种客观现象。面对这种客观现象,人们普遍会采取鄙视的主观态度。那么,这种客观现象与主观态度综合起来,反映在汉语中就形成词——"偷",而反映在英语中就形成词——steal。

词的附加色彩主要指附加在概念意义之上的感情色彩、形象色彩、语体色彩、时代色彩、外来色彩、方言色彩等。在概念意义相同的情况下,准确把握各个词的附加色彩,是对外汉语词汇教学的重要任务之一。

感情色彩指词所体现出的人们喜怒哀乐等主观态度的褒贬差异,这种主观态度往往与词的概念意义融为一体。比如,同为让人离开的概念意义,"走"和"滚"所附加的感情强弱程度不同。

形象色彩指词所概括的客观事物或现象是否具体生动可感。比如,"水果"是抽象的概念,无具体形象;而"苹果""梨"等就可唤起生动的形象,因而形象色彩较强。

语体色彩指某词适用于某种特定的交际范围或特定的文体。语言的符号性决定了不同的词语之间具有或口头或书面、或庄重或随意、或典雅或诙谐等不同的表现风格。词语的这种差异往往为第二语言学习者所不易察觉和掌握。比如，都表示"将要"的意思，"将"的书面色彩就比"要"浓重得多。

词的概念意义和附加色彩构成了词义的完整系统。对一个词的掌握程度如何，关键是要看对这个词的词义系统的各个方面把握如何。

从词的概念意义来看，有的词只有一个概念意义（即一个义项），这就是单义词，如"海岸""朋友"等。有的词可以表示两个或两个以上互有关联的概念意义（即多个义项），这就是多义词，如"配角"有两个概念意义——"戏剧、电影等艺术表演中的次要角色"和"比喻做辅助或次要工作的人"。词汇系统中越是基本的、常用的词越可能是多义词。

一个多义词中最常用、最主要的概念意义是词的基本义。词的基本义往往是其转义产生和发展的基础。语言系统的矛盾之一来自于符号的有限性和语义的无限性，随着人们认知范围的不断扩大，对客观世界和主观世界探索的不断深入，语言系统在比喻、引申等认知方式的推动下，使旧有词的意义适当增加，形成一个词承担多个概念意义而成为多义词的现象。比如，"寄"的基本意义是"托人递送"，在此基础上产生了"寄托、托付"义，后引申为"依附于某人、某地"，再引申为"认的（亲属）关系"，如"寄父"等。"寄"的这些义项，其基本义和转义的发展脉络是相当清楚的。

对外汉语词汇教学中，分清楚多义词的基本义和转义，对外国学习者更快更好地掌握汉语词汇的词义系统是至关重要的。

（二）不同语言中相应概念间的关系[①]

词义是人们对客观世界中的事物、现象和关系的概括认识和反映，在反映客观世界的过程中必然受到语言所处社会、民族的影响，因而不同语言中相应的概念所表达的含义不完全相同，也不是一一对应的。比如，人类对颜色的认知有很明显的共同之处。表达颜色的基本词汇如"黑""白""红""黄""绿""蓝"等，在很多语言中都是相通的、一致的。但是，由于各民族文化风俗、地理位

[①] 此部分主要参考韩天梦《英汉颜色词汇的文化内涵与差异》，《读与写杂志》2008年第3期。

置、历史传统、宗教信仰、民族心理、思维习惯等方面的差异,颜色词语有时也表现出各民族独特的"个性",带有显著的文化烙印。每个民族都有自己的颜色观。在不同的民族文化中,同一种颜色表达不同的文化心理,引起不同的联想,具有不同的文化内涵。先以"红(red)"为例:中国人特别喜欢用红色,像庆贺传统节日、结婚生孩子等喜事,都离不开红色,如贴大红喜字、贴红对联、挂红灯笼、点红蜡烛、穿红衣服、披红戴花等。红色还有许多引申的象征意义,可以象征无产阶级革命及政治觉悟,如"红军""红旗""红色政权""又红又专"等。由此可以看出,在汉语中,含有"红"的词语多为具有积极象征意义的褒义词。英语中"红"是血与火的颜色,所以英语中 red 常和战争、流血、恐怖联系在一起,多为贬义。西方人从牛的文化传统中深感"红色"为不祥之兆(red for danger),因此斗牛士用来激怒斗牛的红布(red-rag/red-flag)被喻为"令人恼怒的事物"。又如,Red Brigade(红色旅)指意大利的秘密恐怖组织,专门从事绑架、谋杀和破坏等一系列恐怖活动。再如 paint the town red(狂欢作乐)、red tape in government offices(政府机关的官僚习气)、red card(红牌)、red light(危险信号)等。红色在经贸词汇里象征"赤字的、亏的、负债"等,如 be in the red(负有债务)、red-handed(当场抓获)、red-blooded(狂热,固执)、into the red(每况愈下的经营状况)。

再看"黄(yellow)"。黄色被认为是阳光和大地之色。汉语中黄色在古代象征崇高、尊严和权力,如"黄袍加身"指的是做了皇帝。"黄袍""黄榜""黄门"等都无一不同尊贵与荣耀联系在一起,在中国人的心理上占有极其重要的地位。宗教方面,道教的道袍、道帽,佛教法师的袈裟都为黄色。而在西方,purple(紫色)被喻为"帝位、显位",紫袍加身意味着上升到显赫地位,这是因为西方的帝王和主教都有穿紫袍的传统,如 be born in the purple(生于皇室)、to marry into the purple(与皇室联姻)、be raised to the purple 就有"走红"含义。黄色的贬义色彩来源于 18 世纪的西方国家,象征色情、淫秽、腐败、堕落,于是出现了"黄色书刊""黄色电影""打黄扫黄"等一大批由"黄"组成的词语。近年来汉语里也广泛使用这些词语,但在译成英语时并不能直接译成 yellow books、yellow movies、yellow music,因为英语中没有这样的说法。把"黄色"

译成英语可用 pornographic(色情的)、trashy(无聊的、低级的)、obscene(淫秽的、猥亵的)、filthy(淫猥的)或 vulgar(庸俗的、下流的),所以"黄色书刊"可译为 filthy book,"黄色电影"可译为 pornographic pictures、obscene movies,"黄色音乐"可译为 vulgar music。

颜色词是每一个民族文化和语言中不可缺少的重要部分,它有独特的语言功能和文化内涵,反映着一个民族独到的色彩意识和文化传统。研究不同语言中颜色词语的文化内涵及其文化差异,有利于在语言学习和教学中培养学习者的跨文化交际意识。

(三) 不同语言中概念相同词语之间的差异①

不同语言的文化内涵差异导致部分词语无对应词。这些词语源于两种文化在社会、历史、自然、传说、宗教等诸方面的不同。有时候不同语言中的部分词汇概念意义虽然相同,但内涵意义却不同。比如,英语中的一些词和汉语中的对应词具有完全相同的概念意义,却往往因民族文化的不同而引发出相异或相反的内涵意义。这可能包含着不同民族的人对客观事物的喜恶或褒贬,甚至还可能浸透着一种文化精神和蕴藏着一定的社会意义。如英汉两种语言都有"龙"的概念,dragon 在英语中指的是一种能吐火的怪兽或凶恶的女人、母夜叉,是灾难凶险的象征。人们对这个词通常没有好感或者心生厌恶。但在汉语文化中,"龙"是帝王的象征,是高贵、吉祥和权威的象征,也是中华民族的象征,如"龙颜""龙袍""龙床""人中龙凤""望子成龙""龙的传人"等。中国人对龙的这种特别的偏爱赋予了"龙"深远的社会意义。

又如,在几乎所有的汉英词典里"知识分子"都译成 intellectual,但两者是有内涵差异的。在中国,"知识分子"通常指教师、大学生、医生、工程师等受过大学教育的人,然而在美国和欧洲,intellectual 只指那些有很高学术造诣的人,如大学教授等,大学生根本不在此列,两者涵盖的范围大小不尽相同。

再如,social science 这一术语也很值得注意。汉语把它翻译成"社会科学",但是在中国,"社会科学"指的是除了自然科学和应用科学之外所有的领

---

① 此部分主要参考张宁光《中英词汇的文化内涵差异》,《科技资讯》2010 年第 14 期。

域,广度有些像英语中的 the humanities,包括语言学、文学、哲学等,主要为人类文明中关于文化方面的分支学科。然而英语中的 social science 包含的领域范围很小。它只包括政治学、经济学、历史(经常被划归人文科学)和社会学,主要是学习人类社会的组织结构和社会成员的关系。

在一种文化中的事物或概念可能是由一两个词语来代表的,但在另一种语言中却需要很多词语来表示。在指动物和鸟类时,汉语通常使用"公"与"母"、"雄"与"雌"这两组词语来表示性别,但在英语中却会使用得更具体些,尤其用来指幼崽的词。如公鸡 rooster、母鸡 hen、小鸡 chick,公鹿 stag、母鹿 doe、小鹿 fawn,公牛 bull、母牛 cow、小牛 calf,公狗 dog、母狗 bitch、小狗 puppy,等等。还有一些动物和鸟类用 bull 和 cow、cock 和 hen 来表示性别。如 bull seal、cow seal、bull elephant、cow elephant,cock sparrow、hen sparrow,等等。此外,英语中有时还用 male、female、she 等词来描述性别。如 male leopard、female panda、she wolf 等。

汉语的"副"可以在多种场合使用,然而在英语中,汉语一个"副"就能完成的功能却要由许多单词来完成。如"副主席"(vice chairman)、"副教授"(associate professor)、"副秘书长"(assistant secretary)、"副主任"(deputy director)、"副州长"(lieutenant-governor)、"副国务卿"(under secretary)。

二 词语的文化附加义与教学[①]

词汇是语言的基础,也是反映文化的一面镜子。一个国家、民族的历史演变、社会风俗、宗教信仰、思维方式、价值观念在词汇中都有所体现。由于词语的文化附加义的差异是造成语言交际冲突的重要原因,所以在对外汉语教学中词语的文化附加义是一个必须面对的问题。

(一) 词语的文化附加义

词语的文化附加义指一个词在指称实物的同时所蕴含的特定民族文化信息。也就是说,一个词语首先有所指,在所指的基础上又负载一定的文化信

---

① 此部分主要参考张慧晶《试论汉语词语的文化附加义》,《汉语学习》2003 年第 3 期。

息,这时特定的文化信息就是这个词语的文化附加义。比如,汉语中"狼"这个词指称一种"像狗、面部长、耳朵直立、毛黄色或灰褐色、尾巴向下垂的哺乳动物"(《现代汉语词典》),同时中国人又赋予"狼"以"凶狠、残忍、贪婪、没良心"的文化色彩,于是有了"狼子野心""狼心狗肺"等词语。"油条"指称"一种油炸的面食,长条形",人们又赋予它"世故、圆滑之人"的文化色彩。"凶狠、残忍、贪婪、没良心"就是"狼"的文化附加义,"世故、圆滑之人"就是"油条"的文化附加义。

词语的文化附加义是特定的社会统一约定的,而不是由某个个人规定的。它是特定社团的一种心理约定:将某些抽象的主观认识、感受通过一个个具体的事物含蓄委婉地表达出来。如汉族人在心理上形成这样一些约定:以"红豆"表现"爱情",以"鸿鹄"表现"志向远大者",以"狮"表现"勇猛者"等;俄罗斯人在心理上也形成这样的约定:以 сорока(喜鹊)表示"饶舌者、贼"。说到一个词语,人们先想到其所指,紧接着就联想到依托在其上的主观认识、感受。

词语的文化附加义的产生,多数是基于对词语所指称事物特性、特点的主观认识。比如,词语"狐狸""黄鼠狼"的"狡猾多疑"的文化附加义是由于人们在长期的生产生活中认识到这两个词语所指称的动物具有"狡猾多疑"的特性而赋予的。"竹"表现"正直、有骨气"的品格,是因为人们发现"竹"这种植物有"高耸挺拔、冬夏常青、中空有节、质地坚硬"的特点而赋予的。有的词语的文化附加义是由谐音形成的。比如,汉语中"鲤鱼"的"富裕"的文化附加义就是因为"鲤"与"利"谐音、"鱼"与"余"谐音而形成的;汉语中人们忌讳送"梨",因为"梨"与"离"谐音而形成"梨"的"离别"的文化附加义。还有的文化附加义出于文学作品、典故。比如,"蜡烛"一词的文化附加义"无私奉献的教师"就是由唐代李商隐的诗句"春蚕到死丝方尽,蜡炬成灰泪始干"生发而来的;"红叶"体现"老当益壮、永葆青春的精神",也是因为唐诗有"霜叶红于二月花"的名句而形成的。词语的文化附加义是依托在具体事物上的主观认识和感受的体现,所以文化附加义是名词性词语所特有的。在各种语言中,它主要依托在动物词、植物词、颜色词上,但是并不是每个名词性词语都有文化附加义。比如,汉语中"马""牛""羊""驴"都有文化附加义,但"骡子"就没有;"梨""杏""桃"都有文化附加义,而"苹果""香蕉""荔枝"等词就没有。而且,在同一种语言中,因为文化附加义的产生有好几种方式,同一事物有各个方面的特征,因而同一个词语可能会有好几种文化附加义。比如,在汉语中"白色"就有"纯洁""死亡""反动""阴险"等多种文化附加义。俄语中 ива(柳)有"忧伤"和"少女的美丽"两种文化附加义。

(二) 词语的文化内涵的教学

词语的文化附加义是在词语指称义的基础上产生的主观认识和思想感情,具有鲜明的民族性。所以在跨语言交流中,人们对文化附加义稍一疏忽,就可能引起交际冲突和误解。具体情形有以下两种:一种情形是两种语言中指称义相同的词语,一个有文化附加义,另一个没有相应的文化附加义,从而产生交际冲突。比如,在中国餐桌上一位外国朋友告诉大家说"我可喜欢吃醋了",大家一定会哄堂大笑,而外国朋友也一定会感到莫名其妙。这是因为汉语中"醋"不仅指一种调料,而且有"嫉妒(多指男女感情)"的文化附加义,在英语中 vinegar 没有任何文化附加义,只指调料。外国朋友不理解"醋"的文化附加义而造成交际偏误。同样,汉语中"松树"一词会引起中国人"人品高洁"的联想,而英语对应词 pine 则不会引起英美人的这种联想。所以当英美人看到中国人家里、饭馆、餐厅里总有松树的画儿时,也一定感到不可思议。另一种情形是两种语言中指称义相同的词语都有文化附加义,但是文化附加义的内容不同,甚至截然相反,从而产生交际冲突。比如,汉语中的"狗"与英语中的 dog 都有文化附加义,但是内容不同。英美人在学汉语时常常依照英语中 dog 的文化附加义来表达思想,于是就出现了这样的句子:

(1)我们在一起生活得太好了,他就像我的狗一样。

(2)这狗像是我的孩子。

这是英美人对狗的好感、将其作为自己的忠实伙伴的心态的自然流露,但听到这样的话,中国人就觉得非常别扭。中国人对狗常持一种贬斥的态度,[①]"走

[①] 现在,不少中国人对狗的态度已有所改变,尤其是对作为宠物的狗,不少人也会将其视为自己的孩子,甚至直接将狗称为"儿子""闺女",因此也有可能说出"这狗像是我的孩子"这样的话。

狗""哈巴狗""狗嘴里吐不出象牙"等词语集中体现了中国人对狗的态度。这种文化附加义的差异在不同的语言中是比较普遍的。再如,"猫头鹰"常引起中国人"不祥"的联想,сова 则引起俄罗斯人"智慧"的联想,等等。不同语言间词语文化附加义的不同往往造成交际冲突。

因此,语言教学和文化教学有着密切的关系,两者若分了家,语言只是一个空壳。语音、词汇、语法这些纯语言形式,提供的只是语言使用的客体信息,剔除语言内的文化含义,离开了语言的文化背景,语言的信息难于生成,即使语言很规范,也未必有传递信息的作用,还可能造成严重的文化误解甚至冲突。

词汇是汉语教学中极为重要的一环。随着学习者语言学习的不断深入,教师要充分考虑词汇所具有的文化内涵差异,将词汇教学与培养学习者的跨文化交际能力相结合,要求语言与交际并重,文化知识也逐渐渗入,引导学习者了解词语的文化附加义,防止产生交际失误,这也是词汇教学的重要任务。

三 跨语言词汇习得的过程[①]

(一)概念习得与词汇习得并不等同

词义包括概念意义和关联意义。概念意义实际上就是词典对词所下的定义;关联意义是词的附带意义,包括内涵意义、文体意义、感情意义和搭配意义。当我们谈论什么是"认识一个词"时,首先想到的常常是词的定义知识,即认识的是其概念意义。定义知识指的是一个词与其他已知词之间的关系,如一个词在词典中的定义就是词的定义知识。通过定义可以将一个词纳入语义网络中,定义是词汇知识的重要组成部分。但是,一个词的意义不只是它的"词典意义"。

在任何自然语言中词汇的使用都是有语境的,听说读写中一个词总是和其他词结合在一起出现,因此,词汇知识不仅仅包括词的定义,而且还包括词

---

① 此部分主要参考李向勤《词汇理论对词汇习得的启示》,《广东教育学院学报》2000 年第 2 期;刘琛《从认知心理学的角度看对外汉语词汇教学》,华东师范大学硕士学位论文,2004 年。

的语境知识。语境是指影响语言交际的各种主观因素,包括语言使用者的目的、思想、心境等以及客观因素如场合、对象和上下文等。因此,概念的习得和词汇的习得并不等同。

学生要了解一个词的概念知识并不难,靠生词表的解释就可以获得理解,但是要掌握一个词的句法功能、与其他词的搭配关系、褒贬色彩、语体色彩等却是不容易的,跨语言的词汇习得往往要经历一个无限精密化的过程。

(二) 词语习得的含义

词语的习得是指熟悉该词所有的潜在意义,明白使用这个词的适当场合和它的搭配语域,了解在同一语义范围内该词与其他词之间的关系。这样,掌握一个词就远非是仅仅了解"符号-意义"或"外文单词-中文意义"那种一对一的简单过程,而是要涉及对一个词的全部特征的全面了解、熟悉和掌握。词汇的语义理解和掌握能力是一个连续体,其终端是自动生成和使用该词的能力,即词汇知识不是一个点,而是一条线,线上的各个点代表着对一个词的知识掌握和使用质量。

从心理认知的角度来看,词的识别和运用有两种情况:一种是自动快速提取词义。比如,在阅读时,有经验的读者理解一个多义词时,不是有意识地注意该词的词典意义,词的意义往往是自动激活的。另一种是对词的信息进行有意义的搜索。比如,通过语境猜测一个新词的意义可以利用两条线索,一条是外部语境线索(如一个词出现的上下文),另一条是词法线索(如词缀)。利用这两条线索猜测词的近似意义,这是对词的信息进行有意识搜索的过程。换句话说,学习者通过词汇定义将一个词纳入语义网络中,自动激活和有意识地搜索词的时空线索、语法线索来识别或使用词汇。因此,掌握一个词不仅包括词的定义,而且也包括词的语境知识。

怎样才算掌握了一个词语?Wallace 的看法很有代表性。Wallace 认为,像本族语者那样"认知"一个目的语单词意味着能够:识别其书面和口头形式;随时回忆起来;与适当的物体或概念联系起来;以适当的语法形式使用它;口头上清晰地发音;书写中正确地拼写;按正确的搭配使用它;按其适当的正式程度运用它；意识到词的内涵意义与联想意义。[①] 我们认为，第二、三、五、六点是较为简单的认知能力，在初级汉语阶段应该可以做到。在中级汉语阶段，学习者如果可以做到上述第一、七、八、九点就非常不错了。简单地说，学习者不仅要会念——发音标准、会写——书写正确，更重要的是会使用——在合适的语法结构中正确使用。如果短语或句子里各成分之间搭配准确，那么，意义就清晰，人们交际起来就顺畅，反之则不然。

　　词汇习得是一个连续的过程，应该对不同的词汇和不同的学习者提出不同的要求。由于词汇知识不是简单的"全"或"无"，"认识一个词"包含不同水平，因此词汇学习实际上是一个连续的过程。在这个过程中，由于学习者已有知识和理解程度不同，学习者面临的任务也不同。比如，不同语言水平或不同学习阶段的学习者面临的词汇学习任务不同，对于同一个词，初级阶段的学习者可能只需要知道它的常用意义和简单用法，甚至只是见过即可，随着知识的增加和理解程度的加深，学习者对该词的认识会逐渐从连续体这一端过渡到另一端，由不认识一个词发展到掌握一个词。同样，有时学习者学习口语中已有的词语，只需要学会怎样认读；有时他们要学习一个已知词的新意义，有时他们要学习表示已知意义的新词，有时他们既要学会一个新的概念，又要学会表示该概念的新词。无论学习者面临何种任务，总的来说，词汇教学的目标是使学习者从理解、接受词汇开始，逐渐发展到能够灵活准确地运用词汇。

　　词汇习得包括习得词汇的定义知识和语境知识，"认识一个词"是一个掌握词汇定义知识和语境知识的连续过程。如果词汇图式只建立在一种知识基础之上，那么学习者的词汇知识就会有严重缺陷，他们很难在教学语境之外灵活运用这些词汇。因此，对学习者进行词汇教学时，应该注意既教给学习者词的定义知识，也教给词的语境知识。一个比较有效的方法是在句子、段落中教生词。这样，学习者不仅可以学到定义知识，还可以学到语境知识，如此习得的词汇知识才能使他们在教学语境之外运用生词时减少错误。

---

　　① 参见 Wallace, C. *Inteergration and Involvement in Speaking, Writing, and Oral Literature*, In Tannen, Deborah, ed. *Spoken and Written Language: Exploring Orality and Literacy*, Norwood, NJ: Ablex, 1982.

四 汉语词汇教学中的"易混淆词"问题[①]

(一) 何谓"易混淆词"

在语言习得过程中,学习者会混淆某些词语的关系,在应当理解为甲时误解为乙,或应当使用甲时误用了乙。那些为众多学习者经常混淆的词对或词聚就是易混淆词。与母语学习者相比,第二语言学习者由于缺乏语感并受到母语词汇知识的干扰,在语言理解和使用中发生的词语混淆现象更为普遍和复杂,因此,对易混淆词进行辨析是第二语言词汇教学的重要内容。

对于第二语言学习者来说,习得一个词需要全面掌握其读音、意义、用法和书写形式等多种信息,需要跟意义相近、句法特征相同、同音及写法相似的其他词语区分开来,哪一点掌握不到位,都有可能与相关词语混淆。如"躲"与"藏"、"参观"与"访问",中国人不难区分,但译成英文,前两个词都是 hide,后两个词都是 visit,外国人则容易混淆。因而,在汉语词汇教学中还应注意"易混淆词"问题。"汉族学生学习汉语,由于语感丰富,对意义上接近而并非同义的异义词一般不会发生词义上的混淆。外国学生情况就不同了。由于不同语言的语义系统不完全一致,因此他们学习汉语时对这类异义词则有可能分辨不清。特别是有的词群在另一种语言中是同译词。"[②]如:

英语同译词	阿语同译词	法语同译词	西语同译词
祖国——故乡	记号——征兆	事实——内容	设想——猜想
本质——自然	赞同——满足	消耗——消磨	逼近——约束
参观——访问	躺——就寝	憔悴——疲乏	正确——公平

这些词都算不上是同义词,可"操有关语言的学生都有可能用错",有必要加以辨析。张博指出:"对于第二语言学习者来说,习得一个词需要全面掌握其意义、读

[①] 此部分主要参考张博《外向型易混淆词辨析词典的编纂原则与体例设想》,《汉语学习》2008年第1期;张博《同义词、近义词、易混淆词:从汉语到中介语的视角转移》,《世界汉语教学》2007年第3期;张蕾《浅析对外汉语易混淆词教学》,《语文教学》2009年第4期;杨寄洲《课堂教学中怎么进行近义词语用法对比》,《世界汉语教学》2004年第3期。

[②] 参见郭志良《对外汉语教学中词义辨析的几个问题》,《世界汉语教学》1988年第1期。

音、用法和书写形式等多种信息,需要跟意义相近、句法特征相同、同音及写法相似的其他词语区分开来……另外,二语学习者还会受母语词汇知识的影响而混淆某些形音义都非常疏离的汉字词。"因此,"面向对外汉语教学的词语辨析不宜固守'同义'、'近义'这类汉语本体研究提供的标尺,应当真正转换视角,基于中介语词语混用的现实进行词语辨析,所辨析的对象就是'易混淆词'"。①

思维中的一个概念、特别是抽象概念,在语言中往往用多个词语表示,其间的差异非常细微;加之母语和目的语表示同一概念的词往往数量不同,意义范围不一,对应关系十分复杂,这更容易导致第二语言学习者发生多个词语混淆的问题。比如,汉语表示对人和事物产生某种感觉或做出某种判断,可用"觉得""感觉""认为""以为""想"等,如说"我觉得/感觉/认为/以为/想他是个好人",意思基本相同。英语表示这一概念的词有 think、consider、feel 等,它们常被用来对译上列汉语词,但又没有哪一对词完全等值。这种情况给第二语言学习者分辨汉语词的差异带来困难,因此,欧美学习者该用"以为"时常误用"想""认为",而该用"认为"时又误用了"以为""想"等。

(二)易混淆词的辨析

1. 从理性意义方面进行辨析。

理性意义是同义词、近义词、易混淆词辨析的基础,可以归结为以下几个要点:一是指称范围的不同。如"生命"和"性命",前者既可指人又可指其他生物,后者只能指人。二是词义的着重点不同。如"创造"和"制造",前者重在"创",即造出以前没有的东西,而后者重在"制",即造出的东西以前已有过。三是语义的轻重不同。如"希望"和"渴望",后者的语气比前者要重。四是词义的抽象和具体。如"车"和"车辆",前者较为具体,而后者更为抽象。

2. 从色彩意义方面进行辨析。

词义色彩方面的辨析包括:一是感情色彩的不同。如"结果"和"后果",前者为中性词,后者为贬义词。二是语体色彩的不同。如"妈妈"和"母亲",前者

---

① 参见张博《同义词、近义词、易混淆词:从汉语到中介语的视角转移》,《世界汉语教学》2007 年第 3 期。

比较口语化,而后者主要是用在书面语中。三是形象色彩的有无和差异。如"雀跃"和"高兴",前者通过"跃"这一动作,描绘出了高兴的程度,而"高兴"则没有这一形象色彩;又如"弹指"和"转眼",两者都指时间过得很快,但是用不用手给人不同的感觉。

3. 从用法方面进行辨析。

在进行易混淆词辨析时还要注意词语的用法,这主要包括词性、搭配对象和句法功能等几个方面。第一,对比词性。如"偶尔"和"偶然",学习者经常将它们混用,但如果弄清楚了两者词性的差异就比较容易进行区分了。第二,对比搭配对象。在进行同义词辨析中要注重通过搭配对比来领会同义词间的细微差别,并且要选用能鲜明突出同义词差异的典型例句进行讲解。① 第三,对比造句功能。易混淆词在造句功能的差异上可表现为它们在句子里所充当的成分有所不同,比如,是否可以充当谓语,能否带宾语,也可对比它们所适用的句型,如"万万"和"万一",前者一般用于否定句,而后者一般用于肯定句。第四,对比构词能力和构形变化。构词能力主要是指同义词语中,有的词能加辅助成分构成新词,有的则不能,如"重要"和"紧要",前者可加上辅助成分"性"构成"重要性",而后者不行;构形变化主要是指能否重叠,如"简单"和"简略",前者可重叠构成"简简单单",而"简略"不能重叠构形。②

现代汉语词汇中,除了词义部分重合或相近的词外,还有一些意义有联系的词语,特别是那些有相同语素、相同词性的词,学习者非常容易用错。而且,还有不少学习者经常混淆的词无法作为近义词辨析。比如,由于英语表示方式的介词 by 有时可以对译为"用",如 to pay by cheque(用支票支付),还可以对译为"乘(坐)",如 to travel by plane(乘/坐飞机旅行),因此,学习者往往分不清"乘(坐)"和"用",下列句中的"用"都应当换为"乘(坐)":

(3) *市民应该用公共汽车。

(4) *我出去的时候,平时用公共汽车。

---

① 参见刘缙《对外汉语近义词教学漫谈》,《语言文字应用》1997 年第 1 期。
② 参见杨寄洲《课堂教学中怎么进行近义词语用法对比》,《世界汉语教学》2004 年第 3 期。

(5)＊别的方法是用地 tie 和 taxi。用地 tie 跟用公共汽车一样，但是比较快，也是不太挤。用 taxi 是最方便，可是很贵。

对外汉语词汇教学的一个重要基点就是要有对比意识。汉语第二语言学习者来自世界各地，他们已经掌握了各自不同的母语系统及其词汇系统。我们的一个重要任务，就是要把汉语的词汇系统尤其是词义系统，与世界各主要语言的词汇系统和词义系统加以细致的对比，从而使学习者能够了解汉语词汇与各自母语词汇及其词义系统的共同点和差异点所在，从而为有针对性地进行汉语词汇教学打下基础。20 世纪 50 年代中期兴起的对比分析理论，对我国 20 世纪 70 年代末以后的汉外对比研究产生了积极的推动作用。我国对外汉语教学界和外语教学界在汉外对比（特别是词汇对比）研究方面已经做了很多工作，汉语同其他语言（如英语、法语、德语、西班牙语、阿拉伯语、日语、朝鲜语等）的对比研究，为汉语教学水平的提高，奠定了良好的基础。

五 汉外词汇对比研究与偏误分析

汉外词汇对比研究，可以从整体和局部两个角度切入。整体切入的是汉语有而别的语言没有的所谓"国俗词语"；局部切入的是汉语和外语中都有的所谓"对应词语"。这两方面的研究构成了汉外词汇对比研究与教学的完整体系。

（一）汉语国俗词语研究[①]

语言的词汇系统负载着文化信息，词汇受到民族特有的社会状况、宗教信仰、风俗习惯、价值观念、审美情趣等因素的影响和制约。一个民族文化中特有的部分，体现在词汇层面就是国俗词语。所谓国俗词语，就是反映本民族文化特有的概念而在别的语言中无法对译的词语，也就是说，是别的语言中很难找到与之完全对应的"非等值词语"。

汉语的国俗词语可以分为五类：一是名物词语。名物词语是反映汉民族所创造的特有的物质和精神文化的词语，如"华表""旗袍""元宵""四合院""麻将""京剧"等。二是制度词语。制度词语是反映汉民族社会特有的政治、经济、文

---

① 此部分主要参考梅立崇《汉语国俗词语刍议》，《世界汉语教学》1993 年第 1 期。

化、军事等各方面制度的词语,如"离休""中顾委""包产到户""半边天""红娘"等。三是熟语。熟语是基于汉民族所创造出来的特有的语言表达形式,诸如成语、惯用语、俗语、谚语、格言、歇后语等,这些熟语往往蕴含着独特而深厚的文化渊源,富有语义的双层性。四是征喻词语。征喻词语是在汉民族文化思想和精神基础上形成的具有象征意义和联想意义的词语,如"红豆""喜鹊""梅花""荷花""月亮""蝴蝶"等。五是交际词语。交际词语是反映汉民族在社会交往生活中所使用的表示招呼、道别、致谢、道歉、恭维、赞扬、谦敬以及禁忌等行为时所使用的词语。国俗词语是不同语言对比研究的产物,对外国学习者讲解这些反映汉民族文化特征的汉语国俗词语,对培养外国学习者跨文化交际能力至关重要,因此,汉语国俗词语应该成为对外汉语词汇教学的重要内容之一。

(二)汉外对应词语的比较研究

所谓对应词语,是指不同的语言中所表达的概念意义基本相同或相当的词语,如汉语的"鱼"和英语的 fish。应当说,不同语言的词汇系统中,对应词语是大量存在的,否则不同语言之间的翻译和交流就不能实现。但是,对应词语并非完全等值,即使在概念意义基本相同的情况下,也会存在各种细微的差别,这必然会影响第二语言学习者的词汇理解和掌握。因此,对外汉语词汇研究和教学一直特别重视不同语言之间对应词语的对比研究,也取得了不少研究成果。

汉语第二语言学习者来自世界各种母语背景,为了更有针对性地开展对外汉语教学,我们应当尽可能多地把汉语同世界上的各种语言进行对比研究,尤其是要进行对应词语的对比研究。目前来说,进一步开展好汉语同日语、朝鲜语、英语、西班牙语、法语、德语、俄语、阿拉伯语等语言的词汇对比研究,是十分重要的。

由于历史的原因,韩语、日语与汉语有着悠久而密切的联系,这就形成了一种特殊的语言现象:韩语和日语中借用了大量的汉字词。汉字词指从汉语中借用并用汉字书写的那部分词语,它们与汉语中的对应词语"音近"而"义同"。在韩语词汇系统中,汉字词约占一半以上。汉字词大多是韩语和汉语词汇中的基本词汇,在这些汉字词中,汉韩同形词又占有非常大的比重,其中有词义基本相同的(如"纪念"),也有词义部分相同的(如"安宁"),还有词义完全不同的(如"告诉")。这种复杂现象,一方面给韩国学习者学习汉语词汇带来一定的便利,另一方面也有一定的负面作用。汉语同韩语、日语在词汇方面所存在的种种特殊现象,在汉外词汇对比研究中有着特殊的价值。

(三) 外国人汉语词汇学习的偏误[①]

在外国人汉语学习的过程中,词语偏误的产生是大量的。由于外国人母语词汇系统与汉语词汇系统之间并非是完全一一对应的,因此外国人已经掌握的母语词汇系统,会对其目的语汉语的词汇系统的学习产生干扰作用,即学习者会把目的语的词汇同其母语的词汇做不恰当的比附,从而产生词语偏误。这种词语偏误主要由四方面的原因造成:

一是母语和目的语的对应词之间在词义上互有交叉而造成偏误。这种情况往往发生在多义词中。一般来讲,两种语言中的某一对对应词,如果在词义上恰好等值,那往往是在某一个概念意义(义项)上等值,除此之外的其他概念意义(义项)并不等值。学习者并不了解这一点,而做了不恰当的扩大化的比附。比如,英语的 to know 有"知道""会"的意思,但是反过来,汉语的"知道"与"会(有能力做某事)"却是两个词。当人们问"阿里今天为什么没来"时,说英语的学习者可能回答"我不会",这是把 I don't know. 做了不恰当的比附的缘故。

二是母语和目的语的对应词因各自的附加色彩不同而造成偏误。一个完整的词义,不仅只有概念意义,而且还包含一整套的附加色彩。词语的附加色彩是由这个语言社团的文化精神、价值观念以及语言传统决定的,较之概念意义,它是更为潜在的部分,也就更不易为外国学习者所体会和了解。比如,英语中的 fat 在汉语中可对应"胖"和"肥",但汉语中"胖"一般仅指人,为中性色彩,"肥"则可指衣物、动物和人,而指人时明显含贬义色彩。这种不同语言的对应词语之间在附加色彩上的差别是普遍存在的,值得我们仔细研究。

三是母语和目的语的对应词因各自的搭配关系不同而造成偏误。不同的语言有不同的表达习惯,对应词之间尽管概念意义相同,但是它们各自的词语搭

[①] 此部分主要参考鲁健骥《外国人学习汉语的词语偏误分析》,载《第二届国际汉语教学讨论会论文选》,北京语言学院出版社,1988年。

配习惯可能不同。学习者不了解这种情况,便把母语的搭配关系套用到目的语中。比如,英语中 wear 的搭配词语可以是各种衣物鞋帽等,但汉语中的对应词"穿""戴"却各有各的搭配关系,"穿衣服"和"戴帽子"不能说成"戴衣服""穿帽子"。

四是母语和目的语的对应词因各自的用法不同而造成偏误。不同的语言有各自不同的语法规则系统,概念意义相同的对应词,在不同语言的结构系统中可能用法完全不同。比如,英语中的 to meet(见面)、to marry(结婚)都是及物动词,可以直接带宾语,说成 I met him. 及 I married her.。但是汉语中的"见面""结婚"却是不及物动词,要说成"我跟他见了面""我跟她结了婚"。可是,英语国家的学习者常常说成"我见面他""我结婚她",可见他们还未能掌握汉语中这类动词的特殊用法。

第五节 汉语词汇统计、大纲制定与词典编纂[①]

汉语同其他语言一样,其总的词汇量多达几十万,可谓浩如烟海。而一个语言能力正常的汉族成年人,一般个人的词汇量也有数万之多。对外汉语词汇教学首先要解决的一个问题是,在汉语教学中应该先教哪些词语、后教哪些词语。这就是汉语词汇统计分析与词汇等级大纲制定所要解决的问题。

一 汉语词汇统计研究

20 世纪 80 年代以来,随着计算机技术应用水平的提高,我国语言学界集中开展了不少有关汉语词汇的计量研究课题,比如,"中小学文科教学七千词表""信息处理用现代汉语五千词表""现代汉语常用词词频词典""现代汉语常用词库"等。这些研究成果,为面向对外汉语教学的现代汉语词汇统计工作的进一步开展奠定了良好的基础。

[①] 此部分主要参考赵金铭主编《对外汉语教学概论》,商务印书馆,2004 年;鲁健骥、吕文华《编写对外汉语单语学习词典的尝试与思考——〈商务馆学汉语词典〉编后》,《世界汉语教学》2006 年第 1 期。

我国对外汉语教学界长期以来一直注重现代汉语词汇的统计与分析。北京语言学院完成了《外国人实用汉语常用词表》(1964)、《报刊词语三千六百条》(1983)、《现代汉语频率词典》(1985)、《对外汉语教学常用词表》(1984)等研究课题。其中,最具代表性的研究成果当属《现代汉语频率词典》。

1979年11月,北京语言学院启动《现代汉语词汇的统计与分析》研究课题。该课题利用人工切分词语和电子计算机计频相结合的方式,对报刊政论、科普文章、日常口语、文学作品四大类,包括1978年至1980年出版的全部十年制中小学语文课文共181万字的语料,做了词语和汉字的频率统计与分析。该课题1985年7月通过专家鉴定,《现代汉语频率词典》集中体现了该课题的主要研究成果。其中包括:按音序排列的31 000条词语频率总表;按频率递降顺序排列的8000条高频词表;按使用度排列的8000条常用词表;按报刊政论、科普文章、日常口语、文学作品分别列出的常用词频率词表;23 000条低频词表;汉字频率及构词能力的统计分析;汉语词汇的音节及词长分析;常用汉字构词词典。《现代汉语频率词典》不仅对汉语词汇的使用频率给出了系统的描述,而且还第一次对汉语词汇的使用度进行了统计分析。这一成果对对外汉语词汇教学的理论研究和实践操作都具有重要的参考价值。

二　汉语词汇大纲制定

汉语词汇统计与分析,为对外汉语词汇教学进一步的理论探索打下了坚实的基础。20世纪80年代后期,对外汉语教学界提出了《汉语水平等级标准和等级大纲》的研究工作。1988年,中国对外汉语教学学会制定了《汉语水平等级标准和等级大纲》,1992年6月,国家汉语水平考试委员会办公室制定并出版了《汉语水平词汇与汉字等级大纲》。其中,《词汇等级大纲》共收词8822个,包括甲级词1033个、乙级词2018个、丙级词2202个、丁级词3569个。该大纲依据现代汉语的动态性字词频度统计,同时又根据教学的实际需要进行必要的专家干预而形成。其主要作用是:为初中等和高等汉语水平考试命题提供依据;作为我国对外汉语教学总体设计、教材编写、课堂教学和教学测试的重要依据;作为我国少数民族汉语教学及中小学语文教学的重要参考;作为编制汉语水平四级通用字典及其他辞书编纂的框架范围。

《现代汉语频率词典》和《汉语水平词汇与汉字等级大纲》在对外汉语词汇研究、教学、测试、工具书编纂等方面发挥了积极的作用,也产生了深远的影响。

三 对外汉语词典的编纂

(一)现状分析

对外汉语教学发展半个多世纪以来,面向外国学习者的汉语学习词典的编纂工作一直是一个薄弱环节。虽然目前市场上各种各样的汉语词典不少,但真正面向外国学习者编写且适用的工具书并不多见。汉语词典编纂工作的薄弱主要体现在:面向不同母语背景的学习者的汉外词典不多;面向不同等级水平的汉语词典几乎还没有得到开发;汉语各类不同词语的分类词典尚没有构成系统;特别是用汉语最低限度的词汇来解释汉语词语的词典还没有得到应有的重视;体现汉语词汇特有文化价值的"汉语国俗词语词典"还没有完成;如此等等。产生这种局面的一个重要原因是我们尚缺乏对外国学习者汉语学习词典真正需求的深刻认识,因而在宏观上还缺乏系统的考虑,微观上我们对这类学习词典的编纂原则和注释方法、编排体例乃至检索方式等都缺乏很好的研究。应当说,对外汉语学习词典的编纂工作任重道远。

(二)对外汉语词典词语释义原则

对外汉语词典不同于面向中国人的汉语词典,在词语释义方法上应该注意与汉语学习者学习特点和汉语学习规律的贴合。鲁健骥、吕文华(2006)所总结的释义原则虽然只是针对《商务馆学汉语词典》,但对编纂对外汉语词典具有参考价值。作者认为:与给中国人用的现代汉语词典不同,给外国学习者用的单语词典对词语不能做学院式、专业式的解释,表达要力求简单、通俗,用词只求达意。由于受词汇和句式的限制,有些释义只能做到相对准确,基本到位。释义大致有四种方式:一是显性释义,即对字条、词条的解释;二是隐性释义,由示例显示词义,或对显性释义做补充;三是提示性释义,提示词的用法、语体、色彩、文化内涵等;四是图解释义,用插图加强直观性,以省去某些难以达意的描述性释义。释义遵循可读性、熟知性、区别性、提示性原则。

1. 可读性原则。

可读性是对外汉语词典成败的关键,而只有在释义中限制用词和句式,采取独特的表述方式,具有相应水平的学习者才能读得懂。释义中设法回避专业用语或学院式的诠释。对虚词的解释避免只用语法术语做概括,尽量使语义具体。

2. 熟知性原则。

在我国高等学校学习汉语的学习者都是具有高中毕业以上文化程度的成年人,他们已经具有一定的文化科学知识和生活经验,对客观事物具有相当的认知能力,只是不知用汉语如何表达。因此,用他们熟知的事物、常识和文化科学知识来解释词义可以收到较好的效果。比如,"苦"《现代汉语词典》解释为"像胆汁、黄连的味道",《商务馆学汉语词典》则释为"像咖啡(不放糖)的味道"。释义中要尽量用简明具体、容易理解的表述方式来诠释复杂抽象的概念或虚词。比如,"货币"《现代汉语词典》解释为"充当一切商品的等价物的特殊商品。货币是价值的一般代表,可以购买任何别的东西",《商务馆学汉语词典》则释为"一个国家通用的钱(书面语)"。解释应尽量提供使用条件、范围、对象及所指,以帮助学习者准确理解词语。比如,"讹诈"《现代汉语词典》解释为"威胁恫吓"。《商务馆学汉语词典》则释为"借着自己的某些优势(如政治上的、军事上的)威胁别人,以便获得好处"。

3. 区别性原则。

一般汉语词典最常见的释义方法是以词释词,这对中国人也许问题不大,但对外国人来讲这种释义就如同虚设,而且还徒然增加了大量的同义词,加大了学习的难度。对外汉语词典应该尽量避免以词释词,应凸显词语的区别性特征,让学习者学而能用、用而不错。比如,"荒"(形)《现代汉语词典》解释为"荒疏",《商务馆学汉语词典》则释为"由熟练到不熟练"。以词释词造成一些意义相近的词区别不大,抓住词语的区别性特征释义也可以起到区别同义词、近义词的辨析作用。比如,"疲乏""疲倦""疲软",《现代汉语词典》分别释为"疲劳""疲乏""疲乏无力",《商务馆学汉语词典》分别释为"累得没有力气""累得没有精神""因为疲劳或有病而没有力气"。

4. 提示性原则。

词语的使用对象、场合、在句中的位置、与其他词语的搭配关系、句法功能、文化内涵、语气、感情色彩等,对缺乏汉语语感的外国人都很难掌握,需要进行提示。提示的范围主要是外国人容易发生偏误或不易理解的方方面面,提示的内容包括:

(1)词义提示。词义提示指对词的释义做进一步的诠释和补充。比如,"碍事"一词多用在否定中,因而对"不碍事"的意义提示是必要的,"'不碍事'一般用在对方道歉或关心时,表示'不要紧''没关系'等意思"。

(2)文化含义提示。文化含义提示指对某些含有文化因素或涉及国情的词语因与外语中的相应词语意义不等值而加以提示。如对"岁数"的提示是"用'岁数'询问年龄时,只能问年纪大的人"。

(3)语用提示。语用提示是指出词语的语用功能,即词语的表达对象、语气、语境、前提、言外之意等。由于目前的对外汉语教材中语用的描写很薄弱,这一部分的提示对外国人学汉语尤为重要。比如,"太"表示程度过分时,提示"表示说话人不如意或不满意";表示程度很高时,提示"表示赞扬";表示程度减弱时,提示"表示委婉的语气"。

(4)语法功能提示。对外汉语学习词典,不仅仅要释词解义,更要指导学习者正确地选择词语,组词造句,实现交际的目的,所以在释义的提示中应包含一些语法信息。如搭配条件、位置尤其是关联词语的位置、句法功能和句法条件、用法等。

第六节 汉语词汇教学的基本思路、原则与方法

一 汉语词汇教学的基本思路[①]

词汇教学是语言教学的重要组成部分。没有词汇,人们便无法表达任何

[①] 此部分主要参考赵金铭主编《对外汉语教学概论》,商务印书馆,2004年。

事物。词汇在各级语言要素中处于中间位置,是连接语素与短语、句子的纽带。就汉语而言,词既是词汇成员,又是语法结构单位,它本身具有词汇意义,同时又是语法意义的承担者和体现者。对第二语言学习者来说,词汇的掌握更是第二语言能力培养的基础。因此,让汉语学习者掌握汉语词的音形义和基本用法,培养在语言交际中对词的正确理解,是至关重要的。对外汉语词汇教学的目的,就是要培养外国学习者识词、辨词、用词的能力。这种能力的培养,应当从汉语词汇系统内部和外部这两个方面着手。

所谓"识词",不仅要求学习者能够熟练地识记汉语词语的音形义,同时还要求学习者能够在汉语不分词的书面语表达形式下具有区分词与语素、词与短语的能力。也就是说,在一组连续的字符串中,学习者能够分辨出哪个字符串代表的是词、哪个字符串代表的是语素、哪个字符串代表的是短语。这种"识词"能力的培养,是汉语词汇教学第一步的任务。

所谓"辨词",就是要求学习者能够准确把握每一个汉语词语在音形义系统中与各方面的相互联系和区别。一方面要能够在汉语词汇系统内部准确区分同音词、同形词、同义词以及多义词的不同义项,把握它们在概念意义、附加色彩以及句法功能等方面的差异;另一方面还要能够把汉语和母语的对应词语联系起来,把握对应词语之间的联系与差别。只有在熟练"识词"的基础上准确地"辨词",才能为很好地"用词"打下坚实的基础,才能真正达到"组词造句"的目的。

所谓"用词",就是要求学习者能够根据具体的交际环境,从语义表现、句法要求、语用得体性等各个方面,综合权衡已经掌握的词语并最终加以选用,组词造句,可以说,学习者"用词"能力的高低是汉语词汇教学效率高下的最直接、最生动的体现。

从"识词"到"辨词"再到"用词",构成了对外汉语词汇教学的基本任务体系。但从对外汉语教学的总体安排来看,词汇教学仍然是非常薄弱的一个环节。一方面,词汇教学不像语音教学和语法教学那样有自己相对独立、完整的教学过程和课程体系,它基本上处于一种附庸的地位和零散的状态。在教学实践中,一般除了生词表外,再没有什么特别的针对词汇教学特点和任务而设立的课程和训练环节。这种情况的产生,恐怕也与我们长期以来缺乏对词汇教学的目的和任务的明确认识有关。尽管近年来已经有人在开展集合式强化词汇教学的实验研究,但总体来说,汉语词汇教学的目的、任务、课程体系和训练方法等一系列问题,都还有待我们做更为深入的探索。

二 汉语词汇教学的基本原则[①]

学习语言,词汇是基础,它应当贯穿于语言学习的始终。汉语的词汇体现了语音的结构和变化,组成语句又体现了种种语法关系,学习词汇也连带学了语音和语法。词汇教学的效果直接影响学习者汉语的整体水平。然而,因为汉语词语数量庞大,词汇系统繁复,加之外国学习者缺乏相应的语感。词汇教学又是对外汉语教学中的困难一环。在词汇教学中,我们应该注意把握教学基本原则,以使教学达到最大效果。我们从两个角度论述词汇教学的基本原则:一是从语言教学的整体角度总结出的理论性的基本原则,二是《国际汉语教师标准》中所订立的具有较高操作性的基本原则。

(一)从语言教学的整体角度来看,词汇教学应遵循的基本原则

1. 交际原则。

语言是交际的工具。学习语言的最终目的是为了在某种场合、某种程度上进行交际。因此具有交际价值的词汇对第二语言学习者来说是非常重要的。那些社会生活中常用的基本词汇以及学习者所处特殊领域的专业词汇都是词汇教学应教的内容。应该选取那些真实交际中使用率比较高的词,提供真实化语境,让学习者在真实的交际环境中学习,并在使用中掌握这些词。词汇教学中贯彻这一原则要求教师对词义、词的使用特点、使用环境的讲解和操练充分考虑语言的交际功能。

2. 系统原则。

语言是个系统,它由各种子系统组成。词汇系统便是其中的一个重要的

[①] 此部分主要参考毛悦《汉语作为第二语言要素的教学》,北京大学出版社,2010年;李如龙、吴茗《略论对外汉语词汇教学的两个原则》,《语言教学与研究》2005年第2期。

子系统。系统的一个重要特点是其内部成分之间的相互联系性。比如,在聚合关系中,汉语词汇有同义关系、反义关系、上下义关系、同音关系、同形关系等,可以帮助学习者掌握和记忆词汇,扩大词汇量。如学习"苹果",可以把有关水果的词"香蕉""葡萄""西瓜""橘子"等告诉学习者。在组合关系中,通过对词义搭配限制和句法搭配限制的分析来理解和掌握词义的组合规律。据单词联想实验研究发现,各种词义关系具有很大的心理现实性,对外语学习者从系统的角度进行词汇教学能达到事半功倍的效果。

3. 认知原则。

第二语言的学习是在学习者有了完整的认知基础的情况下进行的,汉语的词汇与学习者的母语系统的特点完全不同。学习者的母语知识、对语言的一般理解和整体认知能力都对学习者汉语词汇的学习产生影响。应当从学习者认知的角度出发,研究和对比汉语词汇与其他语言词汇的不同,指导学习者用不同的方式来学习和记忆不同类型的词汇,避免学习者学习过程中因母语的迁移导致一些用词错误。

4. 文化原则。

语言的底座是文化。词汇结构、词义结构、词义搭配无不打上该语言社团文化的烙印。概念意义一致的词在两种语言中的文化意义可能有很大差别。文化的不同带来价值观念的大不相同。比如,"老"(old)一词,在汉语里表达尊敬的概念,如"老祖宗""老爷爷""老先生""老张""老王""老李""张老""王老""李老"等,因为中国人历来就有"尊老敬老"的传统。然而,西方国家极少有人愿意倚老卖老而自称 old。在他们看来,old 是跟"老而无用"联系在一起的。英美人不喜欢别人说自己老。在西方文化中,他们把年龄作为个人极为重要的隐私看待,忌讳别人问自己的年龄。这就要求在词汇教学中对词汇从文化的角度进行特殊处理和讲解,增强学习者的跨文化意识。

5. 情感原则。

在词汇教学中,教师充分调动学习者的学习兴趣,培养学习者积极的学习态度和动机,努力克服学习过程中的负焦虑,这对提高教学效率是很重要的。汉语词汇的教学可以分为直接的词汇教学和间接的词汇教学。直接的词汇教学就是把词汇教学明确作为教学目标的一部分,对词的结构、意义和用法进行分析、讲解和操练。间接词汇教学就是通过其他的学习活动,间接地达到扩大词汇量的目的。传统的语言教学强调对学习材料中的词汇进行控制,并运用明确的教学方法来进行教学。而研究表明,学习者随着其外语水平的逐渐提高,可采用猜测、推理等方式理解词义,间接学习词汇可能性大。所以在直接词汇教学的同时,让学习者在交际中学习词汇,通过间接的方法学习词汇也是很必要的。只有调动了学习者主观学习的热情,才能更有效地提高学习词汇的效率。

(二)《国际汉语教师标准》中关于汉语词汇教学的基本原则

1.注重利用汉字形音义相结合的特点进行词汇教学。

词汇教学应从分析、归纳组成词的汉字特点入手,找到词与词之间的关系,从同音词、同义词、同形词的角度,对词汇进行对比,或引出相关词语,扩大学习者的词汇量,同时帮助学习者分清易混淆词。

2.注重教学中解词的浅显、具体、准确、易懂。

浅显讲解,就是说教学中词汇的讲解要浅显易懂,用学习者学过的词语解释生词和用法,不要用没学过的词语尤其是高级词和超纲词来解释生词。讲解不要复杂化。用高级词、超纲词来讲解中级词,不但解释不清,甚至会越解释越糊涂,应当用学过的词语来解释。生词讲解最好不要养成用学习者母语的习惯,如果生词讲解、情景设置都用学习者母语进行,时间长了,容易让学习者形成仍然按母语思维、母语中间杂汉语的表达方式。

3.注重结合具体语境进行词汇教学。

语境对词义有很强的影响作用,可以确定词语的具体词义。通常一个多义词有很多义项,语境可以作为补充信息,在言语交际中使多义语词的语义具体化。结合具体语境来练习,可以帮助学习者分清不同义项的使用环境和对象,更准确地使用词汇。

4.注重理解词汇的概念意义和特定语境下的含义。

一般来说,实词的完整词义应当由概念义和附加色彩义两部分构成。概念义指词义中同表达概念有关的意义部分;附加色彩义指附着在词的理性义之上表达人或语境所赋予的特定感受。所以,在特定的语境下,词汇常表现出特殊的含义,教学中应该结合具体语境进行具体分析。

5. 注重利用对比、组合等多种手段以及游戏、阅读等多种方式进行教学。

词汇教学要采用多种教学手段,如展示图片对比两个词的不同,提供语境让学习者体会词义的差别,词语接龙游戏的方式扩大词汇量,在阅读中根据上下文猜测词义等,而不是枯燥地讲解、辨析。

6. 注重教学中词语的科学重现。

词语的掌握要靠科学的反复重现。反复练习就是要反复进行操练。俗话说"熟能生巧",反复练习才能熟练掌握,才能运用自如。词汇练习要采用多种方式进行,如词语扩展练习、词语搭配练习、运用词语完成句子练习、替换词语练习、根据情境用所给词语完成句子练习等。教材的编写及教师课堂教学的组织要注意每课中已学生词的重现,让学习者在反复练习中逐步熟练掌握,达到运用自如的目的。

三 汉语词汇教学的基本方法

由于学习者受教师的教学方法和教学材料以及自身因素的影响,在不同的教学管理或学习环境中的表现不尽相同,因此,我们要熟练地掌握不同的教学方法,不能拘泥于已有的方法。在教学过程中,我们时时都要总结新的适合不同阶段、不同国别、不同年龄学习者的教学法,使词汇教学的桥梁作用更为凸显,从而带动整个语言教学。在长期的汉语词汇教学中,广大对外汉语教师经过自己的实践,摸索出一整套的词汇教学微技巧。这些微技巧在主要依靠口耳相传的传统词汇教学模式中发挥了积极的作用,是值得吸收和借鉴的。

(一)词汇直接教学法——基本词教学[①]

1. 直观释义法。

直观释义法即利用实物、幻灯片、肢体语言等直观形象的方法来解释词

[①] 此部分主要参考黄振英《初级阶段汉语词汇教学的几种方法》,《世界汉语教学》1994年第3期。

义,把具体形象、直观的词语直接跟目的语联系,主要用于解释现实生活中存在的事物。比如,"苹果""水杯""柠檬"等词可通过实物呈现出来;"凤凰""四合院""守门员""输液"等词可通过图片解释;"拉""推""背""抱""抬""提""端""扛"等词可通过具体的肢体语言进行解释。这种方法生动有效,给学习者以视听的双重刺激,容易激发其学习兴趣,提高积极性。它利用语言习得的认知规律,直接把目的语词语的形音义与实物、状态相结合,既便于理解,又可加深记忆,一般用于初级阶段的词汇教学。

2. 设置语境法。

设置语境法主要适用于抽象概念的词语,比如,在教授"深"时,我们可以设置具体的使用环境:

(6)这口井很深。

(7)他和留学生的感情很深。

(8)那个英国帅哥的头发是深棕色的。

(9)这本汉语教材很深。

通过这几个例句,"深"的常用意思已经很明了了。另外,汉语中存在大量的近义词,可将近义词放在语境中来解释它们的细微差别。这种方法适用于任何阶段的词汇教学。

3. 同义词反义词词义对比法。

这种方法主要适用于形容词和名词的教学,如"好"与"坏"、"大"与"小"、"多"与"少"。同义词包括等义词和近义词,但等义词也有细微的差别,如"妈妈"与"母亲",应对比解释二者使用的不同语体。近义词比较是指将学过的词义相近的词与新词进行比较、分析,解释其共性与个性,特别是到了中高级阶段,词汇量增加,此方法能够使学习者更深刻地理解每一个词。对近义词进行比较的方面有概念义、感情意义和语体意义。反义词对比是用已学过的反义词的否定形式来解释词义,但限于两个意义上完全排斥的词。比如,"好=不坏""旧=不新""闲=不忙"等,这样解释简单清楚,容易让学习者接受。

4. 母语释义法。

学习者在汉语习得的初期,特别是零起点阶段,把母语看作一种工具,是自然的也是必要的,因为在学习初期他们尚未养成用汉语思维的习惯,这时,可以适当地运用母语进行解释。特别是一些意义单纯、能够一一对应的词,更适合用这种方法,如"尼龙——nylon"、"跳舞——to dance"、"有名——famous"等。但由于不同语言的词义系统并非是简单对应的关系,有时母语的释义常常并不准确,所以,这种方法对教师的要求很高,需要教师有较高的外语水平,并能很好地把握使用母语进行教学的量和度。

5. 查阅词典法。

查阅词典法适用于抽象概念的词语,如政治术语、化学术语、学科术语等(如"政协""委员"),但不是长久的办法。查阅词典虽然可以找到较准确的解释,但在词典的义项解释中可能出现新的生僻词语,这样不断循环,导致学习者在学习一个词时连续不断地受到更多新词的阻碍,甚至影响情绪,可能导致学习者产生厌恶感,从而放弃词语学习。

6. 语素教学法。

语素教学法引导学习者根据新词中学过的旧语素的意义来推测新词的意义。由于长期以来受词本位观点的影响,在以往的教学中这种方法受重视程度不够,但可以使学习者看到汉语词汇的规律性,从而推导出新词的意义。比如,学了"笔"和"袋",就能明白"笔袋"的意思;学了"台"和"灯",就能明白"台灯"的意思;学了"成绩单""存款单""惩罚",就能明白"罚单"的意思。这有助于学习者阅读能力的提高。

7. 学习者参与讲解法。

学习者参与讲解法是让学习者主动参与,用汉语讲解新词,再由教师修正、补充。这一方法适用于高级阶段的学习者,能调动学习者的主观能动性,激发学习者的表达欲望和学习热情,锻炼他们的口语表达能力,活跃课堂气氛。教师选择适量的词语,分配给学习者,课后学习者通过一系列的准备工作,已经对其有了一定的理解,下次教师的讲解只是对词语的重复运用和复习。这种方法可以使学习者牢固地掌握词语,是可以经常尝试的好方法。

8. 语义场教学法。

利用语义场可以将相关词语串联起来教学。比如,季节语义场——春、夏、秋、冬,亲属语义场——爷爷、奶奶、爸爸、妈妈、哥哥、姐姐、弟弟、妹妹,方向语义场——东、西、南、北。另外,同义义场和反义义场词语的集中学习,除了有助于共同记忆外,还有助于加深对词语的细化理解,了解词语的使用限制。如"完——结束""结果——后果""高——低/矮""高兴——生气/难过"。

9.词缀教学法。

词缀教学法是针对派生词来说的,以词缀为纲,可以串联多个词语一起进行教学。比如,"老—"——老乡、老虎、老鼠,"—员"——售货员、服务员、营业员、售票员、职员,"—品"——食品、产品、日用品、学习用品。这样的教学有助于记忆,可以有效地增加词汇量。

(二) 词汇间接教学法——词义推测[①]

词汇的间接教学主要指教会学习者从语境中推测词义,使理解顺利进行。这是词汇教学中最主要的内容。一般认为,推测词义的过程分为语言信息过程和非语言信息过程两部分。语言信息过程包括推测词义的线索及步骤。推测词义的线索主要有定义、构词、对比、关联、标点、推论和分析。推测词义分为五个步骤:第一,确定未知词的词性。第二,根据未知词的词性观察其周围的词与词的联系。比如,如果未知词是名词,它的形容词是什么?有什么动词与它搭配?有没有修饰动词的副词?第三,观察未知词在句子和段落中与其他句子的关系,通过标志词("因为""所以""如果""就"等)可以更好地理解句子的衔接关系。第四,运用从第一步到第三步所获得的线索推测词义。第五,证实推测的准确性。非语言信息过程主要指学习者已有的生活经验、已获得的母语图式和对需要推测的项目的概念结构理解力。非语言信息过程对推测词义有很重要的作用,教师有必要在学习者学习词语之前或在其过程中激活学习者已有的背景图式,以达到更为理想的效果。

观察词在语境条件下被认知的过程,有助于我们了解学习者在语境中对词的认知过程,因而可以帮助我们在词汇扩展时更好地利用语境效应。徐子

[①] 此部分主要参考张如梅《对外汉语词汇教学方法初探》,《大连学院学报》2008年第11期;Nation I. S. P. *Teaching and Learning Vocabulary*,外语教学与研究出版社,2004年。

亮在对语境与语言结构的实验中得出以下结论:第一,语境对字词的意义有导向、确认和解释的功能;语境对字词识别的速度产生影响,语境中字词辨认的速度更快。第二,语境可以为词语的识记增加线索,可以促进词语的保持;同一个词在不同语境中的呈现可以加强对该词的记忆。第三,在句段中的语境可以修正破读,提供猜测词义的线索,还可以衔接缺省,帮助跳跃障碍词。[①]

培养学习者在语境中推测词义的能力是词汇积累中一个很重要的方法,尤其是在学习者已有一定数量基础词的条件下,在语境中推测词义应该是学习者积累词汇的主要手段。

思考题

1. 如何看待汉语词汇的基本特征对词汇教学的影响?
2. 如何理解汉语词汇单位的无限性?
3. 你如何理解"跨语言的词汇习得是一个无限精密化的过程"这句话?
4. 请辨析"快乐""高兴""幸福"和"愉快"这组易混淆词。
5. 请设计具体语境向汉语学习者讲解"正好"这个词。
6. 请就离合词的教学设计教案。

[①] 参见徐子亮《汉语作为外语教学的认知理论研究》,华语教学出版社,2000年。

第四章 汉语语法教学（上）

对外汉语教学的基本目的是要教给学习者运用汉语进行社会交际的能力。而构成这种能力的核心之一，便是对现代汉语语法系统的掌握。如何让外国学习者尽快掌握汉语语法系统的基本规律及其特征，获得汉语语法规则的系统知识和运用能力，是对外汉语语法教学最基本和最核心的任务。长期以来，面向对外汉语教学的语法研究和语法教学研究，一直是汉语语法学者和汉语教师所关注的一个焦点，也是取得研究成果最多、最为系统的一个领域。因而，它可以为汉语语法教学提供良好的理论基础。

第一节 汉语语法的本质

一 汉语有没有语法

汉语究竟有没有语法？如果询问学习汉语的外国学习者，多半会得到否定的回答。事实上，在相当长的一段时间内，许多西方语言学家也持有相似的观点。直到20世纪，历史学家威尔·杜兰在《文明的故事》第一卷《东方的遗产》一书中仍然认为汉语没有语法和词类。

西方人否认汉语语法的存在，与其语法观是密不可分的。西方人的语法观是范畴的、形态的、形式的。也就是说，印欧语系诸语言的语法体系是建立在性、数、格、时、体、态等语法范畴基础之上的。同时，各个语法范畴分别通过词尾变化、冠词、格标记、形态标记等发达的外部形态特征加以表征。

与印欧语言相比,汉语是形态不发达的语言。印欧语系中一些普遍的语法范畴在汉语中并不能找到对应项,如名词的性、数、格、人称等范畴。同时,不同类型的语言在语法范畴的外在表现形式上也存在一定的差异。下面,我们通过对比印欧语言与汉语在语法范畴的类别及表现形式上所存在的差异,来说明西方人否认汉语存在语法的深层原因。

(一) 印欧语言与汉语在语法范畴类别上的主要差异[①]

语法范畴简而言之就是语法意义的类,它是对通过一定的语法手段表现出来的语法意义进行归纳而得到的结果。语法范畴可以分为以体词为中心的语法范畴(如性、数、格等)和以谓词为中心的语法范畴(如时、体、态、式、人称等),还有一些句法范畴(如被动、比较、致使等)。

同印欧语言相比,汉语缺乏相应的表达性、数、格、人称等范畴的语法手段。下面具体加以说明:

1. 性(gender)。

性是某些语言对名词和人称代词所做的分类。在这些语言中,修饰名词的形容词或冠词往往也随名词的性而发生变化。语言学中的"性"是语法概念,与生物学意义上的"性"不是一回事。性范畴在印欧语系诸语言中的分布较为普遍。有的语言有三个性,即阳性、阴性和中性,如德语、拉丁语和俄语;有的语言只有两个性,如法语只有阳性和阴性,瑞典语只有通性和中性。

一般表示人或生物的名词的性与其天然的性别相一致。如俄语的 отец(父亲)是阳性名词,мать(母亲)是阴性名词。但表示物体的名词却不一定是中性,而且在不同语言中的情况也有所不同。如"太阳"在法语中是阳性,在德语中是阴性,在俄语中却是中性。

在印欧语系的语言中,性范畴一般可以外化为显性的语法形式。在俄语中,名词的性可以由其词形来分别。德语中的名词则在词典中标明了性的属性,并用不同的冠词加以标示:der 是阳性名词的冠词,die 是阴性名词的冠词,das 是中性名词的冠词。

[①] 此部分主要参考赵金铭主编《对外汉语教学概论》,商务印书馆,2004 年。

同印欧语言相比,汉语中与性范畴相关的语法项目仅有一例:第三人称代词"他"(阳性)、"她"(阴性)和"它"(中性,繁体汉字中还有"祂""牠")。但上述差异也仅仅是为了模仿西方语言而人为制造的文字上的区别,在口语中,这几个代词的读音则毫无二致。因此,汉语中不存在严格意义上的性范畴。

2. 数(number)。

数是某些语言对名词和人称代词的数量意义所做的标记。如英语有单数和复数的对立,阿拉伯语有单数、双数和多数的对立。汉语没有数的语法范畴,汉语中的普通名词也不存在单数和多数的对立。汉语中唯一同数范畴相关的表达形式是"们",有人认为"们"是汉语名词复数的语法标记,然而观察语言中的实例便可发现,"们"的使用是相当受限制的。首先,"们"不能修饰生命度低的事物,如不能说"桌子们""椅子们";同时,在标记生命体时也不自由,"很多学生们""三个老师们"也不能成立。由此可见,汉语中也并不存在与印欧语言相对应的数范畴。

3. 格(case)。

格标记是标示名词性成分在句子中语义角色或语法角色的语法成分。印欧语系的语言大多存在格的变化。如英语的人称代词存在主格、宾格和所有格的对立,德语名词存在主格、所有格、与格和宾格的对立。日语、朝鲜语更有成套的格助词,在句子中标明句子成分或者名词与动词之间的关系。

格标记可以使语义表达更加精准,最大限度地减少歧义。汉语的名词、代词并不存在格的变化,这是造成汉语的一些表达方式存在歧义的原因之一。比如,"我在火车上写字"这一表达可从不同角度加以解读:

(1)我在火车车厢里写字(不如在家写字舒服)。

(2)我把字写在了火车上(结果被罚了200元)。

(3)我坐在火车顶上写字(不小心摔了下来)。

而在德语中,不同的格标记就可以帮助人们区别不同的情形:

(4)Ich schreibe im Zug. 我在火车里写字。

(5)Ich schreibe an den Zug. 我把字写在火车上。

(6)Ich schreibe auf dem Zug. 我在火车顶上写字。

4.人称。

人称涉及语言中与动词的一致关系。在一些语言中,人称与动词性成分在形式上要互相照应,即第一人称、第二人称、第三人称的动词词形变化不同。比如,在德语中,同一个动词arbeite(工作)在不同人称后有不同的词尾变化。如表4-1所示:

表4-1

		德语	汉语
第一人称	单数	ich arbeite	我工作
	复数	wir arbeiten	我们工作
第二人称	单数	du arbeitest	你工作
		sie arbeitet	您工作
	复数	ihr arbeiten	你们工作
		sie arbeiten	您们工作
第三人称	单数	er arbeitet	他工作
		sie arbeitet	她工作
		es arbeitet	它工作
	复数	sie arbeiten	他们工作

观察表4-1可以发现,汉语并不存在类似的人称变化,不同人称在动词形式上没有任何变化的要求。

(二) 印欧语言同汉语在语法范畴表现形式上的主要差异

前面列举了一些印欧语言常用而汉语中不存在的语法范畴,下面集中讨论印欧语言和汉语共有的一些语法范畴在表现形式上的差异。

尽管人类语言在语法范畴的类别上存在一定差异,但人类所面对的外部世界是相似的,人类认识外部世界的方式也是基本一致的。因此,一些基本的语法范畴是各语言所共有的,只不过表达同一语法范畴所采用的语法形式存在一定差异而已。比如,时间范畴的表达是人类语言的共同命题,人类语言普遍存在表征事件外部时间(什么时候发生的)概念的时(tense)范畴和表征事件内部时间(事情已经进行到了什么阶段)概念的体(aspect)范畴。以英语为代表的一些语言中,时和体还是纠缠在一起的。同时,态(voice)也是各语言中较为基本的语法范畴。然而,不同语言在表征时、体、态范畴时所采用的外部语法形式和手段却均存在较大差异。以汉语与印欧语系为例,印欧语系中时、体、态范畴的表达主要是通过动词词尾的屈折变化来实现的,而汉语中的时、体、态范畴,则主要是通过词汇手段来表达的。下面以英语和汉语为例分别进行说明。

1. 英汉时体范畴的表达差异。

"时"用来表达事件的外部时间概念,分为过去时、现在时和将来时。"体"表达的是动作行为进行的状况,也就是事件的内部时间概念,包括一般体、进行体和完成体等。如果我们将事件的内部时间结构和外部时间结构结合起来,还可以衍生出过去进行时、过去将来时、过去完成时等时间概念。

印欧语言在对时间范畴加以表达时,一般涉及动词的词形变化。英语中过去、现在、将来三时的外部表现形式如下:

(7) I ate a cookie. (eat 的过去时)

(8) I am eating a cookie. (eat 的现在进行体)

(9) I am going to eat a cookie. (eat 的将来时)

(10) I have eaten a cookie. (eat 的完成体)

汉语时间概念的表达则主要通过时间名词、时间副词、助动词等词汇手段实现,事件发生的时间是过去、现在还是将来,在动词词形上都没有体现。如:

(11) 我吃了(一块)饼干。(过去时)

(12) 我正在吃(一块)饼干。(现在进行体)

(13) 我将要吃(一块)饼干。(将来时)

(14) 我吃完了(一块)饼干。(完成体)

可以看到,汉语对事件外部时间概念的表征是通过"了""正在""将要""完"等词汇(语法)手段来实现的,句中的核心动词"吃"的词形没有发生任何改变。

2. 英汉态范畴的表达差异。

态表达的是动作和行为主体之间的关系,一般分为主动态和被动态。在印欧语系的语言中,该范畴主要通过动词的词尾变化等语法手段来加以表现。而在汉语中,该语法范畴主要通过添加标记成分等词汇手段来实现。例如,英语用"be+动词过去分词"来表示被动态,用介词 by 引出施事成分:

(15)The ball was broken by me.(球被我踢破了)

汉语则将介词"把""将"作为主动态的标记,将介词"被""叫""让"作为被动态的标记。如:

(16)我把/将球弄坏了。

(17)球被/叫/让我弄坏了。

在此,介词"把"和"被"等分别标示句中"我"和"球"的施受关系。"我"是主动者,充当句中的施事成分;"球"是被动者,充当句中的受事成分。

综上所述,汉语同印欧语系诸语言之间在语法范畴的类别和表现形式上均存在较大差异。印欧语系性、数、格、时、体、态、人称等语法范畴主要是通过词形变化等语法手段加以表现的。而汉语缺乏性、数、格、人称等范畴类型,时、体、态等语法范畴则更多地通过词汇手段而非语法手段来加以表现。

我们认为,汉语同印欧语系语法范畴表达的上述差异,是造成西方人否认汉语存在语法的根本原因。从世界语言类型的角度来看,汉语是一种分析型语言,它对语法范畴(性、数、格、时、体、态等)的表达,一般不依靠或不必强制性地依靠固定的句法形态(如动词词尾等)来实现。现代汉语是一种形态比较少的语言,因此有些外国学习者误认为汉语没有语法。这一点,在对外汉语语法教学中应当特别强调,汉语不是没有语法,而是有一套完整的、不同于印欧语言系统的语法。

二 不同语言语法差异的本质何在

通过跨语言对比,我们可以发现汉语同印欧语言在语法范畴表达上的一系列差异。那么,不同语言之间根本性的差异是什么呢?不同语言之间结构形式上的差异是重要的,但并非本质。跨语言差异存在从形式到语义再到认知的层级性。也就是说,不同语言之间形式上的差异是显性的,语义层面的差异是内隐的,而认知系统的差异才是不同语言系统之间最为本质的差异所在。

语言是人类认识世界、表达世界的工具,而认识世界和表达世界的基础是人们共同的认知经验。因此,认知系统便成为语言系统尤其是语义系统的基础,而语义系统又是语言系统的中心。所以我们说,有怎样的认知经验,便会有怎样的语言表达,认知系统的差异是不同语言系统之间最根本的差异。

具体到不同语言的语法差异上,我们认为,语法是认知的产物,语法单位、语法结构差异的背后是人类认知范畴、认知结构和认知经验上的差异。任何语言表层的形式背后都有深层次的认知动因。跨语言语法差异的本质在于不同民族深层次的认知系统存在差异。从这个意义上说,外国人学习汉语语法,本质上是要掌握汉民族的一整套认知系统。这对外国学习者来说,难度还是相当大的。

三 人类语言的心理现实性

认知系统的差异表现为不同语言系统之间最根本性的差异。研究跨语言句法结构背后的认知差异,毫无疑问会进一步揭示各种语言句法结构的种种独特的心理现实。对"意义是如何形成的"一类问题的关注,本质上也是在探讨"人们用怎样的眼光,如何看待外部世界"这一心理特质问题。因此,对句法认知结构的研究,本质上就是在解释汉语句法的心理现实性。对语言心理现实性的描写与阐述,是语言研究的根本任务之一。同时,探求句法的心理现实性,对于第二语言教学来说具有重要的意义。

(一)句法结构所体现的心理现实性

句法结构的语义基础来自人们把握外部世界时心理上的某种认知方式,这种认知方式制约着句法的认知结构。每一种特定的句法结构,都必然以某种特定的认知结构为基础。因此,隐藏在句法形式背后的认知结构,也就是普遍存在的句法的心理现实。对特定句法结构的心理现实性的揭示,应当成为语言研究的根本任务之一。

语言的心理现实就是语言要素在语言使用者心理上的相应存在,一种语言的每一个要素都应该有其相应的心理现实性。句法结构作为语言系统中最为重要的一个要素,必然具有某种心理现实性。汉语的句法结构自然也不能例外。每一个句法形式背后所存在的认知结构,就是这个句法结构所具有的心理现实性。乔姆斯基认为,语言的研究对象是一个心理实体。探求句法形式背后的认知结构应当成为汉语语法研究的一项重要任务。

下面以汉语主谓谓语结构和"连"字句为例,说明挖掘句法结构心理现实性对语法研究和语法教学的重要意义。

1. 汉语主谓谓语结构与空间隐喻。

汉语的主谓谓语结构是指由主谓结构充当谓语对大主语进行说明的句法结构。研究表明,主谓谓语结构涉及短语、小句、单句、语篇等各个语法层面。该结构可用符号抽象表达为(图4-1):

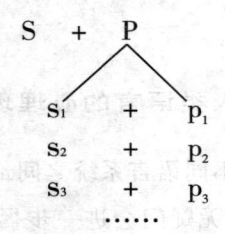

$$\begin{array}{c} S \quad + \quad P \\ s_1 \quad + \quad p_1 \\ s_2 \quad + \quad p_2 \\ s_3 \quad + \quad p_3 \\ \cdots\cdots \end{array}$$

图4-1

其中:S表示全句的主语,P表示全句的谓语。s_1表示第一个主谓结构的小主语,p_1表示第一个主谓结构的小谓语;s_2表示第二个主谓结构的小主语,p_2表示第二个主谓结构的小谓语,依此类推。可以看到,主谓谓语结构在结构关系上是一个由若干结构相同或功能相近的单位组成的整体,它们共有一个大主语,对大主语进行不同侧面的表述,以达到对事物进行整体认知的目的。在这个意义上讲,主谓谓语结构的大主语一般都具有话题的性质,各个充当谓语的主谓结构都具有述题的性质。主谓谓语结构的语义本质在于对一个事物先从各个侧面进行局部认识,进而把握事物的整体特征,它在语义上构成了一个完整的、不可分割的整体。

主谓谓语结构的此种信息排列方式与汉民族对空间范畴的认知规律密不可分。汉民族在对空间范畴加以认知时,遵循着从整体到局部、从宏观到微观的内在规律。这一认知模式直接投射到汉民族对空间方位的表达上。以北京语言大学为例,其地址的汉语表述方式是:

中国北京市海淀区学院路15号

而英语中,其相应的地址表述方式则是:

  No. 15, XueYuan Road

  Haidian District

  Beijing, P. R. China

可以看到,英语对地址的表述顺序与汉语是截然相反的。

  汉语对空间的上述认知规律也投射到了逻辑层面。汉语主谓谓语结构由整体到部分的信息组织方式正是汉语对空间范畴的认知规律在句法层面的投射,是空间隐喻在语言层面的表现。主谓谓语结构体现了汉民族对空间进行认知时所具有的独特心理现实。

  2. 汉语"连"字句与认知序位化。

  汉语"连"字句一直受到学术界的广泛关注。20 世纪 80 年代以来,学界先后对"连"字的词性、"连"字句中的虚词成分、"连"字句的肯定否定形式等进行了研究,并从语义、语用、认知、语法化等角度对"连"字句的语法意义进行了解读。但"连"字句的意义纷繁复杂,莫衷一是,让人难以把握。而当我们从认知序位化的角度来观察"连"字句时,就可以对"连"字句从最典型到最不典型的各种意义中,抽象出一条统一的意义,从而以简驭繁。[①]

  人们根据"理想化的认知模型"来建立各种事物的情理关联并确定各自的情理值。依据这种情理值,人们便能够把相关事物序位化。"连"字句正是用来实现人们对外部事物进行序位化心理操作的一种句法手段。这种序位化的心理操作过程,在汉语中是通过对有序名词的序位激活和无序名词的序位建构来实现的。当名词空间序位框架映现到动词上时,便会形成时间序位框架,从而实现为对微观、中观和宏观三个层次的条件成分的句法映现。这样,我们便能够对汉语"连"字句的种种句法语义现象做出统一的解释。

  由此可见,如果我们能够把更多的研究目光放到汉语句法形式的认知结构上来,那么,我们对汉语每一个句法结构背后意义的形成、演化过程乃至整

[①] 参见张旺熹《汉语句法的认知结构研究》,北京大学出版社,2006 年。

个意义系统,就会有更深层次的、更抽象和更概括的理解。因此,我们对汉语语法的本质特征也会形成更为深刻的认识。

(二) 心理现实性的跨语言差异

探求汉语句法的心理现实性,也是汉语作为第二语言教学的需要,而句法的心理现实性研究在第二语言的语法教学中具有更为突出的价值。也许有人认为,第二语言教学可能就是从一个符号系统转换为另一个符号系统的过程,它似乎只涉及物质性的符号转换,其实不然。语言并不仅仅是一套符号系统,这个系统的每一个要素,都以母语者心理层面的相应存在为基础。因此,从这个角度说,第二语言学习的过程,本质上讲更是一套语言的心理现实性系统转换的过程。每一种语言的符号系统,都以自己一套相对独立的心理现实性系统为基础,不掌握该语言的心理现实性系统就熟练掌握它的符号系统是难以想象的。已有研究表明,"把"字句的位移图式在汉语母语者的语言系统中具有明确的心理现实性,而在外国学习者的第二语言系统中却没有这种心理现实性。[①] 所以,只有在对汉语句法的心理现实性进行充分挖掘和描写的基础上,在对汉语句法的心理现实性有了清晰的认识之后,我们才能在第二语言教学中切实培养和建立汉语第二语言学习者对汉语的心理现实性系统。这是提高汉语语法教学效率的根本途径。

第二节 从跨语言比较看汉语语法的特点

对外汉语教学作为一种第二语言教学,其基本特质在于其教学对象为来自世界各地的成年人,他们已经完全掌握了自己母语的语法系统,会用自己母语的眼光来观察、认识和理解汉语的语法系统。这就要求我们能够对现代汉语语法的基本特点有一个比较清楚的认识,从而能够在对外汉语语法教学中面对不同的教学对象时做到心中有数、有的放矢。

[①] 参见高立群《"把"字句位移图式心理现实性的实验研究》,《世界汉语教学》2002年第2期。

一　汉语形态缺乏与"意合语法"的观念[1]

汉语是形态不发达的语言。由于印欧语言是有形态变化的,如有表征性、数、格、时、体、态等的形态标记,因此印欧语言存在明显的以形统意的特点,强调语法成分的形式分布。在印欧语言中,看到了语言的语法形式,往往就可以明了语义关系。而汉语由于没有明显的形态标记,语言单位、语言成分之间的结合往往显得比较松散,语法成分的移动也较为自由,存在着明显的以意治形(也就是所谓的"意合语法")的特点。

所谓意合,首先表现在汉语词语的组合在词的形式上没有特定的要求,只讲究逻辑意义的匹配。我们通常所说的"搭配不当""主谓不合""动宾不配",大都是逻辑问题。我们分析一个联合短语,不是考虑并列的成分在词形上是否相同,而是考虑它们是否属于同一等级的不相交叉的概念。我们分析一个偏正短语,不是看修饰语和中心词之间在性、数、格上是否一致。而是看定语和中心语、状语和中心语、中心语和补语之间是否正确、恰当地表达了修饰和被修饰、限制和被限制、补充和被补充的关系,是否使概念更加明确。我们把一个短语组合成句子,主要考虑的是逻辑正确。比如,用"因为""所以"联系的两个分句只要是因果关系,而不必像英语中的复句那样考虑两个分句中动词的时态、体貌形式是否匹配。王力曾经说过:"就句子的结构而言,西洋语言是法制的,中国语言是人治的。"[2]在此,"法治"和"人治"的区别,就是"形合"和"意合"的区别。

汉语语法的意合特征还表现在一些句子成分组合的随意性上。如果用西方人的语法观审视汉语就可以发现,汉语的一些表达方式并不"合法"。比如,口语中常见的"恢复疲劳""打扫卫生""吃食堂""晒太阳""养病""救火"等表达方式在逻辑上并不成立。"疲劳"应该"消除"而不应该"恢复";"打扫"的应该是"垃圾"而不是"卫生";应该是"太阳晒我"而不是"我晒太阳";"生病了"应该

---

[1] 此部分主要参考申小龙《文化语言学论纲——申小龙语言文化精论》,广西教育出版社,1996年。

[2] 参见《王力文集第一卷·中国语法理论》,山东教育出版社,1984年。

"治"而不是"养"。而这些在西方人看来无论是语法上还是逻辑上都明显存在漏洞的表达方式,在汉语中却能自然地被汉语母语者所理解、接受,这就再一次证明了汉语语法的意合性特征。

二 汉语语序的灵活性与稳定性

语序是汉语重要的语法手段,对语义表达具有重要的作用。但是,目前汉语语法学界对语义的表意功能认识得还不够透彻。一些学者认为,汉语的语序有一定的灵活性。[①] 但事实上,汉语看似灵活的语序背后也是有规律可循的。虽然在一些情况下,这么说可以那么说也可以,但是,"这么说"和"那么说"的语义是不一样的,功能也是不一样的,表达的情感更是不一样的。从这个角度讲,汉语的语序兼顾灵活性与稳定性。下面分别对汉语语序的灵活性与稳定性加以讨论。

(一) 汉语语序的灵活性

语序虽然具有改变句子意义的功能,但词在句中的位置也不完全是固定不变的,汉语的语序有时也会显现出灵活性的一面。在一些特定格式中,语序的改变并不会引起句子语义信息的变化。

1. 状语和补语换位。

(18) 我住在北京。——我在北京住。

(19) 那封信是给谁写的?——那封信是写给谁的?

(20) 他没来上海十年了。——他十年没来上海了。

2. 比较句成分的换位。

(21) 他的考试成绩这次比上次好。——他这次考试的成绩比上次好。

(22) 他比她说得还好。——他说得比她还好。

(23) 他爸爸英语比他说得好。——他爸爸比他英语说得好。——他

[①] 吕叔湘在《汉语句法的灵活性》(《吕叔湘全集》(第三卷)),辽宁教育出版社,2002年)中谈到"汉语语法不光有固定的一面,还有灵活的一面",另外作者也谈到"灵活不等于随便,不等于无规律。本文所谈到的省略、移位等都仅是举例,其中的规律还可做进一步探讨"。

爸爸英语说得比他好。

3.多项状语的换位。

(24)护士把汤一勺一勺地喂给病人喝。——护士一勺一勺地把汤喂给病人喝。

4.连动成分的换位。

(25)我没有理由不相信他。——我不相信他没有理由。

(26)他有个哥哥在北京念大学。——他有个在北京念大学的哥哥。

5.疑问成分的换位。

(27)你是不是去上海？——你去上海，是不是？

以上句法成分的换位并未影响到句子的语义表达。可见，汉语语序存在着一定的灵活性，这是事实。

(二) 汉语语序的稳定性

由于汉语是形态不发达的语言，因而汉语语法关系的表现，一般不依靠印欧语言那样的形态手段，也不依靠日语那样的格助词，而是在很大程度上要依靠语序的变化。相同的词语，不同的排列组合顺序，就会表现出不同的语法关系和语义关系。从这个角度说，汉语的基本语序又具有一定的稳定性。

1.语序的差异可以改变句子承载的语义信息。

(28)谁都认识小王。(所有的人认识小王。)

(29)谁小王都认识。(小王认识所有的人。)

(30)小王谁都认识。(a:所有的人认识小王。b:小王认识所有的人。)

例(28)、(29)、(30)，词语成分完全相同，只是由于语序的不同而造成语法关系和语义关系的不同，并由此产生歧义。

2.语序的差异可以改变句子的预设信息。

(31)客人来了。

(32)来客人了。

在例(31)中，"客人"是已知信息，而在例(32)中，"客人"则是未知信息。

3.语序的差异可以改变句子的主观性信息。

(33)一个笨蛋

(34)笨蛋一个

可以看到,"笨蛋一个"具有总结性和完句性特征,凸显了说话人的主观判定语气,主观性更强。

4.语序差异可以改变句子提供的情态信息。

(35)你来了,又。

(36)你又来了。

在上述例句中,"你又来了"包含了说话人对听话人厌恶的情感,而"你来了,又"则并不包含此种情态信息。

汉语语序的变化是非常丰富的,充分了解和认识汉语语序变化的各种情形,把握相应语序变化对汉语语法、语义以及语用范畴所造成的影响,是对外汉语语法教学的重要内容之一,也是外国人汉语语法学习的难点之一。

说汉语的语序重要,并不是说屈折语(如印欧语言)和黏着语(如日语)的语序就不重要,可以随便变换。只是因为英语、日语等语言可以利用屈折或者黏着的手段,来判定词在句子中担当的职务,因而没有必要过分强调语序的重要性。但对汉语来说,由于缺乏其他语法手段,语序就显得特别重要。因此可以说,严格的语序规则是汉语语法的重要特点。只是这一点我们目前的研究还不够系统和深入。

三 虚词是重要的语法手段

汉语里有大量的虚词,如介词、连词、副词、助词、语气词等。这些虚词在语法关系和语义关系的表达中起着重要的作用。尤其是汉语的副词,不仅数量多,而且相互联系紧密,差别细微,是汉语语法研究和语法教学的一大难点和重点。比如,"再""还""又",都有表示"重复"的意义,但它们的语义相互交叉、纠缠,十分复杂,外国学习者很难准确理解而全面掌握。汉语的虚词不仅意义复杂,而且用法灵活,何时必用、何时可用可不用,有各种条件的制约。汉语虚词的隐现是一个非常令人头疼的问题,如"的"和"了"的隐现问题,一直是汉语语法教学的难点。因此,汉语语法教学切不可忽视虚词的教学。

四　词法和句法具有高度的一致性

现代汉语双音节词占主导地位,这些双音节词一般又都是由单音节语素组合而成的复合词。而由词组合成短语,在结构上又往往与复合词具有平行一致的关系,这就使许多短语,尤其是陈述、支配、补充型的短语,加上一定的语调就自然实现为句子。这种句法现象促发了"短语本位"思想的产生。让我们来比较下面的词和短语的结构关系:

复合词	短语	结构关系
眼红	眼睛红肿	陈述
看病	看电影	支配
人心	人民心愿	偏正
说明	说清楚	补充
上下	上下左右	联合

这五种结构关系是现代汉语复合词和短语的主要句法类型,充分体现出汉语词法和句法之间高度的平行性和一致性。这种现象,对于外国学习者掌握汉语句法的结构规则具有正反两方面的影响。从积极方面看,词法的掌握必然会有助于句法的学习,句法结构的理解会帮助认识词语内部的结构关系,加深对词义的理解;从消极方面看,有时也会造成学习者对汉语词和短语区分的困难,导致句法错误的出现。如何在对外汉语语法教学中充分发挥"短语本位"的积极作用,尽力克服它的负面影响,是我们要认真思考的一个课题。

五　主题比主语更为突出

汉语的主语与印欧语言的主语不是同一的概念。印欧语言的主语往往与谓语有性、数、人称等一致的语法关系,因而充当主语的成分是有一定限制的,甚至要有所谓的形式主语。而汉语则不同,各种语义角色,如施事、受事、与事、工具、方所、时间等,只要能成为被陈述的对象就都可以占据主语的位置,几乎没有什么语法关系的限制。从这个角度理解,汉语句子的主语更多地具有主题的色彩。如:

(37)我和小王昨天用这把刀在砧板上切了一斤肉。

这句话里的许多成分都可以移到句首充当主语:

(37′)a. 我和小王切了一斤肉。

　　　b. 这把刀我和小王切了一斤肉。

　　　c. 这块砧板我和小王切了肉。

　　　d. 这斤肉我和小王切了肉丝。

这样的句子格局,充分体现了汉语主题优先的结构特征,这对于外国学习者来说,是比较难把握的。

六　量词丰富

汉语存在一套完整的量词系统,很多名词有与之固定搭配的量词。汉语的量词是范畴化的结果,具有句法简单而语义丰富的特性。印欧语言则没有量词,数词可以和名词直接组合。日语中虽然有量词,但数量和种类也远远不如汉语丰富,量词的适用范围也比较狭窄。比如,宽而薄的东西只能用量词"枚(まい)",细而长的东西只能用量词"本(ほん)","人"的计数则只能用量词"人(にん)"。

与日语相比,汉语数词后的量词则十分丰富。搭配宽而薄的东西,汉语中可供选择的量词有"张""枚""片""块""页"等;搭配细而长的东西,汉语除了可以用"根""支""枝""杆""棵""株"等量词外,还可以说"一管笛子""一节竹子""一条鞭子""一把尺子""一枚钉子"等;对人计数,可以说"这儿有几个人""我家有三口人""您几位""那儿有一帮人""从南边来了一伙人""前边围了一群人"等,甚至还可以用"条"修饰人,如"真是一条好汉"等。

作为对外汉语教师,如果能够在跨语言比较的视野下,准确把握汉语语法的基本规律和本质特点,对有效地开展汉语作为第二语言的语法教学具有十分积极的作用。

第三节　外国人汉语语法偏误

在对外汉语语法教学实践中，人们逐渐认识到，仅仅了解汉语语法教学的基本内容，仅仅把目光注视于汉语语法事实本身，还是远远不够的。更为重要的是，既要充分认识汉语语法结构系统的特点和规律，又要充分认识外国学习者汉语语法学习的特点和规律。这就要求我们必须进行汉外语法的对比研究，必须进行外国学习者汉语语法学习的偏误分析和语法习得过程研究。这样，我们才能深化对教学语法研究和教学规律的认识，扩大教学语法的研究领域，丰富教学语法的理论系统，使之更加符合汉语作为第二语言教学学科理论建设的整体要求，提高语法教学的针对性和科学性。

在对外汉语教学的起步阶段，我们对此认识并不充分，也没有做过系统的研究。从20世纪70年代末开始的病句分析，到80年代中期兴起的偏误分析，再到90年代以后逐步发展起来的汉语学习者语法习得规律研究，都对对外汉语教学语法研究产生了积极的影响。

一　什么是语法偏误[①]

汉语作为第二语言的语法教学，最重要的基础之一是要掌握学习者学习汉语语法的基本规律，也就是进行第二语言习得研究。通常人们把1967年作为这一研究领域的开端，因为在这一年，语言教育学家S. P. Corder发表了他颇具影响力的论文《学习者偏误的重要意义》。这篇文章从一个全新的角度看待学习者的"偏误"和第二语言习得研究的主要目的。Corder认为，第二语言学习者在语言学习过程中有其自己的"固有大纲"，而学习者所谓的"偏误"正是这种"固有大纲"的具体表现。因此，我们应该把这些"偏误"作为一种证

[①] 此部分主要参考孙德坤《中介语理论与汉语习得研究》，《语言文字应用》1993年第4期；鲁健骥《外国人学汉语的语法偏误分析》，《语言教学与研究》1994年第1期；赵金铭主编《对外汉语教学概论》，商务印书馆，2004年。

据来调查这个"大纲",以便在教学过程中遵循这一"大纲",而不是违反它。

偏误指具有某种母语背景的第二语言学习者在学习某种特定语言的过程中所出现的具有群体性和规律性的错误。"偏误"不同于"失误","失误"是非系统性的,是学习者在偶然情况下产生的错误;而"偏误"具有系统性,它反映了学习者现时的语言知识或过渡能力,因此,进行偏误分析是探索第二语言习得规律的一个好方法。

我国对外汉语教师从20世纪70年代就开始对外国学习者汉语学习的病句和错句进行收集、整理并加以研究,积累了丰富的资料。1986年出版的《外国人学汉语病句分析》(佟慧君编)和1997出版的《汉语病句辨析九百例》(程美珍等编写)是这方面的代表性成果。

外国学习者掌握汉语语法规律、特点以及用法的过程,是一个不断学习、不断发生错误、不断修正错误的过程,这其中必然会有大量的语法偏误产生。了解外国学习者的语法偏误,会进一步理解汉语语法系统以及汉语语法教学的内在规律。根据考察,母语为英语的汉语学习者,其语法偏误主要有遗漏、误加、误代、错序四大类。

(一)遗漏偏误

遗漏偏误指由于在词语或句子中遗漏了某一/几个成分而导致的偏误,常常出现在下列情况下:

1. 某些意义上比较"虚"的成分往往容易被遗漏。

这包括某些副词、连词,特别是复句或结构中起关联或呼应作用的某些副词、连词。如:

  不管……,[都]……[1]
  宁可……,[也]……
  除了……以外,[都]……
  除了……以外,[也]……
  表示强调:一点儿[也]不……

---

[1] [ ]中的成分为被遗漏者,下同。

疑问代词活用的结构:谁[都/也]……

以上这些起关联或呼应作用的副词、连词之所以容易被遗漏,原因就在于它们的意义比较"虚"。同是关联词语,处于句首的那些,地位突出,说话人要说这些话时,首先想到的就是这些词,一般不会漏掉。

2.同类词语中用法特殊者容易被遗漏。

如"天、星期、月、年"是一个表示时段的时间名词系列,其中"天""星期""年"被认为具有量词性,直接跟数词,形成"一天""一(个)星期""一年";"月"是这个系列中的特殊者,在与数词连用时,中间一定要像普通名词一样用量词,说"一个月""两个月",量词"个"不能省略。但是外国学习者不知道"月"在这个系列中的特殊性,就会说出"我在北京语言学院学中文三[　　]月"这样带有遗漏偏误的句子。

3.需要重复的成分容易被遗漏。

(38)＊打球[打]了三个钟头。

(39)＊看小说[看]累了。

(40)＊他有照相机,也[有]录音机。

(41)＊李老师教文学,也[教]历史。

例(38)、(39)在结构上需要重复动词;例(40)、(41)因为"也"是副词,只能修饰动词和形容词。这里应该重复"有"和"教"。造成这类偏误的原因主要是母语的影响。前两例是因为英语中没有汉语这样的形式而造成遗漏。后两例的偏误是学习者把英语 also 的用法套用在"也"上造成的。

4.附加成分(如词尾、结构助词等)容易被遗漏。

(42)＊他们打[得]很好。

(43)＊他们看[的]木偶戏非常有意思。

(44)＊上星期日下午玛丽看[了]三个钟头小说。

造成这种遗漏偏误的原因比较复杂,主要是这些附加成分都是学习者母语中所没有的,在他们还没有掌握时,往往采取初学外语的人经常采取的策略——简单化。再者,就"他们打得很好"来说,也有母语影响的问题。英语中,一般用状语表达汉语的状态补语(对外汉语教材中通常称作"程度补语")的意思。

学习者实际上是把想好了的一个英语句子(They played wonderfully.)逐词翻译成汉语的。

5.汉语中是复合成分,英语中是单纯成分时,常常受母语影响而出现遗漏偏误。

(45)＊从他[那儿/家/左边/身上……]

(46)＊往嘴[里/边……]

(47)＊在河[里/上/边/对岸……]

从上面的例句可以看出,偏误都出在介词"从""往""在"的宾语上。"从""往""在"的宾语必须是表示处所的名词、代词或方位词,一般名词和代词(即不表示处所或方位的)必须加上表示处所的名词、代词或方位词,才能充当"从""往""在"的宾语。英语中与"从""往""在"相对应的 from、towards、at(in、on)对宾语没有这个限制,只有表示人所在地方时,才用 his、Tom's 之类的形式。把英语介词的用法用在汉语上,就会出现遗漏偏误。实际上,这种偏误还发生在"到""来""去"等动词的宾语上,道理也是一样的。

6.表达中需要,但还没有学到或学到了还没有掌握好时会出现遗漏。

(48)＊左边(的)[那]张床是我的。

假如要说"那张床是我的",学习者是不会漏掉"那"的,可是又加上了"左边",形式就复杂起来了,初学者表达起来也就困难了。而漏掉"那",也可以从母语方面找出原因。"左边那张床"在英文是 the bed on the left,学习者已经正确地把 on the left 译作定语,放在"床"的前边,而且他知道"床"的前边还应该有量词,就是不知道如何处理 the,因而出现了偏误。

(二) 误加偏误

比起遗漏偏误来,误加偏误的情况比较单纯,多发生在这样一些语法形式上:在这些语法形式中,通常情况下可以/必须使用某个成分,但当这些形式发生某种变化时,又一定不能使用这个成分。这时,初学汉语的外国学习者就常常由于不了解这种条件的变化而仍然使用这个成分,因而出现偏误。

比如,"了"是一个带有语法标志性质的词尾,但并不是完全意义上的语法标志,使用起来有很大的灵活性。但也有一定要用或一定不能用的情况。外国学习者常常把它看成一个完全的语法标志,并且把它与英语中的某个语法范畴等同起来。这样,在某些情况下就会造成误加偏误。如:

(49)＊从前我每星期都看[了]一个电影。

(50)＊50年代每到国庆节天安门广场都举行[了]游行。

(51)＊我是一个星期以前来[了]的北京。

(52)＊我们是在国贸大厦看见[了]谢利的。

(53)＊我们是跟老师一起去[了]颐和园的。

前两个例句都是表示过去发生的经常性的行为,后三个例句是用"是……的"结构强调动作/行为发生的时间、地点、方式的句子,动词后边都一定不能用"了",学习者在这里用"了",一是不了解"了"的性质和用法,过度泛化了"了"的使用规则,二是把英语一般过去时态的用法套用在"了"上,造成了偏误。

(三) 误代偏误

误代偏误是由于从两个或几个形式中选取了一个不适合于特定语言环境的形式而造成的。这两个或几个形式,或者是意义相同或相近,但用法不同;或者只是形式上有某种共同之处(如字同),而意义和用法不同;或者是用法相同,意义相反。总之,这些都是很容易使初学者发生混淆而出现的偏误。

1.词语的误代。

以下用例是词语误代的代表:

或者/还是(意义相同,用法不同)

一点儿/有一点儿(意义相同,用法不同)

二/两(意义相同,用法不同)

来/去(意义相反,用法相同)

才/就(意义相反,用法相同)

对于/关于(意义不同,词性相同,有相同的字)

举行/进行(意义不同,用法不同,有相同的字)

2.语法形式的误代。

这种情况多因母语的干扰造成。汉语的两种语法形式有时在英语中是用一种语法形式表达的。也就是说,其中有一种是英语所没有的,而学习者常用英语有相应形式的那种来代替,于是就出现了误代。比如,英语的状语在汉语中有时是状语,有时是状态补语。学习者说汉语时,该用状态补语的地方就常用状语代替,如:

(54)＊[太晚]来。

(55)＊[迅速一点]发展。

(56)＊[很多地]应用。

这三个例子说明,学习者虽然选错了语法形式,但是还能把状语放在正确的地方,下边的例子不但用错了语法形式,而且连状语的位置也摆错了:

(57)＊他唱[好极了]。

(58)＊今天下雨[很大]。

3.句式的误代。

由于句式选择的错误而发生的误代偏误也为数不少。在基础阶段,这种偏误常常表现为在该使用某种句式时不使用,而用已经熟悉的、通常也是比较简单和容易的句式代替。与此相反的情况是,在不该使用某个句式时却使用了。两种情况的结果都是造出母语者不能接受的句子。我们用该使用而不使用"把"字句的情况来做些说明:

(59)＊可以扔石头到海里去。

(60)＊请你带这本字典给小李。

(61)＊他放一封信在桌子上。

(62)＊老师让我们翻译这篇文章成中文。

这几个例子中,"扔到""带给""放在""翻译成"等都是不能分开的,都是必须用"把"字句的句子。学习者之所以应该用"把"而没有用,可以从母语干扰方面找到原因。

(四)错序偏误

错序偏误是由于句中的某个或某几个成分放错了位置而造成的偏误。如状语的错序、定语的错序、短语内部成分的错序、并列成分的错序等。如:

(63)＊你们去颐和园?[也]我。(状语错序)

(64)＊好机会[学习中文(的)](定语错序)

(65)＊九月去年(短语内部成分的错序)

(66)＊一个中国有意义的地方(并列成分的错序)

综上所述，外国学习者学汉语时类似的语法偏误是多发的、有规律的。不同母语的学习者也会有不同的语法偏误发生。深入挖掘外国学习者掌握汉语语法系统的规律，必然会有助于对汉语语法研究和教学规律的认识。

二 外国人汉语语法偏误示例

下面集中列举一些外国人学习汉语时常见的偏误，以使汉语教师对外国学习者的语法偏误形成更为直观的认识。

(一) 实词偏误示例

1. 名词偏误示例。

(67)＊他也不同意一个人做家庭的工作。

(68)＊如果你是秋天来北京，你真是幸运的，因为秋天是北京最美的季。

(69)＊秋天是很美，晴空万里，天空也很蓝色。

(70)＊在北京比在伦敦骑自行车容易，最多的人骑自行车，所以有专门的自行车的小巷。

(71)＊到北京后来，我常常想念我的家人。

(72)＊上个三月我在北京语言大学学汉语。

2. 动词偏误示例。

(73)＊骑自行车可以锻炼身体，也可以避免很人多的公共汽车。

(74)＊大家都参加(体育锻炼)，打足球的打足球，打太极拳的打太极拳。

(75)＊发现了田里的苗都被死了。

(76)＊我追求原因时发现，问题是我身上，我从小被父母偏爱过。

(77)＊吸血鬼变的时候，他常常变了一个蝙蝠，所以西洋人恐怕蝙蝠。

(78)＊我认识这件事情的经过。

(79)＊我问他去看电影，他立刻答应了。

(80)＊鲁肃被周瑜派去注意诸葛亮。

3. 形容词偏误示例。

(81) *黄头发的人来中国,不免被中国人好好奇奇地盯一盯。

(82) *他的腿比较矮,他都能跳得那么远。

(83) *英国最人民的茶叶是印度的。

(84) *看见孩子的病好了,妈妈很快乐。

(85) *当我们用中文交谈的时候,他被我们大吃了一惊,就开始赞扬我说得很好。

(86) *可能你的衣服被脏一点儿。

(87) *这件衣服的颜色很热闹。

(二) 虚词偏误示例

(88) *这个电影他再看了一遍。(副词偏误)

(89) *北京大学的韩国留学生他几乎都认识,没认识的人过一段时间也熟悉了。(副词偏误)

(90) *花儿既丰富又很漂亮。(副词偏误)

(91) *我小时候母亲常常给我说了,人是应该和挫折一起长大的。(介词偏误)

(92) *所有的韩国父母都有比较相同的看法,他们小时候不能实现过的愿望,经过他们的子女来要实现。(介词偏误)

(93) *穿上大衣,或者你会着凉的。(连词偏误)

(94) *他教我们中文和也历史。(连词偏误)

(95) *星期一还是星期二你来我的办公室。(连词偏误)

(96) *我有一个弟弟,和我有一只猫。(连词偏误)

(97) *假期我就在北京,……我常常去了书店。(助词偏误)

(98) *风使天气变[得]冷了。(助词偏误)

(三) 语序偏误示例

(99) *这是一个好方法学习汉语。

(100) *连一个学生不明白他的意思都没有。

(101) *我可以说中文跟我的老师。

第四章　汉语语法教学（上）　171

(102) * 我参加了学习小组<u>最近</u>。

(103) * 奶奶做了米粉团<u>为她</u>。

(104) * 昨天我看了歌舞<u>一个小时</u>。

(105) * 她生日（那天），我送一束花<u>她</u>。

(106) * 那样怎么能搞<u>研究</u>中国历史呢？

（四）句型和句式偏误示例

(107) * 我们要求<u>把</u>这次发生的运费和包装费和代理赔偿费由贵公司来承担。（"把"字句偏误）

(108) * 我们要<u>把</u>传承文化继承的话，对年轻人，从小学一直教传统游戏，让他们对那个感兴趣。（"把"字句偏误）

(109) * 这个国家有了一个很奇怪的习俗，这就是如果自己的父母老了以后没有力气、没有能力、没有钱的话在山上丢掉。（"把"字句偏误）

(110) * 他特别宠爱我父亲，为了哄孙子高兴经常当地绝无仅有的物件送给父亲玩儿。（"把"字句偏误）

(111) * 她<u>被</u>生气极了，左踢自行车，右踢自行车。（"被"字句偏误）

(112) * 这样工作的人有时候不<u>被</u>工作就是她今天的问题。（"被"字句偏误）

(113) * 第二天，我们坐车来黄山的疲倦已经<u>被</u>此山风光的美丽而彻底地消散了。（"被"字句偏误）

(114) * 皇帝给她说他<u>被</u>失败了，所以来这儿逃难。（"被"字句偏误）

(115) * 现在中国青年喜欢的音乐比日本青年<u>不同</u>。（"比"字句偏误）

(116) * 我的成绩比日本同学<u>不好</u>。（"比"字句偏误）

(117) * 在北京买衣服比在德国<u>太</u>便宜。（"比"字句偏误）

(118) * 这两个女孩子都喜欢贾宝玉，所以她们的关系<u>一天比一天不好</u>。（"比"字句偏误）

(119) * 我<u>买你一本书</u>。（双宾结构偏误）

(120) * 玛丽<u>给我告诉你的事</u>。（双宾结构偏误）

(121) * 学生<u>给他写信</u>，<u>告诉自己的情况</u>。（双宾结构偏误）

(122)＊问好你的父母。（双宾结构偏误）

(123)＊这样的场景能常见的。（"是……的"句偏误）

(124)＊模仿流行的也值得的。（"是……的"句偏误）

(125)＊我是昨天去上海了。（"是……的"句偏误）

三　外国人汉语语法偏误的成因[①]

从学习者的学习策略来看，语法偏误主要有两大来源——母语干扰和已经掌握的不完全的汉语知识对学习新的语法现象的干扰；从教学（教材编写和课堂教学）来看，讲解与训练的失误是造成语法偏误的主要原因。下面重点讨论教学失误对学习的干扰问题。

虽然学习策略不可避免地会对成年人的外语学习产生干扰，但在某种意义上，教学是否得法对学习的影响更大。教学得法，可以抑制和防止学习策略对学习的负面作用，反之，则会强化学习策略的负面作用。对此，应给予足够的重视，并不断总结教学失误对学习的干扰。

（一）胸中无数

现代外语教学法主张把研究的重心从教师方面转移到学习者方面，这就是说，我们应当清楚地了解学习者的学习过程，要清楚会出现哪些干扰、怎样干扰等。遗憾的是，在教学实践中，许多教师对这些并不总是清楚的，也不是在所有的问题上都是清楚的，或是有些直觉的经验，而缺乏对规律的认识。当然，我们并不是主张单凭着对学习者学习过程的表面观察去臆测各种干扰因素，而是主张经过大量的调查研究得出各种干扰的规律，从而在教学中引导学习者克服干扰，"防患于未然"。

（二）教学中的疏漏

前面我们分析过，不少语法偏误是由于教学不周造成的。教学是一个系统的过程。就语法教学来说，教学中出现的语法项目应是一个从易到难、由简及繁、逐步深化和扩展的系统。忽视这样一个内在的系统，教学就带有盲目

---

① 此部分主要参考鲁健骥《外国人学汉语的语法偏误分析》，《语言教学与研究》1994年第1期。

性,就会引发学习者的偏误。

　　有一个常为教学忽略的问题,就是目前的对外汉语教学语法体系对语法点的切分过于粗疏。从教学的角度看,每一个语法项目内部,从形式到意义再到功能,都不是单一的,而是有简有繁、有隐有显的,应对这些加以细致的梳理。对于学习者来说,一个语法项目的任何一点,哪怕是非常细小的变化,都可能是新的语法点。假如我们不注意这些看似细小的变化,而视其为已经学过的内容,就会使学习者盲目类推,造成偏误。当然,这样说并不是主张把一个语法项目的所有意义、所有形式、所有功能都列入教学内容,而是说应该对这些加以排列,根据需要和常用程度进行选择。凡是纳入教学内容的,就都要分清主次、难易、繁简,相互照应,最大限度地减少学习者盲目类推的可能。

(三) 难易判断失误

　　语法教学的内容确定之后,就要进一步确定在这些形式中孰难孰易,以便合理地安排教学顺序。但判断难易不能主观臆断,简单从事,否则就会难易倒置,顺序失当,徒增学习的困难而造成偏误。比如,汉语语法的一个特点是其灵活性,就是说,许多语法规则都不是非此即彼两种情况,而是还有可此可彼的第三种情况。从学习的规律看,应该是前两种情况较为容易理解和掌握,而第三种情况较难掌握。但在实际教学中,有时却把二者颠倒了,使得学习者摸不着规律,遇到一定要用或一定不能用的情况,学习者却误以为是用与不用一样,从而造成遗漏偏误或误加偏误。

　　我们以"把"字句为例。教学中最先教的是可用可不用的形式,并且通过练习强化这种可用可不用的特点,给学习者造成错觉,以为"把"字句在任何情况下都是可用可不用的,遇到非用"把"字句不可时,学习者也不用,因而出现句型的误代偏误。后来我们调整了教学顺序,先教必须用"把"字句表达的形式,使学习者先树立一个"把"字句不是可用可不用的概念,等他们已经掌握了这些形式,再教那些"把"字句和非"把"字句可以互相变换的形式,学习者就不会产生混乱了。就是这样一个教学顺序的调整,教学效果就大不一样。

(四) 难点过于集中

　　教学要循序渐进,语法教学尤应如此。一个新的语法项目,刚开始学习时,学习者总是感到陌生,要掌握它,是有一定难度的。因此,分散难点应该是语法教学的一个基本原则。否则,把一个语法项目的几种形式、几种规则都集中起来教,就会互相干扰,增加偏误发生的概率。

比如,教学上对"了"的处理就有这样的问题。因为"了"是难点,就对"了"的使用规则越讲越多越集中,这样反而不利于学习者掌握。教趋向补语,一开始就在"来/去"与宾语的位置上打转,越教学习者越糊涂,模糊了应该让学习者必须掌握的内容。

以上几点是造成学习者因教学失误而产生各种语法偏误的重要原因,也是到目前为止还没有得到完满解决的一些教学问题。这应该引起我们的充分注意。细心研究解决的办法,避免失误,使教学更加符合内在的规律,是我们应努力追求的目标。

第四节 对外汉语教学语法体系建设

一 对外汉语教学语法体系[1]

对外汉语教学语法体系是专门为学习汉语的外国人编写的教材中所使用的语法教学系统。现行的对外汉语教学语法体系是在1958年出版的《汉语教科书》的基础上建立起来的。该书共有196个语法项目,其语法体系由词类的划分、句子的分类、句子成分、时间和情貌、几种动词谓语句和表达六个部分组成。该书从整体上看是重结构形式的,同时也注意到了语言交际中表达意念的各种方式。作为一本语言教科书,《汉语教科书》在语法点的选择、切分和由易到难循环递进的编排方式上都与教本族人的语法完全不同,每课的语法点和生词量都有所控制。在安排语法项目时,巧妙地把汉外相应的语法项目进行比较,把汉语内部相关的语法项目进行比较,较好地体现了针对外国人汉语语法学习的特点。

---

[1] 此部分主要参考赵金铭主编《对外汉语教学概论》,商务印书馆,2004年。

《汉语教科书》所确立的这套针对性、适应性、完整性都较强的语法体系，对后来各种对外汉语教学教材的语法体系均产生了直接的影响。此后，于20世纪七八十年代陆续编写出版的《基础汉语》《汉语课本》《基础汉语课本》和《实用汉语课本》，在语法项目的选取和编排上基本都参照了《汉语教科书》。据统计，这四套教材中，与《汉语教科书》的语法点基本相同的比例为82.2%至91.6%。1985年出版的《初级汉语课本》虽然在语法项目的切分和注释上做了一些变动，但整体上仍然没有超出《汉语教科书》的框架。《初级汉语课本》之后又出版了几套系列教材，它们的语法体系，无论是语法项目的选择、编排还是解释说明，也都基本与《汉语教科书》相同。后来出版的几种重要语法大纲（如王还主编的《对外汉语教学语法大纲》、孙瑞珍主编的《中高级对外汉语教学等级大纲（词汇·语法）》以及刘英林主编的《汉语水平等级标准与语法等级大纲》），也都基本继承了这一体系。即使是像刘月华等编著的《实用现代汉语语法》、房玉清编著的《实用汉语语法》这样的参考语法工具书，也都没有改变这一体系的基本格局。

　　《汉语教科书》所确立的对外汉语教学语法体系沿用至今数十年而没有发生根本性的改变，人们开始逐渐认识到这一体系所存在的理论基础陈旧、体系针对性缺乏等问题。20世纪80年代末以来，不少学者开始呼吁改革对外汉语教学语法体系，并就对外汉语教学语法体系改革的一系列理论问题进行了深入的探讨，为进一步改革和完善对外汉语教学语法体系提出了设想，规划了蓝图。

二　对外汉语语法教学大纲[①]

　　在第二语言教学实践中，"课程设计"和"大纲制定"是两个重要的概念，两者都属于语言教学法理论中教学设计层次上的概念，是第二语言教学实施的前期基础。一般来说，课程设计和大纲制定都要对第二语言教学的目的、方法和过程进行描述和规定，二者涉及的内容和范围既有交叉的部分，又各有侧重。下面仅就"教学大纲"加以讨论。

----

① 此部分主要参考赵金铭主编《对外汉语教学概论》，商务印书馆，2004年。

大纲制定是对语言教学大纲的一种设计，它根据教学目的和教学目标的要求对教学内容和课堂教学实践进行规定和描述，主要任务集中在语言教学内容的选择和分级上。大纲制定的具体成果就是"教学大纲"。教学大纲虽然也对教学的性质、目的、途径、方法等进行规定，但重点是对教学内容进行归纳和细化处理。

大纲制定除了要对语言内容和语言要素进行描述外，还要涉及语言教学的其他内容，并且要反映语言教学的理念、形式和方法。一般认为，一个完整的语言教学大纲应该对以下几方面的内容进行描述：语言的使用情景、语言使用时涉及的话题、学习者将要运用的语言功能、学习者能够处理的意念、学习者将要使用的语言形式、学习者将要参加的语言活动以及学习者运用语言的熟练程度。

（一）现有的对外汉语教学大纲

1988年试行的《汉语水平等级标准和等级大纲》可以说是第一个作为独立、完整的大纲而研制的。此后相继出现了《汉语水平词汇与汉字等级大纲》（国家汉办汉语水平考试部，1992）、《对外汉语教学语法大纲》（王还主编，1995）、《中高级对外汉语教学等级大纲（词汇、语法）》（孙瑞珍主编，1995）、《汉语水平等级标准与语法等级大纲》（国家汉办，1996）、《对外汉语教学初级阶段教学大纲（语法、词汇、功能、情景）》（杨寄洲主编，1999）、《对外汉语教学中高级阶段功能大纲》（赵建华主编，1999）、《高等学校外国留学生汉语教学大纲》（国家汉办，2001）等。

对外汉语教学大纲和大纲设计也体现着一般大纲制定的特点和规律，国外第二语言教学的主要大纲模式和设计思想都能在对外汉语教学实践中得到一定的借鉴和印证。这些大纲涉及语法、词汇、汉字、功能、情景和任务等多方面内容，其中有关语法、词汇、汉字等方面的大纲比较成熟，内容也比较丰富，做了相应的分级处理，有自身的特点；功能大纲主要是借鉴国外功能项目的分类方式，没有做分级处理，也没有进行与结构相结合的处理；有的大纲对任务内容有所涉及，但还不是完整意义上的任务式大纲。

下面我们以《汉语水平等级标准与语法等级大纲》为例，考察对外汉语教学大纲在编纂上的一些特点。

(二)《汉语水平等级标准与语法等级大纲》简介

《汉语水平等级标准与语法等级大纲》(简称《语法大纲》)是对汉语语法项目和语法点进行选择和排列,并为这些语法项目和语法点划分等级,形成系列的大纲,是对外汉语教学总体设计、教材编写、课堂教学及课程测试的语法方面的主要依据。

《语法大纲》选择了汉语的语素、词类、词的构成、短语、固定短语、固定格式、句子成分、句子类型、特殊句型、提问方式、数的表示法、强调的方法、动作的态、反问句、口语格式、复句、多重复句和句群共 18 个大类的 1168 个语法点作为内容,并把它们分为四个等级。其中,甲级语法 129 项,乙级语法 123 项,丙级语法 400 项,丁级语法 516 项。甲级语法项目是一个由词类、短语、句子成分、句子的分类、特殊句型、提问的方法、数的表示法、强调的方法、动作的态和复句等内容所组成的比较完整的体系,基本反映了汉语语法的整体面貌和特点;乙级语法项目可以看作是对甲级的补充、扩展和深化,增加了固定短语和固定格式两个大类并选择了其中一部分最常用的内容;甲乙两级语法合并就构成了汉语初等水平标准的语法内容。丙级语法项目在甲乙级语法项目的基础上又增加了语素和口语格式两个大类,内容进一步深化,构成了汉语中等水平标准的语法内容。丁级语法项目又增加了词的构成、反问句、多重复句和句群几个大类,构成了汉语高等水平标准的语法内容。在对各个语法点项的描述上,大纲除标出该项目所述的大小类别外,还以格式化的方式确定了项目名称,大多数项目还提供了例句。

可以看到,《语法大纲》中的语法内容与理论语法既有重叠,又各有侧重。理论语法侧重按语言的实际对语法进行描写,《语法大纲》中的语法属于教学语法,侧重选择规范语法,它不同于理论语法,也不同于对本族人的教学语法,而是对外国人的教学语法。

《语法大纲》的内容具有以下特点:(1)突出语言的使用规则,而不是详细介绍语法理论和语法知识;(2)重视对语言结构形式的描写,同时又注重结构形式与语义的结合;(3)对语法规则的说明简明、通俗、具体、实用;(4)从典型的语言材料出发选取和确定语法项目和语法点;(5)根据外国人学习和使用汉语的学习需求和对外汉语教学的要求,对理论语法的内容和结构做相应的简化处理,选取和确定有针对性和实用性的语法项目和语法点;(6)不要求进行详尽的语言分析,而是要求帮助学习者掌握必要的语言规律,并运用这些规律去指导语言实践活动。

《语法大纲》是在总结我国对外汉语教学经验、吸收有关语法的研究成果、分析多种对外汉语教材和教学大纲的基础上,根据外国人学习汉语的特点和规律,结合汉语语法的自身特点制定出来的。它充分考虑到外国人学习汉语的难点和重点,注重外国人在不同学习阶段的汉语接受的能力与交际需要。既提供了比较恰当的语法内容,又做了比较合理的等级切分;既全面、系统地体现了汉语语法体系,又突出了重点、难点;具有较强的针对性和实用性。但同时我们也应该看到,《语法大纲》虽然对语法内容做了比较详尽的列举和编排,但还只是按照语法体系的特点所进行的一种编排。这种编排既不是教学顺序,也不是教材编写顺序,更不是外国人汉语习得的内在顺序,在具体的教学实践、教材编写中,还需要使用者科学地、创造性地进行相应的选择和编排工作。这也可以看作是《语法大纲》尚待完善的部分。

三 对外汉语语法项目的确立、选择、编排与描述

一个完整的对外汉语教学语法体系,不仅要包括教学语法项目的基本内容,还应当体现出对以下基本问题的处理方式:语法项目的选择,语法项目的等级划分、语法重点与难点的确定,语法项目的编排、描述与解释,等等。尽管这些问题基本上都处于操作层面,但是它们最能体现对外汉语教学语法的基本特点和本质,值得我们高度重视。

(一) 语法项目的确立与选择

一般来说,对外汉语教学语法体系是针对某种具体的教材和课堂教学过程而言的。由于学习者的学习目的不同,学习要求和学习方式不同,年龄不同,母语背景不同,水平等级不同,学习时间不同,因而在对他们进行汉语语法教学时,首先要根据这些因素的差别进行语法项目的选择,就是要确定教哪些

项目不教哪些项目,先教哪些项目后教哪些项目,重点教哪些项目,等等。比如,对日本学习者和欧美学习者,他们所要学习的语法项目是否应当有所差别、差别在哪儿;短期汉语进修生和长期的本科生的语法项目在教学要求上是否要有所区别;阅读课程和听力课程的语法项目是否要有所不同;等等。这些问题都应当促使我们在教材编写和课堂教学过程中认真思考、细心对待。

要想根据教学对象的不同需求来进行有选择、有针对性的语法教学,就必须进行语法项目难易度的等级切分。汉语语法项目数以百计。一方面,这些不同的语法项目之间由于各自的复杂程度不同,对学习者来讲会呈现出难易度的差异。比如,汉语"把"字句和连动句对外国学习者来讲是难易度不等的两个语法点;另一方面,就某一语法项目内部的不同方面来讲,也有难易程度的差别。比如,汉语的趋向补语是一个大的语法项目,其内部既有简单趋向补语和复合趋向补语的差别,也有实际的趋向意义和引申意义用法的不同,这就要求我们对每一个汉语语法项目及各自内部的不同方面进行认真细致的描写和分析,从而为语法项目的等级切分打下基础。有了这个基础,我们就可以根据教学对象的实际情况,来确定语法项目的重点和难点。一般来说,汉语的"了"、补语、"把"字句、主谓谓语句等,都是教学中的重点和难点,需要特别加以重视。

(二)语法项目的编排与描述

语法教学中,语法项目具体内容的选择、等级的切分、重点和难点的确定等,最终都要表现在教材和课堂教学过程中人们对语法项目的系统编排、描述与解释上。任何一部汉语教材或一门课程,都不可能把汉语语法项目全部搜罗穷尽并列举出来,而只能根据各自的特点和需要有所选择、有所突出。这就需要我们对所选用的语法项目进行科学系统的编排,使它们构成一个相对完整的体系。总体来说,语法系统的编排要处理好易和难的关系,处理好基础项目和生成项目的关系,处理好重点与非重点、难点与非难点的关系,使各个语法项目之间形成有内在逻辑联系、相互支撑、相互依存而且便于使用的教学系统。比如,学习者如果尚未接触结果补语这个项目就去学习"把"字句,显然是不合适的。再比如,汉语的能愿动词"能""会""可以"等,同可能补语(如"洗不干净")这两个语法项目,它们谁先出现谁后出现、彼此的关系怎样处理,都需要我们在语法项目编排时加以统筹考虑。由于汉语语法体系本身是一个非常庞大而复杂的系统,因而语法项目的选择编排就必然是一个系统工程。

对外汉语语法教学的一个重要方面,就是在教材编写和课堂教学中如何对具体的语法项目进行描述和解释。显然,我们既不能像在一般中文系的语言学课程中那样大量使用语法学术语和概念,因为汉语第二语言学习者主要学习的是汉语语法的表达技能,而不是语法学的系统理论知识;我们也不能像教汉族儿童语文那样完全进行汉语表达技能的训练,因为他们也不具备如汉族儿童那样的汉语口语能力。外国学习者的这一学习特点,给我们进行汉语语法项目的描述与解释出了难题。由于语法研究和语法教学之间存在的差异,因而必然有一个把语法研究成果转化为语法教学内容的过程。这种转化过程直接表现在语法项目的描述与解释上。比如,汉语的"把"字句,从语法研究的角度说有"处置""致使""位移""变化"等不同的语法意义,无论采用哪种意义解释,都不宜把这些术语直接搬到教材或课堂上用以描述和解释"把"字句。我们所要做的是,以此为基点寻找适合外国学习者易于理解的表现方式和手段来呈现"把"字句的语法意义,特别是要呈现其用法规则。应当说,汉语语法研究经过人们几十年的努力已经取得了相当多的成果,这为我们实现语法理论知识对语法教学内容的转化提供了很好的基础平台。摆在我们面前的一个艰巨任务是,要从学习者的角度,用便于他们理解和接受的方式,把这些语法项目描述和解释出来,从而实现已有汉语语法研究成果对语法教学内容的转化,这也是教学语法所要研究的一个重要方面。

第五节 汉语语法教学的基本目标、观念、原则与方法

一 汉语语法教学的基本目标[①]

对外汉语语法教学的总体目标是要培养外国学习者用汉语组词造句、连

[①] 此部分主要参考赵金铭主编《新视角汉语语法研究》,北京语言文化大学出版社,1997年。

句成篇的汉语表达能力。这种能力的构成不是单一的,其能力的培养也是一个长期的、艰苦的过程,它涉及句法、语义和语用三个方面。因此,从某种角度来说,教学语法体系的一个重要方面就是要很好地处理初、中、高三个教学阶段与句法、语义和语用三个方面之间的互动关系。

习得者在学习汉语的过程中,首先得解决正误问题,就是得把词语的位置摆对,也就是语言形式问题;其次要解决语言现象中的异同问题,这是正误问题的深入,于是便要涉及深层而具有隐性的语义理解;最后要解决高下问题,就是语言的得体性问题,这是语言的应用问题。这样的过程反映在语法教学的阶段划分上,便正好是初、中、高级三个阶段。三个阶段的语法教学主旨各有侧重:初级阶段,也就是所谓的基础汉语教学阶段,所讲语法为形式语法,讲究句法结构,掌握汉语的句型和词序,是一种语法模式教学;中级阶段(二年级上学期)所讲语法侧重语义语法,注重句中成分的语义关系及语义搭配,因此语汇的意义(包括词汇和语法意义)及其使用的教学占据相当的位置;高级阶段(二年级下学期)所讲语法侧重语用功能语法,着重语用的选择和词语的应用,目的在于表达得体。整个语法教学过程历时两年,自始至终贯彻语言格式和词语的用法教学,特别注意例外的出现,因此,语汇的教学比以往更受重视。这是一种不同于教汉语母语者的教学语法框架,它服从于第二语言教学规律和学习规律,适用于第二语言的教学与学习过程。

总体上说,汉语语法教学的基本目标,如果分解开来,就是要围绕句法的限制性、语义的正确性和语用的选择性这三方面来进行。现在的教学语法研究在句法的限制性上已经有了相当多的可以利用的丰富成果,但是在语义的正确性,尤其是语用的选择性方面,研究还相当薄弱,没有非常有系统而深入的成果可资借鉴,需要我们在这方面下大功夫、花大气力。

二 汉语语法教学的基本观念[①]

经过几十年的不懈探索,人们对对外汉语教学语法的性质和目标有了更

[①] 此部分主要参考赵金铭《教外国人汉语语法的一些原则问题》,《语言教学与研究》1994年第2期。

为深入的理解,树立了一套不同于一般理论语法的价值观念,其核心是汉语作为第二语言的教学语法取向。赵金铭在《教外国人汉语语法的一些原则问题》一文中对这个问题做过详细的论述,我们在这里把它进一步概括为四个基本观念,简单加以介绍。我们认为,这些基本观念的形成,是对外汉语教学界特别是教学语法研究者们所取得的宝贵经验,是十分重要的。

(一) 汉语作为第二语言的教学语法观念

由于对象不同,研究目的不同,便形成了各种语法学流派。一般说来,理论语法是把语言作为一种规律的体系来研究,目的在于揭示通则,对语法的系统和语法的规律做出理论的概括和说明。教学语法又称"学校语法",它是利用理论语法科学研究的成果,专为教学目的服务的语法。讨论教学语法,是为了有利于学习者把语言作为一种工具来学习,其目的是掌握语言的技能。

对外汉语教学语法不是理论语法,不是教本族人的语法,而是教外国人的语法。因此,我们所进行的语法研究,要服从并服务于汉语作为第二语言教学这个总目标。具体来讲,成功的对外汉语教学语法应该具有以下特征:不详细介绍语法理论和语法知识,而突出语言的使用规则;重视语言结构形式的描写,同时又注意结构形式与意义的结合;对语法规则的说明具体、实用,而又简洁、通俗;从典型的语言材料出发确定语法项目和语法点,但又简明扼要、提纲挈领;不引导师生进行详尽的语言分析,而要求教师更有效地帮助学习者在学习语言时掌握必要的语言规律,并运用这些规律指导语言实践。

(二) 组装语法的观念

对外汉语教学语法主要是从意义到形式的组装语法,而不能完全是从形式到意义的分析语法。

对汉语母语者讲语法,往往是先拿一个语法形式,然后说明它的语法意义。比如,汉语中的一部分动词可以重叠,这是个形式,重叠后表示一种"轻微、尝试"的意义。然而对一个想要用汉语来表达思想的外国人来说,情形则往往相反,一般是先产生要表达的意义,然后选择适当的表达形式。比如,要表达"动作、行为或性质、状态持续多长时间",在汉语中就要选择使用时量补语的格式,句中要有表示时段的词,如"看了两小时书""等了他十分钟"等。

语法形式和语法意义的关系,从发现程序来看是从形式到意义;从发生学的角度看是从意义到形式。外国人学汉语,掌握汉语语法是个生成过程,也就是按照一个句式造出许多句子来,这是一个由意义到形式的过程。因此,在进行对外汉语语法教学时,如果仅从形式出发,只做句法分析,是远远不够的。比如,有人喜欢用句型来教外国人语法,其实,任何一种句型都是抽象的,它们的实现要受到种种条件的限制,像"名+把+名+动+动/形"这种句型,只不过提供了一种组合的可能性,并不是任何名词、动词和形容词放在这个句型里都能够产生可以接受的说法。在教学中尽管规定了这个句型的限制,学习者还是造出了"大家把那些话听见了""我把中文学得很努力""我把那么重的箱子搬不动""我看见他把教室进去了"这样一些不符合语法规律的句子。因此,我们还必须把语义分析、语用分析引进来,这样才能比较好地避免不可接受的句子产生。

　　(三) 注重用法和讲求条件的观念

　　在对外汉语语法教学中,我们不仅要对各种句式本身的结构特点、层次关系做出科学而客观的描述和分析,更重要的是要讲明它的使用条件,即必须在什么时候、什么场合和要表达什么意思时才能使用这种格式。一个学汉语的外国人,必须了解各种语法现象的出现条件,才能正确地使用它。有的外国学习者说,学了汉语语法不顶用,有时还会造出合乎语法但不可接受的句子。这是因为大多数汉语语法书只罗列各种语法现象,很少讲这些现象出现的条件。

　　我们给外国人讲的语法,受我国汉语语法学界的影响,在语言现象本身的描写上可以称得上相当精细,相对来说,对语言现象进行解释的研究就略显薄弱了。而如果不对语言现象出现的条件做出解释,这种描写的语法在对外汉语教学中是难以发挥它应有的作用的。

　　怎样才是讲条件的语法?我们以副词"才"为例进行说明。很多对外汉语教材都是这样讲的:"才"表示动作发生得晚、进行得慢或不顺利。这种一般性的描述,学习者掌握起来是很难的。于是,有人结合语用背景进行研究,做了五点解释,使外国学习者了解到底什么时候、在什么条件下使用"才"。其中一条是这样解释的:因为"晚"一般来说是人们不企望不欢迎的现象,所以用"才"

的句子往往含有"不满"或认为"不该"的语气,有时甚至略有"嫌弃""埋怨"的感情色彩。如:

(126)已经通知了两点半开会,你怎么现在才来?(埋怨)

(127)每个星期天,他都九点半才起床——太懒!(嫌弃)

(128)我在外边等了十几分钟,才有人来开门。(不满)

这些细致的条件才是真正适合外国人的。

在外国学习者看来,汉语语法规律不像其他语言的语法那样严密、规则,不少语法规律甚至难以归纳,时常出现各种例外。他们常常感到,学习汉语语法,差不多等于学习一个个词的用法,虚词更是这样,所以很难掌握。他们很容易用母语或媒介语的语法来套汉语语法。我们讲明各种语言现象出现的条件,将有助于学习者正确把握汉语语法的使用规律。

(四) 注重语法对比的观念

在教学中注重语法对比,要求我们不仅要在汉语语法系统内部对相关语法项目进行比较,还要进行语法项目的跨语言对比。

给外国人讲汉语语法,不能就事论事,只讲汉语本身。因为外国学习者的头脑里早已先入为主地有了其母语或所学外语的语法规律,他们会时时拿来比附。如果通过语际对比来讲,就会更加显露汉语语法的特点。只有突出汉语语法特点并讲透了,才便于外国学习者理解。汉语语法大的特点所在,就是语法规律的特异之处;小的特点所在,就是具体的语言现象。对外汉语教师必须具有进行语言对比的意识和能力。

三 汉语语法教学的基本原则[①]

(一) 实用原则

实用原则是统领性原则,直接体现在语法教学项目的选择与处理上。对第二语言学习者来说,以下语法内容是最有教学价值的:最基本、最常用

---

① 此部分主要参考卢福波《语法教学的基本原则与操作方法》,《语言教学与研究》2008 年第 2 期。

的——规范的、典型的、普遍的;最容易发生偏误的;语法项使用时具体的适用条件和限制条件。

（二）针对性原则

针对性原则要求在教学过程中,针对学习者的国别语种、水平层次以及语法要点开展教学活动。具体地说就是,要在明确语法教学要点的基础上,充分关注学习者的母语差异和文化背景差异,根据学习者对语法知识的理解程度和接受水平有的放矢地进行教学。尤其是随着国别化汉语教学的呼声越来越强烈,针对性原则便显得越来越重要了。

（三）复式递升原则

"语法分布应与划分等级水平相适应,在同一层次循序渐进的同时,更要做到不同层次的循环递进。"[①]"复式递升"就是指语法难度循环性上升、重复性递增的教学方式。"复式"是指一个语法项目在不同教学阶段的重复;"递升"是指该语法项目的重复教学不是原地踏步,而是从难度上递增渐深,成为由低到高、循环梯阶性的教学。比如,学习趋向动词,可以把它分成几个教学小阶,每个小阶都是在前一小阶基础上攀升一定的难度、实现一定的整合。

（四）细化原则

"对外汉语教学的实际需要和学习者提出的或出现的种种问题迫使汉语本体研究要进一步细化。"[②]语法教学时,如果类属、规则、意义等关系太过抽象概括,学习者的类比和衍推就容易出问题。比如,汉语动词可接处所宾语问题。汉语可以说"吃食堂",但学习者类推成"吃面馆""坐食堂""学教室"就都错了。所以,语法教学应尽量细化到小类的选择限制条件及意合关系,从而有效地杜绝学习者的类推、类比偏误。

（五）简化原则

简化原则是指将繁复、抽象、理性的语法规则或内容做简洁的、浅明的、感

---

① 参见吕文华《对外汉语教学语法体系研究》,北京语言文化大学出版社,1999年。
② 参见陆俭明《对外汉语教学与汉语本体研究的关系》,《语言文字应用》2005年第1期。

性的、条理的、图示的等教学处理，使语言直白易懂、内容简单浅显、方法具体直观。汉语是一种临摹性很强的语言，有具象化、外显化的特点。教学时尽量少用术语概念，多通过具体形象的实例，把语法的认知理念、规则要领融会进去，把抽象的规则浅显、简化地概括出来。

（六）类比原则

类比原则是指教学中将相关语法项目——词类、结构、句型、功能、关系等进行对比，主要体现于三个方面：汉语内相近现象的对比、汉语与学习者母语对应形式的对比、汉语学习中正误形式的比较。由于语言对客观经验的编码方式不同，语言的使用者也倾向于按他们语言所提供的不同范畴去区别和辨认经验，说第二语言的人往往会忽略说第一语言的人所要注意的那些差异。因此，不同的认知经验和思维方式是教学中尤需关注的。

同时我们也要看到，尽管在语种单一的教学环境中，尤其是零起点或低水平的初级层次教学中，适当地、准确地使用一些汉外对比会起到简单易懂、画龙点睛、少走弯路的教学效果，但是也不能忽略两种语言在该语法项上隐蔽的细微差异，否则也会引发类推偏误。

（七）解释原则

解释原则是指对所学语法项目做出合理的、恰当的理据性分析和认知性解释。解释原则的核心是认知理念。语法教学之所以要突出认知理念，是因为人类的能动性本能和人类认知新语言与认知世界的原理相同。因此汉语教学时不能把人当作机器，简单地"刺激—反应"式地重复模仿，应让学习者理解性地、创造性地根据实际语境的需要，适宜地、合理地、灵活地进行表达。

贯彻解释原则，在教学过程中应突出以下方面：第一，整个教学过程中，语法项讲解采取渗入式、点拨式，认知讲解与形式教学尽量统一并贯穿于教学全过程，用一种潜在的认知理念驾驭整个语法形式的教学过程。第二，仍可以句法结构等形式特征为主要教学形式，但也要以渗入认知要点作为内在灵魂和知识切入点。既要点出、导出（讲解）认知原理，又要强化结构形式特征。第三，强化性操练的角度要转向认知，不能为操练而操练，练习思路和练习形式要与认知点紧密配合，充分体现认知思路。

（八）操练原则

操练原则是指在语法教学过程中实施大量的句法形式、意义关系、实际应用等操作训练。该原则可看作是对语法教学性质理念的最直观、最实际的检验。对于第二语言的语法教学来说，教师的作用是引导性的，其作用在于帮助学习者认知、理解汉语的一些语法现象、使用规则和规律，建立起汉语语法的认知系统。讲，应提纲挈领、抓关键要点地讲，讲那些最实际、最有用、最富有启发性、最能帮助学习者理解的东西；练，要紧密配合讲解要点，从不同侧面、角度、层次、语境进行各种各样的实际练习。

以上谈及的实用、针对、复式递升、细化、简化、类比、解释、操练八项原则，是对外汉语语法教学最基本的原则。八项原则在教学过程中彼此不是割裂、孤立、单一的关系，而是水乳交融、相辅相成、相得益彰的关系。教师要想准确地抓住语法教学要点，并把它处理得简要、浅显、明白、恰到好处，就首先要吃透、研究透语法点项，进而做出合乎实际应用规则的再研究和再加工。

四 汉语语法教学的基本方法

（一）对所教内容做浅化和简化处理①

对外汉语语法教学是难还是易？从事与未从事过这种教学的人可能会有截然相反的回答。汉语语法研究资深的教授未必登得了对外汉语语法教学的讲台，原因就在于对所教内容没有做浅化和简化处理。其实，对外汉语语法教学难就难在要把那些研究得较深、较难的问题，用浅显明白的语言讲出来，用适当的方法让外国学习者理解和会用。可以看到，这是一种对知识反复咀嚼、内化的过程，没有对汉语语法本身深入细致的研究做前提，也就没有这种咀嚼、内化的可能。从事对外汉语语法教学，首先就要经历这种在深入研究汉语语法的前提下反复咀嚼和内化的过程，使所教内容科学地浅化和简化，这是建立和体现对外汉语语法教学体系的第一步，也是最重要的一步。这里所讲的"浅化"和"简化"，具体可以通过以下几个方面表现出来：

---

① 此部分主要参考卢福波《对外汉语教学语法的体系与方法问题》，《汉语学习》2002年第2期。

1. 感性化。

谢信一曾提出"汉语是一种图画语言"的观点,戴浩一也认为汉语的临摹性很强,这都表明汉语有一种具象化、外显化的特点。认识这一点对对外汉语语法教学十分重要。在语言习得过程中,感性认识是第一认识,是通过感官可以感觉得到的认识。让学习者先具体地、形象地去感觉,然后再把这种感觉到的东西升华以后概括出来,就可以使复杂的知识浅化、简化并牢记不忘。

比如,我们进行量词"把"的教学时,可以先给学习者一个字形的感性认识。"扌"表示这个词的意义跟"手"有关,"把"的动作是用手抓住的意思,那么能用手抓住而使用的某个东西也可用"把"称量,如"一把伞""两把扇子"等。用"手抓"来称量的某些东西,也可用"把"作为计量量词,如"一把土""一把花生"等。"一把年纪"也是由"一把胡子"隐喻而来的,学习者会由此进行形象的联想。这样学习者就能从形象的抓拿动作入手,进而很容易地掌握"把"的多种意义和用法。

2. 条理化、公式化、图示化。

我们给学习者做语法现象解释或使用条件说明时,不能把专家的认识、论证过程全都讲出来,洋洋洒洒,使学习者混混沌沌,不得要领,而要一条一条、简明扼要。在可能的情况下要用高度概括的公式或图示呈示出来。

3. 简化。

简化表现在对语法内容的取舍上,这是体现对外汉语语法教学体系最直接、最具体的环节。我们在给学习者的汉语水平分出层级以后,就要按层级水平对语法项目及其语法项目内的范围进行取舍。像中级水平这一层级,就只能选取那些使用频率高、具有普遍意义的语法项目。比如,在讲"把"字句时,我们就要选讲"把"字句的最基本意义和最基本形式以及使用时的最基本条件。至于"把个孩子弄丢了""把桌子一拍"这样一些特殊意义和用法的"把"字句,完全可以暂时放在一边,以免引起学习者掌握一般"把"字句系统的混乱。

简化、浅化还表现在对学术概念和定义的处理上。对外汉语语法教学以少用术语、少讲定义为宜。术语只是作为一个名称为称谓而用,学习者只要知道教师说的这个概念指的是什么就可以了,不必消化概念,更不需要背记概念。比如,教师讲课时可能提到"短语"这个概念,但最好不要讲它的定义,只要举出一些例子,让学习者认识一下短语的面目就可以了。

(二) 将对比或比较贯穿于语法教学始终

作为第二语言的汉语学习,学习者一般来说都是成年人。他们已有的语言系统、知识结构、思维能力必将形成汉语语法学习过程中的正负迁移,他们的汉语语法学习也总是在类比、思辨中进行。学到汉语一个词,他们会立刻去母语那里找跟它对应的那个词;学到一个语序排列,他们会马上跟母语里相对应的排列比较有什么不同。这也许正是成年人掌握第二语言语法速度快于儿童的原因。但是,他们类比和思辨的结果并非都是正确的,也常常会出现错误或偏差,由此而形成的汉语系统就走了样——一种中介语系统。针对这种习得特点,对外汉语语法教学中的对比也应该无处不在。教师要根据自己的教学经验(已掌握的学习者的中介语系统情况和负迁移规律)、学习者的个人条件(国籍、汉语水平等)和汉语自身的特点等,把学习者可能出现的问题都想到,通过对比、比较把问题讲解清楚,以最大可能地减少负迁移和偏误率。

(三) 自识、自检的自主学习过程

自识是指学习者发挥主观能动性,在教师的帮助下自己去发现和认识汉语语法的规律、规则。虽然这是一个使教师颇费脑筋的过程,但是学习气氛和学习效果通常比较理想。比如,量词"双"和"对"是学习者既说不清区别又易混用的一对词,教学时可以让学习者充分地说出用"双"和"对"的"数量名"组合,学习者受水平所限,摆出的组合肯定不够,教师可以帮助他们摆,摆得越多,学习者越容易发现规律。如果规律发现得不好,教师要适当地给予引导,一般学习者最后可以认识到"双"和"对"的差别所在。

而自检就是让学习者用语法规则、条件等对自己实际使用的话语进行检查。比如,学完了"了",可以让学习者写一写昨天、周末或假期的事情,然后自检"了"使用的情况。这种检查不仅可以发现学习者在学习中的问题,还可以发现教师教学中的不足,不失为一种好方法。

(四) 精讲多练,讲练结合

在对所教内容做浅化和简化处理的基础上进行的"精讲"是最为有效的。

同时,对于教师而言,"多练"在巩固学习者所学知识的同时,还是一个重要的信息反馈环节。教师可以通过这个环节发现学习者学习中的问题和自己教学中的不足,从而及时解决问题,调整教学,不断提高教学质量和水平。

综上所述,虽然教学有法、教无定法,但是在一致的教学思想和目标下所确定的教学体系、基本途径、环节和方法应该是大同小异的。语法教学要实现其目的,就不能仅仅局限在语法形式的范畴内,而应以语法为基础、为主干,并容纳认知、语义、语用等方面的内容和方法,在教学和习得规律的控制下,形成一个完整的教学系统。

思考题

1. 结合所学外语,说明不同语言语法差异的本质何在。
2. 从跨语言比较的角度看,汉语具有哪些突出的语法特点?
3. 外国人汉语语法偏误的大量出现说明了什么?
4. 请结合具体实例,谈谈你对初、中、高三个阶段语法教学目标的理解。
5. 汉语语法教学有哪些基本的原则和方法?
6. 请分析"都同学们去图书馆学习汉语"中的语法偏误,并设计教案对汉语副词位置问题进行讲解。
7. 请解释"我会写汉字写得很快"的偏误原因,并分析"能"与"会"的异同。
8. 请就"把"字句的教学设计教案。

第五章 汉语语法教学(下)

在第四章理论探讨的基础上,本章从不同的侧面具体讨论语法教学的实际问题,着重讨论实词、虚词、语序、句型和句式、语篇以及相关语法范畴等的教学问题,希望这些问题的讨论有助于我们对汉语语法教学理论和方法的进一步认识和理解。

第一节 汉语语素教学

一 语素教学在语法教学中的地位

层次分析法认为,语素是最基本的语法单位,那么,对语法结构进行层次分析应该始于语素。1984年公布的《中学教学语法系统提要》所包含的语法单位为五级:语素、词、短语、句子和句群。这是就以中国学生为对象的语文教学来说的。在对外汉语教学语法体系中,对语素的地位存有争议,主要体现在对"字"本位、"词"本位和"句"本位的争议上。

"本位"是指语言的基本结构单位,是语言研究的基础。"本位论"不仅是一个理论问题,也是一个非常现实的应用问题。在语言教学中,"本位论"体现在两个层面上,一是对语言基本结构单位的确认,二是教学方法的选择。

现有的对外汉语教材绝大多数都没有标示其本位观,不过还是可以通过对教材的分析加以确认的。有些教材则明确提出了本位论的主张,大致如下:一是词本位。以"词"作为基本结构单位,在具体教学中以"词"为出发点,国内对外汉语教材差不多都可以归为此类。二是句本位。近来有个别口语教材明确标示为句本位教材,明确提出,要变传统的词语本位为句子本位。三是字本位。法国白乐桑等编的《汉语语言文字启蒙》明确标示为字本位教材,以"字"为基本结构单位,将"字"作为教学的起点。[①]

国内现行教材多数并未把语素作为一个语法单位纳入教学语法体系,语素教学主要用于词汇教学,语素教学在语法教学中几乎不占据什么地位。但是由于汉语词语结构与短语、句子的句法结构具有极大的相似性,适当利用语素教学进行语法教学,有助于词类(特别是实词)的语法教学。

二 语素教学在语法教学中的作用

在运用语素教学进行词汇教学时,由于要分析语素和构词法,实际上就是在词汇教学阶段让学习者感知汉语的句法结构特点。比如,学习"提高"一词,教师应当告诉学习者,"提"是表示动作行为的动词,"高"是结果,"提高"可以扩展为"提得/不高",从而避免"我的汉语水平不提高"这样的错句。

语素教学还有利于特殊的名词、动词、形容词小类的语法教学。比如,汉语中有"名+量"构成的集合名词,如"布匹""花朵""车辆""船只""信件""人口""事件"等,这些名词共同的语法特点是不能再受数量短语修饰,如例(1)a;动词语素与名词语素构成的"动宾"式动词多数是离合词,它们一般不能再与名词宾语搭配,如例(1)b;ABB式形容词不能受程度副词修饰,如例(1)c:

(1)a.*路上有很多辆车辆。

b.*下午我要去见面一个朋友。

c.*春天的树叶很绿油油的。

此外,语素分析还可以用来辨析易混淆词,一些常见的语法偏误也可得到纠正。比如,通过分析"帮助"和"帮忙"构成的不同,避免外国学习者常说的"帮忙我"一类的错句。

某些单音节词可以处理为词缀,有助于特殊句法现象的理解,减少习得偏

---

① 参见白乐桑、张朋朋《汉语语言文字启蒙》,华语教学出版社,1997年。

误。比如,指说话人一方的"我一",在"我国""我校""我军""我方"里,"我一"的作用是以人际关系为坐标,对后面的名词性成分进行限制、指别,多用于书面语。这样"我一"的特殊用法就与"我们""我的"等语言现象区分开来。再如,把"一里""一上""一下"等单音节方位词处理为方位后缀,其用法就可以与双音节方位名词区分开来。

第二节 汉语实词教学

一 实词在语法教学中的地位

词是语言中最小的能够独立运用的语法单位,是组词造句的基础,因此有人主张"词本位"。词类教学是语法教学的核心内容之一,其中名词、动词、形容词这三大类实词在语法教学中占有重要地位,这主要表现在以下几个方面:

首先,从话语表达的角度来看,如果将话语构建过程比喻成砌墙,虚词起到的是水泥砂浆的作用,而三大类实词就是砖头。其次,从语言教学的角度看,三大类实词是词汇教学的主要内容。在以词频统计为依据而制定的对外汉语词汇教学的指导性文件《汉语水平词汇与汉字等级大纲》中,甲级词、乙级词和丙级词共 5253 个,其中三大类实词 4609 个,约占 88%。掌握了三大类实词的用法,就意味着掌握了绝大部分基本词的用法。再次,从语言学习的角度看,对汉语学习者来说,他们首先应该学会的是理解三大类实词所能独立充当的主要句子成分、如何使用它们构建汉语基本句式,进而运用它们进行最基本的语言表达。最后,从短语的句法功能看,名词性短语、动词性短语、形容词性短语是最重要的三大类短语类型。研究汉语短语的结构关系、功能类型及其成句条件,特别是不同句型对不同短语的选择要求,是对外汉语语法教学的重要课题。[①]

在词的层面,三大类实词主要的教学内容应当是词类、各词类的句法位置

---

① 参见赵金铭主编《对外汉语教学概论》,商务印书馆,2004 年。

以及它们所能充当的句子成分问题。其中,词类问题应当包含三个既相互联系又相互区别的方面:词类划分、词性确定和兼类词的辨认。词类是划分词在句子中的功能类别。根据王还主编的《对外汉语教学语法大纲》,汉语的词可划分为名词、代词、数词、量词、形容词、动词、助动词、副词、介词、连词、助词、叹词和象声词13类。但是鉴于三大类实词内部的某些句法属性的特殊性,有些学者主张从名词中划分出方位词,从形容词中划分出区别词。如何处理和教授这些具有特殊句法属性的实词,是语法教学中需要面对的重要问题之一。词性是确定某一个词的功能类别,比如,"人民"是名词,一般充当主、宾语;"热爱"是动词,主要充当谓语;"热闹"是形容词,常常充当定语、谓语或补语。由于汉语的词没有形态变化,很多词所能担当的句法功能并不单一,因此词性的确定一直是语法研究和语法教学中的一大难题。正因如此,汉语的词便存在不少兼类现象。比如,名词和动词兼类(如"锁"),名词和形容词兼类(如"困难"),动词和形容词兼类(如"滑"),名词、动词和形容词兼类(如"便宜"),形容词和副词兼类(如"实在"),动词和介词兼类(如"比"),等等。汉语词类问题是语法教学中一个不可回避的实际问题,比如,在对外汉语教材或工具书中标不标词性、怎样标词性、标什么词性等,也都是颇费斟酌的。

此外,不同的词类有不同的语法特征,有不同的语法要求。讲解各词类的句法位置以及它们所能充当的句子成分,对外国学习者理解和掌握汉语结构规律都是至关重要的。

二　名词与名词教学

名词是词汇教学的主要内容之一,《汉语水平词汇与汉字等级大纲》所收的8822个词语中,名词有3865个,约占49%。在对名词进行语法教学时,主要应注意以下几个方面的问题:

(一) 汉语名词的语法特点

汉语名词没有性、数、格的形态变化。名词一般不直接受数词修饰,而要在数词与名词之间使用量词,如"三个本子""两把椅子""五支铅笔"等。在对名词进行语法教学时,应该把与之搭配的量词一一讲解清楚。

某些名词可以重叠。汉语教材中要不要出现名词重叠这个语法点,是一个值得讨论的问题。有人认为,这样处理弊大于利,原因很简单:教材中列出的"天天""家家""人人"等几个所谓的名词都带有明显的量词属性,充其量是"准名词",而真正的名词,如"书""楼""春"不可能重叠。如果把它作为一个单独的语法点在教材的"语法"部分重点讲练,会造成误导,加重第二语言学习者目的语规则泛化问题。因此,合理的办法是,要么放在"量词重叠"里,要么以注释方式淡化处理。

(二)汉语名词所能充当的句法成分

名词经常充当主语、宾语、定语。当名词充当主语或宾语时,某些句式对名词是否需要数量词修饰、需要何种数量词修饰具有特殊的要求,在进行句式教学时要特别注意。比如,存现句中的句首名词前一般不用数量词修饰,如"桌子上放着汉语书",但有时也用数量词修饰,如"一张桌子上放着汉语书,一张桌子上放着英语书"。再如,"把"字句中"把"后的宾语名词前一般要使用定指性修饰成分,像"请把一本书递给我"就不对,应该说"请把那本书递给我"。可是某些语境下,"把"后的宾语名词前也可使用非定指性修饰成分,如"刚才我把一本书放在桌子上了,怎么一转眼就不见了?"。在汉语语法教学中,如何解释这类与名词的指称意义相关的语法现象,使学习者体会到其中的不同之处并能正确使用它们,还是一个需要深入研究的课题。

某些名词可以充当谓语,如"今天星期一""每人一个语伴""一个班22个学生""有些老外的生活很中国"等。这些由名词充当谓语的特殊句式,在汉语教学中是否应该出现、出现在哪个阶段、教授到何种程度都是语法教学应该关注和思考的问题。

(三)汉语名词中特殊小类的语法教学

一般认为,时间词与方位词是名词的小类,与其他名词相比,这两类名词具有特殊性。它们在句子中经常出现于谓语动词前、主语后或句首充当状语。汉语的方位词使用比较复杂,汉语第二语言学习者在方位词上常常出现较多偏误,如:

(2)a.我在家——我在家里

b. *我在大楼——我在大楼里

c. 我在北京——*我在北京里

d. 最北边——？最北方——？最北部

为何双音节方位词(如"东边")与单音节方位词(如"里")的搭配能力不同？单音节方位词可以与哪些名词共现、不能与哪些名词共现？"北边""北方""北部"这类词又有什么区别？这些都应该是方位词教学的重要内容。

(四) 汉语名词的构词法教学

如果教给学习者一些汉语构词法的知识，他们会发现，掌握汉语里一个词相当于学会了一群词，或者说学会了潜在的一群词。拿名词来说，西方语言是一物一词，而汉语的相关名词往往具有相同的中心语素。汉语在指称物体或事物时，通常用一个统称词加上一个描述词(语素)就可以组成一个新词，如"鸟"(火鸟、鸵鸟、翠鸟、雏鸟……)、"瓜"(西瓜、南瓜、黄瓜……)等。再如，教给学习者常用名词词缀，如"老—""—子"等，当学习者遇到"老头儿""老板""老大"及"孩子""柜子""叶子""袖子"等词语时，就可以猜测其词义。

三 动词与动词教学

动词在语法教学与研究中占据重要位置，是词语组合、句型句式等各种语法现象分析与研究的核心内容。在动词教学中，动词的语法特点、常用动宾或动补等搭配、近义动词用法辨析、特殊动词小类等应是教学的重点。

(一) 汉语动词的语法特点

对汉语初学者来说，有必要让他们意识到汉语动词的一般语法特点：动词主要充当谓语，有时也可以充当主语、宾语、定语、状语、补语；其前可以有状语，其后可以有补语，可以使用"了""着""过"等来表示"时态"；动作动词和表示生理状态的动词前面一般不能加"很"等程度副词；多数动作动词可以重叠；等等。

动词重叠是动词教学的重点内容之一，单双音节动词重叠的不同形式、动词重叠后"了"的句法位置、动词重叠的语义与使用环境等都需要作为专门语法点进行教学。动词充当补语是一项长期的教学内容，除了在结果补语(如

"找到")的教学中进行专门教学外,在教学中还应让学习者逐渐掌握每个动词的常用补语以及与不同补语搭配时的不同意义。此外,动词充当定语时,动词与中心语之间需要使用"的",如"那儿卖的水果非常新鲜";动词充当状语时,动词与中心语之间需要使用"地",如"她抱歉地说了声对不起"。

（二）动词与其他句法成分的搭配

列举动词的常用动宾、动补搭配是进行动词教学,特别是中高级阶段动词教学的重要内容之一。如讲解"摆脱"这一动词时,有必要列举"摆脱压力""摆脱困境""摆脱影响""摆脱负担"等动宾搭配,也有必要解释"摆脱开""摆脱掉""摆脱出来""摆脱不了"等动补搭配。

（三）近义动词用法辨析

近义动词用法辨析是动词教学的重要内容,比如,由于不了解"变""改变""换"等动词的区别,初级学习者会说出"我要变我的班""我打算变我的学习方法"等错句。对相关动词进行语义特征分析、及物性分析（及物动词、不及物动词）、情状类型分析（状态动词、活动动词、完成动词、达成动词）是研究近义动词区别时所常用的分析方法和分析视角。

（四）特殊的动词小类

在教学中应给予特别注意的动词小类主要有助动词（也称能愿动词、情态动词）、离合词和趋向动词。

1. 助动词。

助动词"会""能""要""必须"等用在动词或形容词前表示可能、意愿、必要等意义。在教学中,除了讲解助动词的句法位置、正反疑问形式等语法特点之外,还需要对相关助动词进行区分,后者是教学上亟待解决的问题。比如,汉语学习者想表达"能吃辣"的意思时,说"他很会吃辣",还有的不甚理解"他会喝啤酒"和"他能喝啤酒"的区别。"会"和"能"的语义语用差别至今仍是教学语法研究和探讨的热点问题之一,如何通俗易懂、简洁明了地教授给学习者,仍是需要探讨的问题。

2. 离合词。

离合词是语素之间可以插入别的成分的词,如"睡觉（睡半小时觉）""见面

"(见朋友一面)"等。关于离合词,汉语学习者常见的语法偏误包括:在离合词后使用宾语,如例(3)a;离合词和时量补语的句法位置错误,如例(3)b;离合词的重叠形式错误,如例(3)c。我们应针对这些常见偏误进行语法教学。

(3)a.*昨天我见面了一个朋友。

b.*他每天睡觉八个小时。

c.*下课后,我常去游泳游泳。

此外,讲解一些离合词的构词法特征对学习者判断离合词有所帮助,如典型的离合词是述宾式动词,述宾式动词大多可以当离合词使用。

3. 趋向动词。

趋向动词"来""去"以及复合趋向动词"下去""出来""过来""起来""回去"等是外国人学习汉语的难点之一。比如,说"回学校去",不说"回去学校";说"回家",不说"去家";说"吃进去",不说"吃进来";说"安静下来",不说"吵闹下来";说"吵闹起来",不说"安静起来"。在教授趋向动词及其相关句法成分的句法位置后,趋向动词的引申用法是教学的重点内容,应侧重从语义的理据、主观范畴等角度进行教学,以使学习者理解、掌握其用法。

四 形容词与形容词教学

形容词研究总体上取得了很大的成就,但形容词教学中还会出现一些常见的偏误,其教学问题未能很好地解决。外国学习者学习形容词时的难点与教学重点如下:

(一) 充当句法成分时是否要求复杂形式

汉语形容词可以直接充当谓语,不需要在主语和形容词之间使用系动词,如说"她很漂亮",一般不说"她是很漂亮"。在学习者掌握了形容词直接充当谓语后,又会出现另一类错误,即使用光杆形容词充当谓语,如"今天我高兴"。汉语研究表明,形容词,特别是性质形容词多与程度副词搭配构成形容词短语充当句法成分,但在感叹句、比较句中,形容词却多要求以光杆形式出现,如不说"她多么很漂亮啊""哈尔滨比北京很冷""哈尔滨比北京冷极了"。这是因为光杆形容词充当谓语时具有比较意义,如"他高,我矮"。

（二）充当定语、状语、补语时是否带"的""地""得"

形容词充当定语和状语有带结构助词和不带结构助词两种格式，如"干净衣服"和"干净的衣服"、"轻放"和"轻轻地放"、"打扫得干干净净的"和"打扫得干干净净"。不带结构助词的搭配受到限制，比如，可以说"厚书"，但不说"厚雪"；可以说"轻放"，但不说"轻打"。说到"粥""饭""馒头"的冷热时，可以直接说"热粥""热饭""热馒头"或"冷粥""冷饭""冷馒头"；而说到"鱼""肉""烤鸭"的冷热时，则必须说成"热的鱼""热的肉""热的烤鸭"或"冷的鱼""冷的肉""冷的烤鸭"。据统计，《形容词用法词典》所收的918个双音节形容词中，能充当状语的有486个，充当状语时，一定要带"地"的双音节形容词有320个。带不带"地"受什么因素制约，是教学中应该回答的问题。

（三）形容词充当状语与充当补语的区别

现代汉语单音节形容词既可充当状语，又可充当补语，这是汉语语法的一个重要现象，也是外国人学习汉语的一个难点。状语与补语误用的句子如"下课以后我们好好休息了""中国朋友常对我们说要穿衣服穿得多"等。

这类偏误的成因在于学习者没掌握好形容词充当状语与充当补语的区别。在教学中应有意识地让学习者意识到"可控性"与"非可控性"、"目的"与"结果"，强调重点是"动作"还是"结果"等语义区别，进而讲解清楚单音节形容词充当状语与充当补语的不同表达功能，交待它们不同的使用语境，并结合语义提取常用句型，设计具体的情景进行教学。

（四）形容词重叠

形容词是汉语实词中一个具有形态变化的词类，其特点之一是可以用不同的方式重叠，重叠后具有不同的语法意义，在词汇意义上也会发生变化。在教学中首先应注意，不是所有的形容词都可以以AABB的形式重叠，如果不加以说明，学习者以为双音节性质形容词普遍能以AABB形式重叠，结果就产生了类似"长得美美丽丽的""特特别别的衣服"的错误。据统计，约70%的双音节性质形容词不能重叠。教师应告诉学习者双音节性质形容词大部分不能重叠，小部分可以重叠，并在教学中随机加以说明。

形容词重叠在语句中往往起到一种特殊的作用。比如，在使用了形容词的AABB重叠式的语句中,如果将重叠式换为原式,句子就有可能不顺畅甚至不成立;即使句子能够成立,其表义功能、音节节律和感情色彩也会发生变化。此外,形容词重叠式并不完全等同于与之相近的"程度副词+形容词"短语。在学习者的错句中,有相当多的句子是将形容词重叠式等同于与之相近的"程度副词+形容词"的,如:

(4)a. *这辆自行车漂漂亮亮的。
b. *我们今天去了西单,我们高高兴兴。
c. *别担心,这个问题简简单单的。

较为合理的教学对策是:突出形容词重叠式的意义和功能,在教材注释和课堂讲练中要突出形容词重叠式的状态意义和描写作用,不能将它与"程度副词+形容词"的功能等同起来或是用后者解释前者,以免误导学习者。在说明形容词重叠式可以充当定语、状语、谓语和补语的同时,要进一步强调其充当状语的功能,并在例句中增加充当状语的例句数量,引导学习者正确使用。

第三节 汉语虚词教学

一 虚词在语法教学中的地位

汉语虚词在语法教学中占有重要地位,特别是中高级阶段,虚词教学是语法教学的重点和难点所在。为了强调其重要性,有研究者提出,有必要在中高级阶段把汉语虚词教学从语法教学中离析出来,专门进行教学。①

虚词在汉语语法教学中的重要地位与汉语虚词的特点密切相关。在任何语言里,虚词比实词都少得多,但其语法的重要性都大大超过实词。在汉语里,虚词则占有更为重要的地位,因为汉语没有严格意义上的形态变化,虚词在汉语中担负着更为繁重的语法任务,在语法关系和语义关系的表达中起着更为重要的作用。

---

① 参见李晓琪《论对外汉语虚词教学》,《世界汉语教学》1998年第3期。

汉语里有大量的虚词，如介词、连词、副词、助词、语气词等。据统计，汉语虚词总共有 900 多个，语法等级大纲里就列了 500 个。这些虚词不仅意义复杂、抽象、难以把握，而且在使用中常常涉及句法、语义、语用等多种因素，使用灵活，何时必用、何时可用可不用，有各种制约条件。虚词使用的数量之大，用法之复杂，都超出了学习者的想象。汉语第二语言学习者能不能掌握好虚词，也成为他们能否学好汉语的关键之一。

据不完全统计，在外国学习者所出现的语法错误中，跟虚词相关的就超过 60%，包括：(1)该用，但用得不是地方；(2)该用这个虚词而用了那个虚词；(3)不该用而用；(4)该用而没有用；(5)句子里共现虚词不相配；(6)没有满足所用虚词的特殊要求；等等。虚词的句法位置、易混淆虚词辨析、虚词的隐现、虚词的语义与语用功能等一直都是汉语语法教学的难点，如下例所示：

(5) a. 我想再吃一个苹果。

b. *我想还吃一个苹果。

c. 别急，再坐一会儿。

d. *别急，还坐一会儿。

(6) a. *他这样做是合情合理。

b. 他这样做是合情合理的。

c. *他这样做是偏听偏信的。

d. 他这样做是偏听偏信。

(7) a. ? 她是个女人。

b. 她毕竟是个女人。

在语法教学中，虚词之所以要重点讲，还在于虚词的"个性"很强，同一类虚词用法上可以很不一样，因此，虚词的用法不像实词那样可以一类一类地学习。此外，虚词也很难从学习者的母语中直接迁移，如汉语中的高频虚词"和""都""也"与英语 and、all/both、too/also 等只有极小一部分意义和用法相对应，绝大部分的意义和用法是不同的，这就有可能造成迁移性偏误。因此，对于虚词，教师不能只讲词类的特点，常用的、重要的虚词必须一个一个地讲，而学习者也得一个一个地学，如介词"对于""关于"等，连词"和""并""而"等，副词"也""还"

"再""又"等,语气词"吧""呢""嘛"等,都应成为教学重点。

对于汉语虚词,应注意把已有研究成果转化到教学中来,特别是要对虚词的主观性、理据性、篇章功能、用法辨析等进行强调,以满足学习者的需求。

二 副词与副词教学

《汉语水平词汇与汉字等级大纲》中收录的副词、介词、连词、助词共522个,其中副词有335个,占64%,可见副词在虚词中占据极其重要的位置。汉语的副词不仅数量多,而且相互联系紧密,差别细微,是汉语语法研究和语法教学的一大难点和重点。比如,"再""还""又"这三个副词,它们都表示"重复"意义,但它们的语义相互交叉,十分复杂,难以让外国学习者准确理解、正确使用,因而也是汉语虚词教学的重点。

与副词相关的偏误类型主要有语序错误、句法成分或句式偏误、副词与其他虚词混用、主观语义偏误、副词缺省等,如:

(8)a. *他是留学生,也我是留学生。

b. *昨天晚上我们参加了真热闹的联欢会。

c. *我从来喜欢旅游。

d. *刚有一个人找你。

e. *我们刚才下课。

f. *老师,你教得够好的。

g. *租房子真不容易,我找了三个星期,找到一个满意的房子。

鉴于以上种种的偏误现象,教师在讲解虚词时,应把握句法、语义、语用相结合的原则。不仅要准确无误地讲清虚词的意义,还要讲清虚词的句法功能,如在句中的位置、充当什么成分、与其他词的组合搭配情况等,同时还要讲清它的语用条件、使用环境,在什么情况下使用,在什么情况下不能使用,三者缺一不可。[①]

(一)讲清意义

一个虚词往往有好几个义项,有的使用频率高有的则相对较低,有的简单

---

① 参见陆俭明《关于汉语虚词教学》,《语言教学与研究》1980年第4期;李荣《谈对外汉语虚词教学》,《世界汉语教学》1997年第4期。

有的则相对复杂。根据认知规律和教学规律，虚词教学应该分层次进行，先教频率高的、容易学的，后教频率低的、难学的。学习是一个由浅入深、由低到高逐渐积累的过程，内容的编排也应该是螺旋式递升。教师讲解时不必一下子把所有义项都教给学习者。一般来说，课文中是什么义项就教什么。在讲解新的义项时，最好先复习学过的义项，找出新旧义项之间或几个义项之间的关联。通过典型例句，让学习者形成语感。在教学中常见的方法有：

1. 典型例句归纳法、认知发现法。

实践证明，教授虚词用归纳法更为有效，即不要在一开始讲解时先给出一个所谓科学的定义，而应化难为易，先举出一定数量的典型例句，让学习者在语用环境中体会该词的意义，然后再归纳出一个较为通俗全面的定义或几个义项。在归纳的过程中发挥学习者的主观能动性，启发学习者自觉发现其语法意义。比如，讲解"有点儿＋形容词"时，教师先给学习者展示"有点儿＋形容词"的典型搭配，然后让学习者观察：

(9) a. 有点儿贵／有点儿丑／有点儿不舒服

b. ＊有点儿便宜／＊有点儿漂亮／＊有点儿舒服

在学习者充分观察的基础上，教师最后帮助学习者总结归纳"有点儿＋形容词"的语法意义：对形容词表示的状态等不太满意。

2. 近义副词对比法。

现代汉语里，许多虚词可以构成一组同义或近义词，在意义上有相通之处，更有不同之处，可以将这一组近义虚词放在一起学习，使彼此衬托出各自的鲜明特点，进而更准确地把握其意义，如"就"和"才"、"再"和"又"、"不"和"没"等：

(10) a. 电影8:00才开始，他7:00就到了。

b. 电影8:00就开始了，他8:30才到。

(11) a. 去年我去过一次长城，上星期又去了一次。

b. 去年我去过一次长城，下星期再去一次。

(12) a. 因为要准备考试，我今晚不去参加朋友的生日晚会了。

b. 因为要准备考试，昨天我没参加朋友的生日晚会。

有时,后学的副词与之前学过的副词或其他词语意义有相互关联之处,在讲解后学的副词时,也要注意与已学过的词语进行意义辨析,如"差不多"与"差点儿"。如果在学习"差不多"时已学过"差点儿",就要提醒学习者两个词语之间意义上的相通之处与差别所在。再如,程度副词"稍(微)""比较""很""非常"等,对比它们之间的量级关系有助于更准确地把握它们的语义。

3.情境点拨法。

对于语气副词、情态副词等副词小类,其语义具有很强的主观性,离开具体上下文,其意义的归纳说明会出现困难,需要教师通过上下文的联系,把隐性的语境变为显性的情境。比如,在学习"难免""未免""不免"等语气副词时,要结合具体语境,对它们的语义进行点拨:"难免"表示确定性的预测,其后的结构多表示符合事理的内容,主观性较弱;"不免"表示动作行为或心理活动的产生是自然而然的,可以是消极的情况,也可以是中性或积极的情况,主观性介于中间;"未免"几乎全部是表示揣测的,有非常强的推测性,完全体现了说话人的态度和感情,主观性最高。如:

(13)a.人生一世难免有伤心烦恼之事。

b.婚礼上所有的人都嘻嘻哈哈,欢欢乐乐,一种情绪,不免有些单调。

c.他觉得自己的口气未免有些太重了,说几句柔和话吧,又不会。

教师在教学中利用随机情景、课文例句或创设情境,意义讲解与情境相结合,会收到事半功倍的效果。

(二)说明用法

讲解副词仅靠词类所揭示的特点是远远不够的,同一类、同一小类,甚至每个虚词在用法上都有很大的差别。副词的用法往往与其在句中所处的位置、肯定否定、常见搭配、句型、音节等因素有关,因此在讲到副词的用法时需要结合以上有关的因素进行教学。

1.副词的句法位置。

多数副词位置相对固定,一般位于主语后、谓语前。但有些副词句法位置灵活,如语气副词"难道""幸亏""正好""毕竟"等。学习者若不能区分,就会出错。如:

(14)a. *简直他就不应该做那种事。

　　b. *我们学习永远。

有时,句法位置不同,意义也不同,如:

(15)a. 我们不都是留学生。

　　b. 我们都不是留学生。

2. 副词可充当的句法成分。

含有评注性副词的谓词性短语,基本上只能充当表述性成分——谓语或补语,而不能充当修饰性成分——定语或状语。比如,某些程度副词组成的形容词性短语可以充当谓语,而不充当定语。讲清楚后就可能解决以下偏误:

(16) *昨天晚上我们参加了真热闹的联欢会。

3. 副词的搭配条件。

副词的搭配条件主要包括副词对组合成分的搭配要求、对肯定与否定的要求、对音节数的要求等。比如,程度副词不与状态形容词搭配、"万分"不与否定副词搭配、有些副词对其后成分的音节有要求等。如:

(17)a. *他穿了一件很雪白的上衣。

　　b. *现在我很明明白白地知道了穷人是怎样过日子的。

(18) *爸爸听了这件事万分不高兴。

(19)a. *这道题过容易。

　　b. *他们今天恐怕来。

　　c. *她的脸稍微红。

4. 副词对句型句式的要求。

比如,语气副词"难道"一般出现在疑问句中;"比"字句中只能使用表双项比较的相对程度副词"更""还"等,不能用多项比较副词"最"等,更不能用绝对程度副词"很""非常"等。

(三) 在语篇中进行讲解

虚词对语境有很大的依赖性。对外国学习者来说,如果就虚词讲虚词,他们根本无法理解这些词的意思,有些副词必须放在语篇当中讲解。如时间副词"从此":

(20)a. 听了同学们的演讲,他看到了自己的差距,从此,学习更努力了。

b. 两年前他酒后开车出了交通事故,从此,他再也不酒后驾车了。

上例中的"从此",如果离开上下文就不容易说清:它的结构是属后的,语义上却是关联上下文的。没有前面发生的事情,便没有"从此"。因此,必须结合上下句的内容,把它在上下文之间上递下接的作用讲解清楚。

三 介词、连词与介词、连词教学

(一) 介词与介词教学

介词在句子中起介引作用,它介引某些跟中心谓语(动词或形容词)相关的词语,如名词、代词、各类体词性短语、部分谓词或谓词性短语等,标明这些词或短语跟句子中心谓语的句法关系和语义关系,并与其所介引的词语一起在句子中充当状语或补语。

介词是汉语教学的一个重点,汉语介词虽然不是很多,但搭配却非常广泛。从意义上看,它们可以引出时间("当""在""从""离"),引出方向("向""往""朝"),引出对象("对""跟""和""比""为""给"),引出目的、原因("为""为了"),引出施事或受事("把""被""叫""让"),或者表示排除或加合("除了"),等等。另外,很多介词的词义是从动词虚化而来的,甚至保留着虚化痕迹,如"随着""为了""通过",介词词义与动词词义有什么不同、用法上有什么区别等,都是学习者关心而教师又不容易解释清楚的问题。

《汉语水平词汇与汉字等级大纲》中涉及的57个介词中,使用频率和偏误率都比较高的介词包括"为了""为""从""随着""关于""把""给""以""比""被""对""在""向"。汉语学习者使用介词时的偏误主要有四类:位置问题,如例

(21)a;搭配问题,如例(21)b;易混淆介词误用问题,如例(21)c;误加和遗漏问题,如例(21)d、e。

(21) a. *我们关于考试时间早就通知了。

b. *我们国家一样他们国家,没有冬天。

c. *学校对于这件事非常重视。

d. *对老师的问题,很难。

e. *我跑步以外,别的运动都喜欢。

另外,在介词学习上存在明显的"化石化"现象,即学习者对在初级阶段学习的某些介词项目掌握到了一定的程度就停滞不前了,即使到了高级阶段,对这些介词仍然掌握不好。因此,初级阶段学习的甲级介词始终是难点,加强介词教学,应该特别着力进行初级阶段的介词教学。常用的教学方法包括:[①]

1. 随机教学。

在学习汉语的初级阶段,介词教学是根据课文的需要,学到哪个就教哪个。学到介词时,教常用的动词搭配;学到相关动词时,教常用的介词搭配。学习者在练习或作业中的错误也随机纠正。在学习了一段时间之后,随机对介词的基本共性、同类介词进行归纳总结,使学习者对介词有一个较为系统的认识,并避免与其他介词发生混淆。

2. 组合教学。

将介词的学习与动词的讲授结合起来,并注意进行短语教学,如"跟朋友聊天""为圣诞节干杯"等。这样既可以深化介词词义的内涵,又可以使教学过程比较生动,还能培养学习者正确的汉语语序意识。

对于成对出现的介词固定搭配,也要把它们作为一个整体来进行教学,如"在+方位词""从……起""当……时""除了……以外""对……来说"等。

3. 虚词实化教学。

在处理介词和动词的兼类词时,可使用这类方法。根据使用频率的高低,

[①] 参见陆俭明《关于汉语虚词教学》,《语言教学与研究》1980 年第 4 期;李晓琪《中介语与汉语虚词教学》,《世界汉语教学》1995 年第 4 期。

介词和动词的兼类词可以分为动介兼类或介动兼类。前者如"给""在"等,可以先介绍其动词的用法,再进行介词用法的教学,在教学中启发学习者思考两者之间的意义关系;后者如"跟""随着"等,也可以考虑此方法,因为介词的意义和动词的意义有着渊源关系,利用它们由实变虚的逻辑联系,可以使虚词意义具体化或者形象化,也有利于学习者准确地理解和记忆。

4. 对比教学。

从语言本体研究成果来看,在汉外介词对比中,几乎找不出两个介词是完全等值的,学习者母语中的介词很难正迁移至汉语。在介词教学中,提醒学习者不要被生词翻译误导。这种生词翻译法很容易使学习者从一开始就得到不完全的甚至是错误的输入,极易造成理解上的偏差。在讲课时可以做一些简单的汉外对比,如汉语的"在"与英语的 in/on/at,让学习者知道这种情况的存在,把母语负迁移的影响降低到最低程度。

汉语介词内部的对比分析,是对比教学最主要的部分。它可使学习者在对比中反复体会、理解各种介词的用法和区别。主要包括:意义近似、容易混淆的介词,如"对""对于"和"关于";意义相对但又有一定语义联系的介词,如"从"和"离";形似而义异的相关词语,如"为了"和"因为";同一介词的不同义项,如"给"。

(二)连词与连词教学[①]

汉语学习者使用连词的特点是:有些连词使用频率高于母语者,如"除了"的使用频率是母语者的三倍,且所用连词集中于《汉语水平词汇与汉字等级大纲》所规定的甲级和乙级,而那些汉语母语者比较常用的在丙级和丁级中的连词,其使用率偏低,如"难怪""除非""假如""要不然""即使"等。这同时也反映出另外两个问题:一是连词使用简化,即在可用多种连词表示相同逻辑关系时仅选用一两种,或以一种连词替代多种连词表达不同的逻辑关系等,如把例(22)a 的句间承接关系简化为"所以"因果句;二是某些连词的使用过度泛化,

---

[①] 参见李大忠《外国人学汉语语法偏误分析》,北京语言文化大学出版社,1996 年;徐丽华《外国学生连词使用偏误分析》,《浙江师大学报(社会科学版)》2001 年第 3 期;邢福义《汉语复句研究》,商务印书馆,2001 年;等等。

如例(22)b 的句间已隐含着因果关系,汉语母语者往往省略掉"因为""所以"中的一个或者根本不使用连词。

(22)a.？ 睡得也越来越好,早上六点就起得来,所以我每天早上开始学太极拳。(于是)

b.？ 因为她是非洲人,所以她的头发跟欧洲人的不一样。

此外,习得中常见偏误还包括:句法位置偏误,如例(23)a、b;成对使用的关联词部分残缺,如例(23)c;同类、义近或形近的连词混淆,如例(23)d、e。

(23)a. *不但她现在不打算回国,还打算以后在中国定居。

b. *如果没有爱好,就生活很没有意思。

c. *有人盲目地相信只要考上名牌大学,将来一帆风顺。

d. *她漂亮和聪明。(而)

e. *溜达不单纯是散步,而是一种自我放松。(而且是)

在连词教学中,除了像介词教学那样进行句法位置教学、组合教学、对比教学及辨析外,还需要特别注意的是:

第一,句与句之间的连接,一种是"意合",靠自然的语义逻辑把各句之间的关系表现出来;一种是"形合",靠语言形式作为标志把语义关系表现出来。教学中培养学习者体察汉语的表达习惯,注意不要滥用连词。

第二,讲清复杂连词的语义逻辑关系。某些表示比较复杂逻辑关系的连词,如表示让步关系的连词"即使""哪怕",表示递进关系中极端情况的"甚至""甚至于""以至""以至于",因果关系连词中用于引出已然现实的连词"既""既然",以及表示目的关系的"省得""免得""以免"等,在使用时对前后分句中各分项的组织有更为严格的要求,学习者较难掌握和使用。在教学中可以通过典型语境的分析,使学习者理解分句间的逻辑关系,进而体会出连词的意义,掌握其用法。下面以"反而"的教学为例略加说明。

"反而"表示跟上文情况相反,表转折意义,学习者多把它与"可是"对等起来,或者没有背景句提供必要的逻辑前提,这就会出现以下偏误:

(24)a. *我以为他喜欢我,他反而不喜欢我。

b. *今天有考试,他反而迟到了,我很奇怪。

在教学中可以通过典型语境引入"反而",师生对话如下:

(25)教师:有人生病了,一般来说,吃了药以后,他的病会怎么样?

学生:病就好了。

教师:可是小明吃药后,病更重了。这种情况如何表达呢?

学生会有各种回答,教师在此基础上引导出目标句(26)a:

(26)a.吃了药以后,小明的病不但没好,反而更厉害了。

同样的方式,引出目标句(26)b、c:

(26)b.退休以后,老钱不但不空闲,反而更忙了。

c.昨天下了雨,天气不但不凉快,反而更热了。

在这三个例句的基础上,教师可以归纳"反而"出现的上下文,如表 5-1 所示:

表 5-1

甲	乙	丙	丁
生病吃了药	病好	病没好	更重了
退了休	很空闲	不空闲	更忙了
下了雨	凉快	不凉快	更热

在表 5-1 的基础上,分析甲、乙、丙、丁之间的逻辑关系,如表 5-2 所示:

表 5-2

例句	预设	否定预设并递进
a	吃了药,病应该好	病更重了
b	退了休,应该很空闲	更忙了
c	下过雨,应该比较凉快	天气更热了

最后,归纳"反而"的用法,提醒学生注意连词"不但"和"反而"等的句法位置并进行操练,如:

(27)a."甲",不但不/没"乙",反而"丁",或者

"甲",不但"丙",反而"丁"。

吃了药,病不但没好,反而更重了。

b."甲",反而"丁"。

吃了药以后,病反而更重了。

吃了药以后，反而病得更重了。

四 代词、量词与代词、量词教学①

(一) 代词与代词教学

汉语代词包括人称代词、指示代词和疑问代词。三类代词习得的常见偏误有：人称代词修饰名词时"的"字隐现及单复数问题，如例(28)a、b；篇章中人称代词、指示代词多用、遗漏或误用，如例(28)c、d；疑问代词的非疑问用法偏误，如例(28)e、f；某些汉语特殊人称代词的用法偏误，如例(28)g：

(28)a. ＊我家有我爸爸、我妈妈和我狗。

b. ＊去年王老师访问了我的大学。

c. ？我在北京的时候，我住在一个很大的公寓楼里。

d. ＊……我想讲一个小故事。这是1997年的秋天，我刚进入小学五年级。

e. ＊谁这件事来办都不行。

f. ＊我什么知道？

g. ？我自己不明白。（与"我不明白自己"相混淆。）

就其本质特征来说，代词处于实词和虚词之间的过渡地带，其实词和虚词的特性分别表现在它的实用和虚用两种用法之中。实用用法比较简单，只需通过典型例句分类点拨并进行句型操练即可，多在语法教学的初始阶段进行。在这一阶段的教学中应注意易混淆代词的辨析，如"我们/咱们""几/多少""哪/哪个/哪儿"等，同时应提醒学习者注意汉语特指疑问句的语序，以及不要将其与一般疑问句混用。如：

(29)a. ＊什么这是？

b. ＊你是哪国人吗？

代词的虚用用法，如任指、虚指、无指、反问、篇章功能等用法，是初级下或中高级阶段的教学内容，也是代词教学的难点所在。在进行这部分内容的教

---

① 在本教材中，我们把代词、量词作为半虚词处理。

学时,可以采用模拟语境法、句式转换法等多种方法,重点进行固定格式、句式或语用模式教学,引导学生辨明语法形式、语义和语用的匹配关系,掌握用法。下面,以疑问代词单用时的任指用法为例进行说明。单用一个疑问代词表示任指的句式,如:

(30)a. 无论你怎么说,他就是不听。

　　　b. 他什么都知道。他什么都不知道。

教师在通过相关情境引入例示的句子后,进行句式形式特征总结:(1)复句。任指用法出现在前一分句,前面有"无论/不论/不管/任凭/任/随便"等词语,强调没有范围限制或条件限制,后一分句陈述某一事实或某一结论。(2)单句。疑问代词后有"都/也"。肯定式中的"都"很难换用"也",而否定式中的"都"都可以换用"也",并提示学习者注意主语的句法位置。(3)代词的虚用用法可以转换。如:

(31)a. 我用了各种方法,就是记不住汉字。

　　　——→不管我怎么学习,就是记不住汉字。

　　　b. 任何人都听不懂他说的话。

　　　——→谁都听不懂他说的话。

(二) 量词与量词教学

现代汉语的重要特点之一是量词很丰富。什么量词和什么名词搭配、什么情况下选用什么量词是困扰外国学习者的问题,也是语法教学的难点之一。

在《汉语水平等级标准与语法等级大纲》中共有量词 136 个,分散在甲、乙、丙、丁四个级别的词汇项目中,其中甲级占 42.6%,乙级占 33.8%,量词大多存在于基础词汇中,常用量词的教学任务一般在初级阶段就已完成。在 136 个量词中,名量词占近 80%,而动量词只占 20% 左右,因此,教学的重点是名量词。

量词习得中的常见偏误包括:量词"个"的泛化;同音异形量词偏误,如例(32)a;使用范围相近的量词偏误,如例(32)b;指称同一事物的个体和群体量词偏误,如例(32)c;漏用、多用量词,如例(32)d;动量词混用,如例(32)e:

(32)a. *墙上贴着一副画儿。

b. *他发现自己头上有一条白头发。

c. *我昨天买了一排树。

d. *我学习汉语三[个]月/半个年了。

e. *我同屋病了,他的女朋友来看了他一遍。

量词教学的内容主要有:名量词的数量结构"数+量+名";动量词的数量结构"动+数+量";名量搭配;动量搭配。

量词的具体教学方法如下:①

1. 名词形象归类法。

从学习者容易掌握的名词入手,将名词与量词的形象特征及内涵相结合,用于量词教学。比如,学习"一条河"后,介绍与量词"条"所匹配的名词的形象特征为:长条形的物体或某些具有此形象特征的动物,学习者便可联想到"一条马路""一条毛巾""一条牛仔裤""一条鱼""一条龙"等,从而达到举一反三的效果;学习"根"时,给出经常与其搭配的名词是"针""火柴""牙签"等,进而引导学习者注意"根"与"条"的差别。通过这种方法,可以使学习者摒弃对所学为数不多"数量名"短语的片面认识,拓展识记范围。

2. 认知解释法。

量词体现了汉民族在认知客观事物时常凸显形状的特点。量词的使用可以赋予名词以某种形象,使用哪个量词与汉民族对外部世界的经验和认识有关。比如,"张"用来称量"平面"形状的物体,像"一张纸""一张地图""一张照片"等。为什么"床""桌子""古琴"之类的物体也可以用"张"来称量呢?这是因为这些物品在人们的生活中,其构型中的"平面"具有视觉显著性和功能重要性,平面特征得以凸显。凸显的形状不同,量词也就不同,这也可以解释"一张床""一条长凳""一把椅子"的认知理据。这种方法有助于揭示"量+名"搭

---

① 参见陈绂《谈汉语陪伴性物量词的由来及其应用原则——兼谈对外汉语教学中的量词教学》,《语言文字应用》1998年第4期;缑瑞隆《认知分析与对外汉语示形量词教学——对外汉语量词教学个案研究系列之一》,《云南师范大学学报(对外汉语教学与研究版)》2006年第3期;张赪《类型学背景下的汉泰语量词语义系统对比和汉语量词教学》,《世界汉语教学》2009年第4期;等等。

配的认知动因及意象差异。

3. 一名多量搭配对比法。

名词与不同的量词搭配表达不同的意义,引导学习者根据所要表达的意思选用不同的量词。比如,汉语中与"药"搭配的量词有很多,如"粒""片""丸""支""瓶""盒""包""袋""板"等。"粒"表示的药小而圆,"片"表示的药扁(薄)而平;"丸"多用于中药、圆形,比用"粒"计量的药大。"支"多用于长条状的东西,指的是针剂或口服液。"瓶""盒""包""袋""板"等都是从名词借用来的,是从容器和包装这个角度分类的。

4. 探源法。

探源法也即语义演变脉络法。从本源义出发,对量词的用法进行梳理,从语义扩展的角度,找出它与表不同种类事物搭配使用的理据,适用于中高级阶段的语法教学。比如,量词"道"是从名词"道路"引申而来,它有以下几个具体用法:第一,用于江河或某些长条形的东西,如"一道河""一道沟""一道擦痕""一道缝儿""万道霞光"等。第二,人行走时从一边到另一边需要跨越道路,由此就把"道"与"围墙""门""防线""关卡""篱笆"等概念联系起来,如"一道围墙""两道门""三道防线""一道关卡""一道篱笆"等,这样"道"转为计量"长道形"之物。第三,"道"是古代行政区划名。在古代,公文、命令等层层下达,在人们的感觉中似乎有一条抽象的路,于是就出现了"一道命令""一道公文"等这样的说法,与此类似的还有"一道工序""一道流程""一道菜"等。此外,公文每到一处都要盖章,隐含有受阻、要过关之义,这样就出现了"一道难题"。

从本源义到引申义的探源法可以帮助学习者深入了解一个词,同时还有利于学习者领会量词所映射的文化内涵,感悟汉语的文化背景知识,揣摩不同词语在不同文化语境中的内涵义。

五 语气词与语气词教学

《汉语水平词汇与汉字等级大纲》中收录了"吧""呢""啊""嘛""啦""吗"六个语气词,加上兼类的"的"和"了",总量很少。但语气词语义空灵,用法多样,

难以把握,是汉语教与学的一大难题。常见的习得偏误举例如下:

(33)a.？老师,我有点儿听不懂,您再说一遍。(缺少句末语气词"吧")

b.*太贵了,能不能便宜一点儿吧？(句末语气词不用或用"呢")

c.*您大概不舒服吗？(句末语气词应为"吧")

d.*你是哪国人吗？(句末不应该使用"吗")

e.*我已经知道啊。(句末语气词应为"了")

f.*他还不知道不上课的。(句末语气词应为"呢")

对语气词的教学可以采取以下教学方法:①

（一）与句类教学相结合

初级阶段的语气词教学,应当帮助学习者初步建立起语气词和陈述句、疑问句、祈使句及感叹句四大句类的联系,即哪些语气词常用于哪些句类,把语气词教学与句类教学结合起来。如"吗""呢""吧"与一般疑问句、特指疑问句、正反疑问句、反问句之间的联系,"吧"与祈使句、"啊"与感叹句之间的联系,帮助学习者减少类似例(33)的偏误。

（二）最小配对对比法

通过对比帮助学习者理解语气词的意义和用法。这包括两方面的对比:

首先,把语气词的用与不用进行对比。比如,运用最小配对对比分析的方法,使学生反复体会、理解"吧"表示的各种语气,如:

(34)a.明天我们去长城,你跟我们一起去！

b.明天我们去长城,你跟我们一起去吧！

(35)a.今天星期一。

b.今天星期一吧？

(36)a.明天考试？

---

① 参见徐晶凝《语气助词的语气义及其教学探讨》,《世界汉语教学》1998年第2期;屈承熹《汉语篇章语法》,北京语言大学出版社,2006年;等等。

　　　　　b. 明天考试吧？

通过具体语境和语气的分析，引导并点拨学习者理解上述各例的区别：例(34)中，a句语气生硬、带有强制性，b句语气则缓和得多，是委婉的建议；例(35)中，a句语气肯定、确信不疑，b句有"吧"，语气不太肯定，信中存疑；例(36)中，a句用升调表示疑问或反问语气，b句用降调，疑问程度低得多，希望对方加以肯定。

　　其次，在学习者熟悉并掌握了基本形式的基础上，设置言语使用的具体场景，在句尾加上不同的语气词，让学习者体会不同的语气义并能根据不同的情境选择不同的语气词。试比较：

　　(37)a. 屋里有人吗？（边敲门边问，想知道）
　　　　b. 屋里有没有人呢？（听到有一点儿动静，在心里想）
　　　　c. 屋里有人吧？（问旁边的人，想从对方那儿得到证实）
　　(38)a. 不错了！进步很快！（学生回答得还不太好，但有进步了，鼓励）
　　　　b. 不错嘛！进步很快！（学生回答得很好，有很大进步，表扬）

(三) 整体组合教学法

　　对与语气词相关的一些特殊格式或句式进行整体教学，让学习者以词语模式对它们进行信息编码，一旦受到刺激，这种模式就会被整体激活，经过组合后产生言语，如"不是……吗""还没有……呢""×就×吧""我就说嘛""会……的""别……了""多……啊"等。

第四节　汉语语序教学

一　语序在语法教学中的地位

　　汉语缺乏严格意义上的形态变化，很多语法意义要通过语序来表示，汉语的句子类型也往往通过语序来表示，所以语序在汉语语法中占有特别重要的位置。它既有比较灵活的一面，又有很严格的规则。外国人学习汉语，最难掌握的往往是语序。外国学习者甚至是中高级汉语水平的学习者,语序方面的偏误都是很常见的。在中高级学习者作文、作业及口头表达中,语序偏误与"了"的使用、用词不当等并列为最常见的三大类偏误。

首先,语序极易受到学习者母语语法的负迁移,不同母语背景的学习者语序偏误有所不同。比如,日语、韩语的宾语在动词前,日韩学习者有时把宾语置于动词性成分之前,如:

(39) a. *我用一段时间后,它就自己电源关掉。(应为"它自己关掉电源")

b. *在我家的仓库,椅子、家具、架子之类的东西制作。(应把"制作"提到"椅子"的前面)

c. *您能不能几个方面的知识教我呢?(应为"教我这几方面的知识呢")

再如,在西班牙语里,非重读人称代词在句子中无论代人、代物,通常都放在动词的前面。因此学习者会出现以下偏误:

(40) a. *代表团我们送给很多书。(应为"代表团送给我们很多书")

b. *老师孙你教汉语。(应为"孙老师教你汉语")

而英美学习者则习惯于把时间、地点状语置于句尾,如下例:

(41) a. *我起床早上6:30。(应为"我早上6:30起床")

b. *他们学习在图书馆。(应为"他们在图书馆学习")

其次,由于学习者对汉语语法规则理解上的偏差,一些汉语的特殊句法成分、句式、表达方式(如补语、离合词)等,学习者在表达时常常根据母语表达习惯直译成汉语,从而出现以下偏误:

(42) a. *我不学得好。(应为"我学得不好")

b. *跳起来得高兴。(应为"高兴得跳起来")

c. *您说相当好西班牙语。(应为"您西班牙语说得相当好")

d. *我跟她聊天了一会儿。(应为"我跟她聊了一会儿天")

最后,语序不仅与句法结构密切联系,而且和语言的使用、语言的表达与理解也息息相关。汉语语序灵活多变,相同的词语以不同的组合顺序排列,就会表现出不同的语法关系和语义关系。如：

(43)a.谁都认识小王。（所有的人都认识小王。）
　　b.谁小王都认识。（小王认识所有的人。）
　　c.小王谁都认识。（所有的人都认识小王。/小王认识所有的人。）

这三个句子由于语序的不同而造成了语法关系和语义关系的不同。充分了解和认识语序变化的各种情形，把握这些语序变化对汉语语法结构的影响，是对外汉语语法教学十分重要的内容，也是外国学习者汉语学习的难点所在。

总之，语序教学在对外汉语教学中具有特殊的重要性，这是由汉语作为第二语言教学的特点所决定的。语序教学应包括句法语序、语义语序、语用语序多方面的教学。在目前的教学实践中，多偏重于句法成分排列次序的教学，而在语义成分排列次序和语用成分排列次序的教学方面做得还不够。为了解决语言习得中大量存在的语序偏误，应该结合汉语的特点，有阶段性地和针对性地开展语序教学，并通过培养学习者的语感等方法强化语序教学。

二　句法层面的语序与语序教学

句法语序是指句法层面的语序，即短语或句子的句法结构中句法成分的排列次序。不同语言的句法语序是有差异的。比如，以动词和宾语的语序来说，日语、韩语是 OV 式，汉语是 VO 式；又如，汉语的定语在前，中心语在后，而俄语有两种语序——形容词性一致性定语在中心语之前，名词性非一致性定语在中心语之后；再如，汉语的状语一般在中心语之前，英语的状语通常后置等。句法层面语序教学的重点是讲授句法成分在句子中的基本位置，以解决语言表达的正误问题。

（一）教学重点

语言对比研究与语言教学实践表明，汉语基本语序、状语的位置、定语性关系从句的位置、时量短语和宾语的语序、趋向补语与宾语的语序等都是学习者学习的难点，也是教学的重点。如：

(44)a.她是中国人。——中国人是她。

b. 狗咬猫。——猫咬狗。

c. 汉语很有意思。—— *有意思汉语。

(45) a. 我对你们公司的服务有一些不满。—— *我有一些不满对你们公司的服务。

b. 有些传统文化没有给人们很深的印象。—— *有些传统文化给人们没有很深的印象。

c. 4月30日大家就都要搬来了。—— *4月30日就大家都要搬来了。

(46) 那个穿红色衣服的年轻人是我同屋。—— *那个年轻人穿红色衣服的是我同屋。

(47) a. 我等他半小时。—— *我等半小时他。

b. 他要离开北京三天。—— *他要离开三天北京。

c. 每天写三十分钟汉字。—— *每天写汉字三十分钟。

d. 那本书看了三天了。—— *看三天那本书了/ *看那本书三天了。

(48) a. 拿来一本书。——拿一本书来。

b. 飘来一股香味儿。—— *飘一股香味儿来。

c. *切来一个西瓜。——切一个西瓜来。

d. 拿出来一本书。——拿一本书出来——拿出一本书来。

e. 拿出来书。—— *拿书出来。——拿出书来。

f. *走回去教室。—— *走教室回去。——走回教室去。

除了上述静态的一般语序规则,有些句法结构强制要求一些特殊的语序,这些也是教学的重点。如在宾语是疑问代词、宾语前边有"一"且后边有否定词、宾语表多数且后有范围副词"都"、对举格式、形式动词构成的句子等情况下,句法的强制性决定宾语必须出现在动词之前或句首。如:

(49) a. 他什么都不懂。/我哪儿都不去。/他什么事都不知道。

b. 他一个人都不认识。/他一句话也不说。/一句话他都没说。

c. 这些问题都研究过了。/这里的人他都认识。

d.他大事也管,小事也管,样样事都要管。

e.这个问题我们正在进行讨论。/这件事你们必须加以解决。

(二)教学原则与方法[①]

1.语序教学应具体化、细致化。

在语法教学的初级阶段,学习者的词汇量有限,又不可避免地受到母语的影响,因而在该阶段的教学中,我们应该将汉语语序的教学内容尽量具体化、细致化,告诉学习者汉语的常规语序并细致举例说明。如名词中心语出现在定语的后边,即使是复杂定语也是如此,这样学习者就不会对"学校的北边/北边的学校""坐在我前边的那位同学已经走了""我的房东是一个说着满口北京话的工人"这类结构和句子的语义和用法感到茫然了。

2.抓住汉语语序的理据性进行教学。

认知语言学研究表明,语序规则具有理据性。比如,大量表面上互不相干的语序规则都可以用"时间顺序原则"这一总原则加以概括:

(50)a.弟弟上楼[1]睡觉[2]。

b.我们往前[1]走[2]。

c.猴子在马背上[1]跳[2]。

d.猴子跳[1]在马背上[2]。

e.我买[1]到[2]一张票。

f.妈妈累[1]得腰疼[2]。

趋向补语和宾语的语序也可以用这一原则加以解释。[②] 如:

(51)a.拿出来一张纸

b.拿出一张纸来

c.拿一张纸出来

d.把纸拿出来

例(51)a中"拿"是主要动作,"出来"是动作的结果,动作在前,结果在后,显然

---

① 此部分主要参考张敏《认知语言学与汉语名词短语》,中国社会科学出版社,1998年;曹成龙《谈对外汉语教学中的语序教学》,《云南师范大学学报(对外汉语教学与研究版)》2007年第1期。

② 参见杨德峰《"时间顺序原则"与"动词+复合趋向动词"》,《世界汉语教学》2005年第3期。

符合"时间顺序原则";例(51)b的意思是"先拿出一张纸,然后一张纸才来";例(51)c的意思是"先拿一张纸,然后一张纸出来";例(51)d所谓"把纸拿出来",必然要先"握住"纸,然后才能"拿出来"。

再如,母语为汉语者具有整体先于部分、大先于小、领先于属的认知心理,这种认知心理会反映到汉语的语序上。如:

(52)a.牛头/马尾/房屋地基

　　b.江苏省苏州市/2008年8月8日

　　c.北京大学图书馆/他妈妈/小王的老师

重视汉语语序理据在教学中的运用,抓住语序理据进行教学,有助于提高学习的趣味性,加深对汉语的认知、心理、文化等非语言因素的理解,取得事半功倍的教学效果。

3.结合语义进行语序教学。

有时语序变化会影响语义结构的变化,带来不同的语义,这时应结合语义进行讲解和练习。如:

(53)四川妹子不怕辣,辣不怕,她们是怕不辣的。

4.谈话式教学,培养学生自主纠错能力。

语序极易受学习者母语的影响,有些语序规则学习者虽然知道,但会由于语言惯性而产生偏误。将谈话式的教学方法融入句型讲解与练习中,对学习者出现的错误,教师可以试着用疑问的语气将错误的句子再重复一遍,让学习者自主纠正,提高他们自纠自改的能力。这可以在平日的教学中循序渐进、慢慢培养,以提高学习者对汉语语序的敏感性。

三 语义层面的语序与语序教学

语义语序是指句法结构所反映出的语义成分的排列次序,即短语或句子的语义结构中语义成分的排序。有些句子句法层面的语序相同,但语义层面的语序不同,如例(54)中a句和b句的句法结构都是"主动宾"结构,但语义结构却不同:

(54)a.两个人骑了一匹马。(施事—动—受事)

　　　　　b. 一匹马骑了两个人。（受事－动－施事）
（一）教学重点
　　对语法教学来说，比较重要的语义层面的语序规则有：多层定语排列规则、多层状语排列规则、多层补语排列规则。具体如：
　　（55）a. 我们公司和贵公司有着长期的亲密合作关系。
　　　　＊我们公司和贵公司有着亲密长期的合作关系。
　　　　b. 他从前也遇到过小偷儿。
　　　　＊他也从前遇到过小偷儿。
　　　　c. 这些东西搁在家里一两年了。
　　　　＊这些东西搁一两年在家里了。
　　有时语义语序不同，句式也就不同，句式中的动词、名词的定指性等也有所不同，这也应该在教学中讲解清楚并提醒学习者注意。如例句（54）所示的数量配比句以及例（56）—（58）所示的句子：
　　（56）a. 台上坐着主席团。　　（处所－动－施事，存现句）
　　　　b. 主席团坐在台上。　　（施事－动－处所，叙述句）
　　（57）a. 学校东边有一个银行。（存在处所－动－存在物，"有"字句）
　　　　b. 银行在学校东边。　　（存在物－动－存在处所，"在"字句）
　　（58）a. 张三批评了李四。　　（施事－动－受事，一般主动句）
　　　　b. 李四被张三批评了。　　（受事－动－施事，被动句）
　　　　c. 张三把李四批评了。　　（施事－受事－动，"把"字句）
（二）教学原则与方法[①]
1."倾向性语序优先序列"教学法。
　　对于多层定语、多层状语、多层补语的语序教学，使用"倾向性语序优先序列"教学法，有助于帮助学习者把握灵活多变的组合规律。多层定语中语义成分的排列规则一般是"领事/处所＞指示＞数量＞来源＞性状＞质地"，如：

[①] 此部分主要参考田惠刚《多层定语的次序及其逻辑特性》，《世界汉语教学》1994 年第 3 期；朱军、魏红《"倾向性语序优先序列"及其解释力——基于真实语料中带宾小句的分析》，《云南民族大学学报（哲学社会科学版）》2010 年第 3 期。

(59)a.她的梳妆台上的那一把从福建买来的精美的牛角梳子。
　　　　　b.梳妆台上的她的那一把从福建买来的精美的牛角梳子。
　　小句中副词性状语共现时的倾向性语序是"评注性＞关联＞时间＞频率＞范围＞程度＞否定＞协同＞重复＞描摹性",如:
　　(60)我大概也只快跑了10分钟。
　　小句中补语成分共现时的倾向性语序是"结果补语＞趋向补语/处所补语＞数量补语",如:
　　(61)包裹寄出去三天了。
　2.结合短语、句子的语义进行教学。
　　有时语义语序变化会引起整个表达的语义发生变化,这时可结合短语、句子的语义进行教学。如"否定副词"与"范围副词"语序的教学,试比较:
　　(62)a.那次活动我们没都参加。
　　　　b.那次活动我们都没参加。
　3."句法－语义－功能"教学法。
　　对于语义语序不同而产生的不同句式,应该把句法、语义和语用结合起来进行教学。如进行存现句教学时,应讲解清楚其句法结构"NPL＋VP＋NP"、语义结构"存现处所－存现方式－存现物"、功能是表示"某地存在、出现或消失了某人/物",且多用于场景描写句。
　4."句式对比－变换"教学法。
　　对于那些语义成分相同但语序不同的结构和句式,可以对比其相同与不同之处,让学习者更深刻地理解句式之间的联系,并通过句式变换分析掌握其语义语序。这种方法适用于对一般主动句、被动句、"把"字句、"有"字句和"在"字句等的教学。

四　语用层面的语序与语序教学

　　语用语序是指语用层面的语序,即句子的语用结构中语用成分的排列次序。句子的语用结构主要有三种:主述结构(主题和述题)、插心结构(插入语和中心语)、焦景结构(焦点及背景)。

说话者为了表达的需要，常常会对句法成分的顺序进行调整。这种由语用动因导致的成分移位在交际中常常出现。对语用语序的合理分析不仅能让学习者在交际过程中进行准确的语用推理，同时还有助于学习者更好地理解句法、语义和语用的关系，使他们更加重视语境的作用，从而使交际更得体和自如。因此，语用语序应成为教学中值得注意的一个问题，也应成为中高级阶段语法教学的重要内容。但在目前的语法教学中，语用语序的教学还未得到足够的重视和充分的研究。

（一）教学内容①

1. 静态句中语用成分的排列规则。

在主述结构里，主题在述题之前。这是由旧信息在前、新信息在后的原则（即语用上的指别性领前原则）所决定的。如：

(63) a. 这件事你办得很好。

b. 这本书我早已读过了。

在插心结构里，插入语中的呼应语、感叹语、评议语一般在句首。如：

(64) a. 老王，你看那是什么？

b. 啊呀，我上当了。

c. 看样子，天快要下雨了。

在焦景结构里，焦点通常落在新信息部分，一般落在句末的句法成分上。这种焦点称为常规焦点，也称尾焦点。如：

(65) a. 去北京了。

b. 他肚子吃饱了。

2. 动态语境中的语用语序规则。

当要凸显新信息或急于要说出新信息时，可以先出现表新信息的述题，然后再说出表旧信息的主题，主题置于述题之后只是起一种追补的作用。如：

(66) a. 办得很好，这件事。

b. 我早已读过了，这本书。

---

① 此部分主要参考范晓《关于汉语的语序问题（二）》，《汉语学习》2001年第6期。

插心结构中插入语的位置相对自由,可出现在句首、句中或句末。如:

(67)a. 看样子,这道菜很好吃。

b. 这道菜,看样子很好吃。

c. 这道菜很好吃,看样子。

3. 动态语境句中的焦点是对比焦点。

这种焦点十分灵活,当说话者要突显或强调某个成分(通常用强调重音或有某种形式标志)时,那个成分便是焦点。如:

(68)a. ˈ张英昨天吃了两个苹果。(说明"谁昨天吃了两个苹果")

b. 张英ˈ昨天吃了两个苹果。(说明"张英何时吃了两个苹果")

c. 张英昨天ˈ吃了两个苹果。(说明"张英昨天对两个苹果怎么样了")

d. 张英昨天吃了ˈ两个苹果。(说明"张英昨天吃了几个苹果")

e. 张英昨天吃了两个ˈ苹果。(说明"张英昨天吃了两个什么")

(二) 教学方法[①]

下面以"名+数量词"结构为例,说明语用语序的教学:从主述结构、信息结构等方面解释为什么这样说以及使用这种语序的条件。

1."语用原则"分析法。

在教学时,应讲明具体结构的"语用原则"。"名+数量词"结构遵循"将说话人急于表达的、对听话人而言预测度较低的信息首先说出"的顺序象似原则:当数量词是"一"时,如"草包一个""书呆子一个",数量的可预测度增高,或者无需预测,说话者急于将"名"说出,使听话者首先接收到预测度较低的信息,这时属性凸显,语义上常常是往大里、差里、坏里说,有强烈的主观色彩。

2."凸显-焦点"分析法。

"名+数量词"结构位于句尾,"数量词"占据句末焦点位置,并通过"名+数量词"这一非常规语序凸显"数量"。说话者为使数量名短语所负载的信息成为注意焦点。如"讲好小费十元""输你大洋八百块"都凸显数量。在记账式

---

① 此部分主要参考储泽祥《"名+数量"语序与注意焦点》,《中国语文》2001年第5期。

列举、正反序对举时,注意焦点进一步强化。

3.篇章作用分析。

被凸显的数量可能话题化。如"当场搜出乌猴十一只,七只死的,两只伤的,两只基本完好"中,被凸显的数量"十一只"被话题化,成为下文所述内容的话题。

需要说明的是,在进行语用语序教学时,不管采取何种分析法和教学法,都要在大量的具体语境中进行讲解和练习。教师在教学过程中可穿插视读、听读等教学方法和视觉、听觉、口头等多重刺激机会,让学习者充分地接触、感受语用语序。在此基础上,再给予有针对性的指导,帮助学习者掌握并运用语用语序进行得体的交际和表达。

第五节　汉语句型教学与句式教学

一　汉语的句型与句式

句子是语言里最基本的表述单位,一个句子表达一个相对完整的意思。对外汉语语法教学最直接的目的就是教会外国学习者理解并说出汉语的句子。从汉语语法教学的角度看,句子是语法教学的中心环节,处于语法教学的核心地位。对句子的组成规则、句子与句子之间关系的研究和教学,是对外汉语语法教学最重要的任务之一。长期以来,汉语的句子得到了较为系统而深入的研究。我们可以从句型教学和句式教学这两个方面对句子教学做比较全面的认识。

句型是以语言中全体句子为对象加以归纳的结果,任何一个句子,必定能归入某一句型。在对外汉语教学界,20世纪70年代末开始了对汉语句型的统计与分析,80年代以句子结构为标准,建立了一套针对对外汉语教学特点的句型系统:句子分为单句和复句,单句分为主谓句和非主谓句,复句分为联合复句、偏正复句、紧缩复句和多重复句等。此外,从句子的语气、表达功能角度,一般又把句子分为陈述句、疑问句、祈使句和感叹句,也称"句类"。

句式是以句子某一方面的特征为标志划分出来的句子类别。一般是指依据形式特征标志划分出来的结构类别,如常见的"是"字句、"有"字句、"把"字句、"是……的"句、"连"字句、存现句、比较句、被动句、连动句、兼语句等,习惯上称为"特殊句式";从语体的角度,句式可分为口语句式、书面语句式等;从语用的角度看,有常规句、话题句、倒装句、追加句、省略句等。

从逻辑上看,句型是上位概念,句式是下位概念,每种句式都能找到其句型归属。但目前的对外汉语教材出于实际教学的考虑并没有对两者严格加以区分,课文后的语法知识部分,有的介绍句式,有的介绍句型,有的介绍句类。

二 汉语的句型与句型教学

(一) 句子的结构类型及其教学[①]

对外汉语语法教学主要是以句型来展示汉语的结构特点,以对句型模式的大量操练达到掌握语言的目的,因此偏重结构分析是现行对外汉语语法教学的一个主要特点。

单句,根据句子主语和谓语的有无,可以分为主谓句和非主谓句。只有主语或谓语的句子是非主谓句,非主谓句有三种情况:无主句、不完全主谓句和独词句。如:

(69) a. 下雨了。

b. 你去干什么？——打电话。

c. 谁呀？——我！

例(69)a 的主语不需明说,是无主句;例(69)b 中"打电话"的主语"我"在语境中被省略,是不完全主谓句;例(69)c 的问答是独词句。非主谓句由于结构比较简单,对具体语境的依赖性较强,其中例(69)b、c 具有语言共性,在语法教学上一般不需特别处理。例(70)a 则需要点拨式教学,因为对于天气、时间表达等,不少语言中需要形式主语,学习者受母语影响,可能会出现偏误。

(70) a. *雨下了。

b. *它下雨了。

[①] 参见张旺熹《对外汉语教学语法研究概说——课题与路向》,讲座录音整理,2009 年。

主谓句是完整包括主语和谓语两个部分的句子。主谓句按照谓语的语法成分分成四个小类:动词谓语句、形容词谓语句、名词谓语句和主谓谓语句。如:

(71) a. 我喝茶。

b. 他听懂老师的话了。

c. 你说得很流利。

d. 作业今天写不完了。

e. 汉语很有意思。

f. 今天星期一。

g. 我们学习很认真。

汉语的动补式动词谓语句(71)b—d、形容词谓语句(71)e、名词谓语句(71)f和主谓谓语句(71)g都很有汉语的特色,是具有类型学上的区别性特征的"参项结构",因此是教学的重点与难点所在。这类句子常见的偏误如下:

(72) a. *他听老师的话懂了。

b. *汉语说很流利。

c. *作业写得不完了。

d. *汉语有意思。/ *汉语是有意思。

e. *今天我的生日。

f. *我们的学习很认真。

外国学习者学习汉语时,首先接触到的就是句型,教师在把握住教学重点、难点的基础上,还需要特别注意两点:

第一,结合语境,培养语感。形容词谓语句、名词谓语句和主谓谓语句等句型教学通常安排在教材的初始部分,此时学习者对汉语还知之甚少,教师要注意不讲语法术语,仅通过具体语境引出代表相关句型的典型例句,让学习者会说、会用,培养语感。比如,零起点的综合课教材中,在时间日期问答中引出名词谓语句"今天星期几",通过"汉语很有意思"等引出形容词谓语句,以"我爸爸妈妈身体很好"引出主谓谓语句等。

第二,句型操练可操作化。比如,一般把"小王听懂了你的话"称为"主谓句"中的"主+动+补+宾"句型,常常记为"$NP_1+V+C+NP_2$"。乍看起来,

这样的句型可以给汉语学习者以几乎无限的自由去生成无限的句子。可是实际上,学习者却会"生成"下面的病句:

(73)a. *我看知道了我同屋。

b. *王老师想热了今天天气。

之所以出现这种情况,原因就是我们所给的"$NP_1+V+C+NP_2$"这一结构太空,不具有可操作性。"动词+结果补语"中的动词和结果补语在搭配上具有一定的选择限制关系,教师应该在讲解清楚常见动词和结果补语语义关系的基础上,如"看懂""听见""做错""写完",根据讲解内容,提供一定数量的动词和补语以供学习者选择,再提示相关语境,使句型的特定语义、形式限制等具体化。这样,学习者生成句子的合格率便会大大提高。各种动词补语句的教学都要特别注意这一点。

(二) 句型教学中的问题

随着对外汉语教学与研究的深入以及句法、语义、语用三个平面相结合研究的展开,在句型的划分标准以及建立句型系统问题上,不少人认为有必要根据三个平面的不同特征,归纳出三种不同的句型系统:以结构特征为标准建立结构分类系统(如按句子成分来分)、以语义特征为标准建立语义分类系统(如按格关系来分)、以语用特征为标准建立语用分类系统(如按句子的表达功能、用途来分)。

目前仅有句子的结构类型与教学已比较完善且具有系统性,基于语义的分类系统、基于语用的分类系统尚未真正开始,而这对深化汉语语法教学是非常不利的。如:

(74)a.明天他一定要去旅游。

b.明天你一定要去旅游。

c.明天我一定要去旅游。

现有的句型理论把这三个句子都处理为"动词谓语句"一类,可是,它们的功能却极为不同:说话人通常用例(74)a 来表达"判断",用例(74)b 来表达"命令",而例(74)c 表达的却是"决心"和"意愿"。如果我们不加分析就把它们当作一个句型来处理,这显然无助于培养学习者真正的交际能力。

三 汉语的特殊句式与特殊句式教学

特殊句式是相对于一般句式而言的。"一般句式"是什么,可以从不同的角度做不同的理解,因而,特殊句式的范围也就有不同的认识。比如,一般语言中没有"处置"这种概念,汉语的"把"字句就是一种特殊句式;同样,一般语言中没有补语,所以各种补语句式也是汉语的特殊句式,连动句、兼语句的情形也是如此;对主动句而言,被动句也是特殊句式。所以,"特殊句式"并非从单一的角度提出的。在对外汉语语法教学中,特殊句式是指那些常用的、有特殊形式标志或结构特点的、学习者较难掌握、需要进行集中教学与操练的句式,通常包括"是"字句、"有"字句、连动句、兼语句、"把"字句、"连"字句、"是……的"句、存现句、被动句等。

特殊句式在汉语语法系统中具有特殊的句法、语义和语用价值,也是语法研究和教学的重点与难点所在。特殊句式教学贯穿于整个初级汉语语法教学阶段,有些特殊句式的特殊用法甚至要延伸到中高级语法教学阶段。在进行特殊句式教学时,不仅要对各种句式本身的结构特点做科学、客观的分析和描述,还要向学习者指出必须在什么时候、什么场合、要表达什么意思时才能用这种句式,因此,对句式意义、语用条件的分析就特别重要。此外,还要不断吸收本体研究成果,如特殊句式的理据性、认知心理特点等方面的内容,以加深学习者对句式的理解,并有利于把语言课上得生动有趣。具体教学应注意的事项如下:

(一)复杂句式分解教学

某些复杂的特殊句式,如"把"字句、被动句、"是……的"句等,其内部的句法语义关系、句式语义、形式特征、语用环境等均不相同,某些是核心意义/形式、基本意义/形式、高频意义/形式,而某些是非核心意义/形式、虚化引申意义/形式、低频意义/形式。如:

(75) a. 这本书是弟弟的。

b. 我(是)跟朋友一起去的。

c. 我认为讲明这一点是有必要的。

对这类句式,一般在进行语义分类后进行教学,先教核心用法、基本用法、典型用法,再教其他用法。例(75)a 不是教学难点和重点,仅在学习判断句时顺便学习;例(75)b 中的谓语是动词性的,专门用于已然事情的表述,在询问或陈述过去发生的事情在什么时候、怎么样、在哪儿等信息时,是强制性使用的格式,有时"是"可以省略,这种用法一般在初级语法教学阶段进行专门集中教学;例(75)c 是对非现实事件的肯定,表示强调,这种用法一般在中高级阶段有所涉及。

再如,"把"字句的句式意义和用法非常复杂,有研究者根据实际语料把"把"字句分为六个语义小类,[①]各有不同的句法形式与之对应。其中表示"主体支配客体致使客体发生位置或关系的变化"以及"主体支配客体使客体发生变化并产生某种结果"这两类语义占所统计语料的 77.6%,分别如例(76)a、b 所示,因此一般"把"字句的教学都从这两类"把"字句开始。

(76)a. S+把+N_1+V(在、到、给)+N_2

您把书放在桌子上吧。

请把香蕉皮扔到垃圾箱里。

他已经把书还给我了。

b. S+把+N+V+C(除可能补语外的各类补语)

大家把教室打扫得干干净净的。

帮我把桌子抬进来,可以吗?

将复杂句式切分为若干个语法项目分散进行教学,有利于学习者理解句子语义、把握句子的形式特征,还可以降低教学难度,也有利于语法点的重现及巩固。

(二) 句式语义、语义结构与形式表达相结合

特殊句式表达特定语义,具有特定的句法限制,加之一般不能从学习者母语中相应的句式进行正向迁移,因此习得偏误较多。如下例存现句偏误:

(77)a. *一辆车开过来前边。

b. *在墙上挂着一幅画。

c. *桌子上放有几只笔。

[①] 参见吕文华《"把"字句的语义类型》,《汉语学习》1994 年第 4 期。

d. *楼下上来了我的朋友。

针对这种情况,采取句式语义、语义结构和形式表达相结合的教学方式比较有效。以存现句教学为例:

首先给学习者展示一张表示静态存在的图片,或者利用教室实景来说明某处有某物。然后请学习者描述这种场面。当然,学习者的描述会存在许多偏误,教师用这种启发式教学方式提起学习者的注意力,同时引入教学内容:表示某地存在、出现或消失了某人/物的存现句。其语义结构是"存现处所－存现方式－存现物",语法结构是"NPL＋VP＋NP",显然例(77)a 语序有误。接着针对每一个语义部分进行形式表达教学:在"存现处所"中,直接使用处所名词,不需要再加上一个"在"字,如例(77)b;对于"存在方式",常用的表示存在的"有"(一般在学习存现句以前已学过,这里再次提出,可进行辨析)、"V着"、表示出现或消失的"V 了"或"V 趋向补语",不能混用,如例(77)c;对于"存现物",我们主要关心它的存在、出现或消失,而不关心它的具体所指,因此名词不能是特指的,如例(77)d。在进行"语义－形式"教学时最好配上图片或具体场景,使讲解具体化,以启发学习者理解并应用。

这样讲授,实际上既教了句式的形式,同时也讲明了句式的语法意义和功能。语义结构概括力、解释力强,便于理解;形式表达属于表层结构,通过形式符号特征讲解,便于把握、操作和应用。这样,我们就得到了这一句式的"语义特征＋形式表象"的配置关系,该句式的总体面貌基本上就比较完备了。

(三) 重视语用功能与语用条件教学

有些特殊句式学习者已经学过,但却不知道何时使用,因而出现使用不足或者使用过度的偏误。有研究者考察了中外学习者在 17 个信息点上的言语表现,发现 93% 的中国人在其中一个信息点上使用了"把"字句,如"把书给管理员看""把书递给管理员",而外国学生只有不到 7%;[①]在另外一些语境中,如"房间里又脏又乱,你觉得怎么做才能让房间变得又干净又整齐",中国人

---

① 参见刘颂浩《论"把"字句运用中的回避现象及"把"字句的难点》,《语言教学与研究》2003 年第 2 期。

"把"字句的使用率为0,外国学习者则为29%。这表明,在特殊句式教学中应重视语用教学,对此可采用功能教学法。以"把"字句教学为例:①

"把"字句最难的地方是不知道什么时候用,这已成为研究者和教师的共识。教"把"字句应从语用功能出发,在具体的语言环境中进行,突出"把"字句与上下语句之间的语义联系。

在初级阶段介绍"把"字句时,可由带"把"结构的祈使句和描述程序的情景开始。如可以利用课堂教学的环境引入"把"字句,如:

(78) a. 卡尔,请你把门关上。

b. 金凤,请把你的书放在桌子下边。

这样的句子,句型是新的,但结构简单,语言环境直接,功能明确,再加上教师的口气、表情和手势的帮助,对学习者来说,理解和掌握并不困难。同样,也可以利用"把"字句常用于描述程序的功能进行教学。比如,可以用"他们怎么布置房间"为情景(以两幅图片或者动画短片进行展示),引出下面的句子:

(79) a. 先把桌子擦干净。

b. 再把水果从冰箱里拿出来。

c. 把水果洗洗,摆到桌子上。

"把"字句往往用于表达与目的意义紧密相关的语境中,可以在理解了"把"字句的基本结构后,以"把"字句的语用功能为中心做前后句扩展。如以"不要把钱丢了"为目的,可以用问答方式做如下练习:

(80) A:小明带了很多钱要去买东西,可不能把钱丢了。他可以怎么做?

B:把钱放在钱包里,把钱包放在身上,就不会丢了。

把钱存在银行里,用信用卡买东西,这样就不可能丢了。

与此类似,在下一阶段的"把"字句教学中,可设计具体语境对例(81)所示的表

---

① 参见张旺熹《"把"字结构的语义及其语用分析》,《语言教学与研究》1991年第3期;崔希亮《"把"字句的若干法语义问题》,《世界汉语教学》1995年第3期;金立鑫《"把"字句的句法、语义、语境特征》,《中国语文》1997年第6期;张伯江《论"把"字句的句式语义》,《语言研究》2000年第1期;张旺熹《"把"字句的位移图式》,《语言教学与研究》2001年第3期。

示"原因—结果"意义和表致使意义的"把"字句的语用功能进行讲解和练习。

(81)a. 我以为家里没有人,就把门锁上了,结果把妈妈锁在屋里了。

b. 这么多衣服,把我洗得腰酸背疼的。

需要注意的是,不能把语法术语直接搬到教材或课堂上。我们要寻找外国学习者易于理解的表现方式和手段来呈现用法规则。

(四) 句式变换与句式对比教学

有些特殊句式与其他句式之间存在变换关系,有些则容易与其他句法形式相混淆,这都会导致学习者句式习得的偏误。如:

(82)a. *学校有一个银行。

*一个银行在学校东门。

*东边的那座楼是有一个银行。

b. *一阵电话铃使他弄醒了。

*他的话把大家大笑起来。

c. *我是上星期回国了。

d. *昨天晚上有些新电脑偷了。

*工资被发了。

*这本书被我看得懂。

例(82)a 的偏误是"有"字句、"在"字句和"是"字句三个特殊句式混用,例(82)b是"把"字句和兼语句混用,例(82)c 是"是……的"句与"了"混用,例(82)d 是有无被动句标记偏误。

对此,在学习新句式时有必要与已学过的相关句式进行句式变换练习和辨析,具体包括:特殊句式之间的异同,如例(82)a、b;特殊句式与其他句法语义范畴之间的异同,如例(82)c;特殊句式内部成员的异同,如例(82)d。

辨析可从句法形式、语义和语用等方面进行,以有无标记被动句为例。在对学习者被动句习得情况的调查中,我们发现无标记被动句添加"被"字的现象很普遍,偏误率高达38.07%。在进行有无标记被动句教学时,要使学习者意识到以下三点:中国人无标记被动句的使用频率大大高于"被"字句,首选的、常用的句式是无标记被动句;当不强调被动意义时,尤其是当主语是非生命物或抽象事物、主语和动词的关系不致发生误解时，一般多用无标记被动句来表达；选择"被"字句表达有一定的条件，如语义上的不如意或者是有其他语用含义。

句式变换与句式对比教学可以使学习者更深入地了解可变换句式，把握同类句式在语义及表达上的差异。有些句式辨析在初级阶段不必进行，而在中高级教学阶段需要特别重视，对句式进行语义和语用辨析是初级阶段语法教学在中高级阶段的延续。

（五）句式的理据性教学

任何语言的语法都具有语言共性和民族特性，可以反映人类思维和民族思维的特点。在句式教学中，如果能吸收认知功能语法的研究成果，进行句式理据性教学，则可以提高教学效果。比如，连动句的语序符合"时间顺序"原则，而原型兼语句具有语言共性，反映了人类认知共有的"事件框架"和"事件参与者角色"（配价—论元角色）。合理吸收此类成果，有利于汉语语法教学。

第六节 汉语语篇教学

一 语篇在语法教学中的地位

语篇是指在言语表达中由一个明确的中心思想贯穿、在结构上相互关联而意义上密切联系的一组句子所组成的或大或小的段落、篇章。在语篇中，句子与句子之间有并列、选择、总分、解说、因果等各种语义关系；结构上有直接组合和关联组合的不同；语篇内部是连贯、衔接、有层次的。我们来看下面这个语篇：

（83）对我们这些身边工作人员，总理一贯要求严格，然而他非常尊重每个人的劳动，细微周到地关心每个人的生活，不管是秘书还是警卫，是服务员还是炊事员。（张华林主编《在中南海的日子里》）

这个语篇实际上只是文章的一个小段落，它的中心思想是周总理爱人民。各句之间不同的语义关系通过"然而""不管……还是……""是……还是……"等关联词语连接起来,还使用"他""每个人"等指代词进行篇章衔接。此外,与语义表达相呼应,选用了话题句等不同的句法结构来进行语篇表达。

在汉语语法教学中,语篇教学不仅是不可或缺的一部分,而且是中高级阶段语法教学的重中之重。有研究者提出,在对外汉语教学中推行"语段或篇章本位"的教学观,加强语段、篇章分析的意识,代替过去"句本位"的教学观。主要原因如下:

首先,从语言系统的角度来看,句子的形式可能受到句子以外因素的影响。句法问题不可能把篇章排除在外,很多语法问题需要从篇章的角度进行解释。比如,动词后的"了"所起的作用,从句子层面看是完成体标记;但如果把该小句应用到更大的语段中,"了"的作用就不仅如此了,如:

(84)a. 昨天我在食堂遇到了大卫。

b. 昨天我在食堂遇到 Ø 大卫,我们就一起吃了午饭。

再如,副词的位置与其所在的语篇直接相关:"可是"既可出现在小句之首,也可以用于主谓之间,有时两个句法位置可互换而不影响基本语义,但有时不同的语篇对其出现的位置有不同的要求。如:

(85)a. 我想下学期学日语,可是日语太难了。

b.? 我想下学期学日语,日语可是太难了。

c. 我学了一学期的西班牙语,很没意思,所以下学期想学日语。

(i)可是日语很难哦!

(ii)日语可是很难哦!

其次,从学习者习得偏误的角度来看,语篇教学是非常必要和重要的。外国学习者在初、中级阶段对汉语句子结构的掌握可以达到较好的水平,但是在语篇的掌握方面,即使到了高级阶段问题往往也不少。研究表明,省略、关联词语等使用频率较高的篇章,其衔接手段出现的偏误率也较高。初、中级学习者在使用替代、省略等一些简单的汉语语篇衔接手段时存在如下偏误:

(86)? 我叫玛丽,我是英国人,我十九岁,我……

(87)? ……成都是我到中国以后学习汉语的地方。这个城市在中国的西南,这个城市是四川省的省会,这个城市的人们喜欢骑自行车。……

中、高级学习者在语篇表达中常见同义句式选择、关联词误用等方面的偏误，如：

(88) A:我新买的花瓶怎么不见了？
　　B:(i)花瓶被猫咪打碎了。
　　　(ii)*猫咪打碎了花瓶。

(89) *对新入学的学生要进行入学考试，因为对他们的学习情况进行一次摸底。(此句群中"目的是"误用为"因为"，所以衔接出现问题。)

再次，从语言教学实践的角度来看，在语法教学中，长期以来人们忽视语篇教学，致使学习者得不到系统的语篇结构和连接手段方面的有效训练。甚至有人认为，中高级阶段语言学习者的汉语水平很难发生质的飞跃，其根本原因在于语篇教学没有引起足够的重视，学习者缺少对汉语语篇规则的了解、掌握与应用。近年来，重视和强调语篇教学已经成为人们的共识。

根据学习者汉语水平的不同，语篇在语法教学中所占的地位也应有所不同。在初级阶段，语篇教学处于语法教学的附属地位，语法教学侧重句型、词序等形式教学，解决正误问题。这时可适当提醒学习者注意省略、替代等基本语篇衔接手段；在讲解特殊句式时，可适当补充语用内容，如话题句、"把"字句、被动句的使用语境；初级阶段后期，在口语教学中可适当进行成段表达训练。在中级阶段，语法教学侧重实词搭配、虚词语义教学，这一阶段的语法教学，不但应该引入语段与篇章教学，而且这部分内容的教学课时应占总课时的三分之一。在高级阶段，学习者具有了一定量的词汇、语法积累，在此基础上可以系统开展语篇语法教学，解决初、中级阶段的形式语法和语义语法教学所无法解决的问题，并通过全面深入的语篇表达练习，充分体现语篇表达的多样性和丰富性，从而实现高级阶段侧重语用功能、解决语言表达高下问题的目的。

二　语篇教学的现状与困难

20世纪80年代以来，语篇教学开始受到关注，进入90年代以后，随着语篇研究和教学实践的深入，语篇教学的重要性日益凸显，目前已经成了对外汉语教学和研究的一个热点。

(一)语篇教学的现状[①]

1.语篇教学意识增强。

越来越多的研究者提出语篇教学应贯穿于各个教学阶段,同时是中高级阶段语法教学的主要内容与重中之重。教材编写和教学中的"语篇意识"和"语篇教学意识"也越来越明确。比如,不少研究者提出,在初级阶段就应该重视成段表达训练,把成段表达引入初级口语教学;也有研究者提出,高年级学习者语段表达一般都有一个明确的思路,而其语句不畅的关键问题在于句与句之间、段与段之间的衔接。因此,高级阶段应加强语篇衔接手段的教学,培养学习者的语篇意识。

2.语篇教学内容有所增多。

听力、口语、阅读、写作以及语法课等各种课型都对语篇教学进行了尝试和探讨。写作课最早开始重视语篇教学并尝试进行语篇训练,从写作的角度进行语篇训练的具体方式包括给模式、给话题句、给扩展句、组句成段、添关联词语、改语病等,将词法、句法的教学扩展到语段及篇章的结构规则上。其他课型也逐步开始语篇训练的尝试,如中级汉语口语成段表达训练采取复述式和交际式两种方法;听力课、语法课、阅读课、综合课中,语段教学都成为教学的基本环节之一,主要任务是帮助学习者掌握超句子的语法现象和逻辑关系。

3.语篇教学方法逐步多样化。

由词扩展到短语、句子,由句子扩展到句群或段落,由段落连成课文的扩展式教学法,言语交际与言语策略教学法,任务型教学法,等等,都可在语篇教学中加以应用。

在语法课上,可把学过的一些语篇衔接的知识综合起来加以分类,通过对比的方法,进行比较系统的训练。具体做法包括:通过对比、辨析和配套练习,帮助学习者掌握不同的语句衔接方式;启发学习者讨论、分析语段,帮助他们体会语段的结构关系;采取多种形式,循序渐进,进行综合训练。下面是一个展示语篇教学方法的具体教学案例,教学目标是让学习者掌握下面的语段:

---

① 此部分主要参考彭小川《关于对外汉语语篇教学的新思考》,《汉语学习》2004年第2期。

(90)马丁是北京语言大学的学生,他的身体很好,学习也很好。

语段(90)文字虽不长,却出现了代词照应、主语省略、关联副词连接三种语篇衔接手段,其中代词、省略已学过,"也"是生词。具体教学步骤可以安排如下:教师教完生词后,展示事先准备好的两个句子:

(91)a.马丁的身体很好。
b.马丁的学习很好。

学习者朗读这两个句子后,教师用手势启发学习者把两个句子连接起来说,学习者可能会说出下面的句子:

(92)a.马丁的身体很好,他的学习很好。
b.马丁的身体很好,他的学习也很好。

教师视学习者回答的情况给予肯定和引导。即使是句子(92)a,也要肯定学习者懂得用"他",然后再启发他用上刚学过的新知识"也"。对于句子(92)b,教师可以进一步启发:这句还可以怎么说呢?能不能说"马丁的身体很好,学习也很好"?在此基础上引导学习者说出目标语段。

4.语篇教学研究日益丰富。

与汉语语篇相关的研究越来越多,具体来说,目前的研究不仅包括了对外汉语教学各种课型,涵盖了各个阶段的语篇教学,也涉及对不同母语背景学习者语篇习得的研究;既包括和对外汉语语篇教学密切相关的本体研究,也包括教学、测试、教材方面的应用探索。语篇教学研究促进了语篇教学的发展。

(二)语篇教学存在的困难[①]

1.汉语语篇研究尚不能满足教学需要。

语篇教学有赖于语言学界对语篇现象的深入研究,目前语言学界对汉语语篇的研究才刚刚起步,对汉语语篇现象的描写还不够细致、全面、深入、系统。这严重影响了中高级阶段的汉语语法教学,是语篇教学薄弱的根本原因。首先,有些学者注意到了诸如篇章衔接等语篇现象,如情态副词"毕竟""倒",

---

① 此部分主要参考张迎宝《对外汉语篇章教学的研究现状与存在的问题》,《汉语学习》2011年第5期。

习惯表达"A 归 A"等的语篇衔接功能,但把具有语篇衔接功能的词语放在语段或篇章背景中进行个案研究,如对情态副词、连词、同义句式、句子结构、语气词等篇章连接手段的研究,还远远不能满足语篇语法教学的需要。其次,有些语篇现象虽然引起了广泛的关注,但争议较大,难以形成定论,如对句末语气词"啊/呀"的语篇功能就有"用法"说(表达发问、感叹、命令、提醒等言语行为)、"舒缓语气"说、"个人介入"说等不同的研究结论,这为具体的语篇语法教学带来了很大困难。最后,通过语篇统计分析、汉外语言对比而进行的汉语的基本篇章结构、语篇模式和篇章策略研究还有待进一步深入。目前的研究多停留在"汉语语篇多采用归纳式结构""语篇主题往往比较含蓄,一般出现在文章的结尾部分""语篇中语言成分之间的联系主要借助于逻辑纽带或语序间接地表现出来"等感性认识阶段,这使得语篇教学难以在更高层面上科学系统地、有层级地、具有可操作性地展开。

2. 教材建设非常薄弱。

据统计,我国先后出版的各类对外汉语教材达千种,但专门用于语篇训练的还未出现。现行教材的语法教学安排基本沿袭了 20 世纪 50 年代形成的对外汉语教学语法体系,以句型和词语讲练为主。到了中高级阶段,词语的讲练在教材中仍居统治地位,十分缺乏语篇知识的训练。语篇表达能力的培养虽然在理论上受到重视,但在教材的编写中并没有得到具体的落实。

针对中高级阶段学习者语篇偏误大量存在这一事实,应该编写注重语篇教学的教材。有研究者提出:在中高级阶段,教材编写应该突破长期以来以词、句为中心的观念,按照"语篇→语段→复句→单句→短语→词"的顺序来组织教学,让学习者从语篇的角度认识语段,从语段的角度认识句子、短语、词。课文体裁的选择要尽可能涉及说明、描述、叙述、议论等常用文体,并分解为具体的表现方式。如"说明"有提供实例、说明过程、说明原因理由、比较和对比、下定义、区别和分类六种展开方式;"描述"又可分为描述人物、描述场所等。课文应根据分解后的细目来进行编排。此外,还应该多角度、多层次地设计练习方式,培养学习者的语篇表达能力。

目前这些只是研究者的讨论和设想,还没有针对语篇教学的教材问世。

3. 教学标准、教学模式等尚不明确。

从教学规范性来看,目前还没有对外汉语语篇教学大纲,对语篇教学的具体内容、教学标准都没有明确的规定和要求,语篇教学与训练应该包括哪些内容,应该如何有效地进行这种教学与训练都还不明确,这导致语篇教学带有随意性,或仅停留在关联词语和一般复句的教学上,语篇教学模式的探索也不成系统。从教学测试和评估方面看,目前的考试题型多局限于选词填空、完成句子等词语、句子方面的考查,涉及语篇的测试形式还不多见。这也在客观上造成了习得偏误虽然较多,但教师和学习者并不太重视语篇表达训练以致语篇教学相对薄弱的局面。

三　语篇教学的出路

汉语语篇研究与教学任重而道远。它不仅需要不断加强理论方面的研究,还需要我们把理论和实践充分结合起来,在实践中不断探索更为合理有效的教学方法。在吸收理论研究成果进行对外汉语语篇教学时,应充分考虑到汉语的特点,在不同教学阶段侧重点要有所不同,形成有汉语特色的语篇教学。具体来说应该做到:

第一,加强对汉语语篇结构特点、语篇衔接、语篇对句法的影响等语篇现象的本体研究与语言类型学研究。从研究内容上来看,目前宽泛讨论的文章相对较多,而重视汉语事实的基础性微观研究、个案研究还远远不能满足教学的实际需要。比如,词汇如何衔接语篇、语气副词的篇章连接功能、不同性质的语篇衔接和连贯特点是否一致、不同语体的连接成分与连接方式有何特点、如何省略等。从研究方法来看,目前经验总结性的文章占有相当比例,如果能结合语言类型特征、跨语言对比分析、语料库统计、实验研究等理论和方法,有科学数据支持,研究结论会更加可信,也会更具有应用价值。

第二,拓展、深化语篇习得偏误、语篇教学模式研究,使对外汉语语篇教学内容与教学方法更具针对性与系统性。近年来,越来越多的研究者开始注意到语篇使用中的偏误,并试图找出相应的对策。但目前对语篇偏误的研究多以母语为英语、日语、韩语的学习者为研究对象;研究内容主要集中在衔接方面的偏误分析,尤其是照应偏误、省略偏误等方面的研究较多;很多研究仅仅做一些简单的总结,没有深入挖掘其中的规律;语篇教学模式的研究更是少之又少。今后须在更广泛的语篇层面上,分析针对不同母语背景而产生的偏误原因及其规律,归纳出各国将汉语作为第二语言习得者的语篇偏误的共同表现及其规律,在此基础上确立语篇教学的重点和难点,探索行之有效的语篇教学模式与教学方法。

第三,编写教学大纲,加快教材建设,探索语篇能力测试模式。教学大纲应该对语篇教学的具体内容做出详细系统的、具有阶段性和连贯性的规定和说明。教材应该有层级性地系统编排语篇教学的内容,并对语篇教学内容做出明晰的注释说明,还应针对教学内容配以相应的考试。这样才能具体明确语篇教学内容,使语篇教学水平得以提高。

第七节 相关语法范畴与语法教学

在对外汉语教学界,人们普遍认识到,要想对汉语语法自身的特点和规律有一个清晰的认识,除了要进行汉外语言的语法对比之外,还要在汉语语法系统内部进行相关语法项目的比较研究,这种比较研究是构筑科学的汉语教学语法体系的重要条件之一。汉语语法系统中存在着大量的在句法、语义或语用上既相互联系又相互区别的语法项目,对它们之间的联系与区别进行有意识有计划的教学,应是语法教学重要的着力点。

一 相关的形式范畴与语法教学

(一) 相关语序与语法教学

句法语序和句型的确定有着密切的关系,有些语序变动可以决定句型,如例(93)所示的 SVO、SOV、OSV 句型:

(93)a. 我读过《红楼梦》了。("主—动—宾"句型,一般动词谓语句)

b. 我《红楼梦》读过了。("主—宾—动"句型,主谓谓语句)

c.《红楼梦》我读过了。("宾一主一动"句型,话题句)

有些语序变动虽不会影响句型,但也会带来不同的句法、语用意义,如例(94)所示的状语与定语、状语与补语的语序变化:

(94)A 组 a.妈妈热腾腾地做了一碗面。

　　　　b.妈妈做了一碗热腾腾的面。

　B 组 a.我住在北京。

　　　　b.我在北京住。

对相关语序的教学要注意讲清相关句式的语义异同,如(94)A 组、B 组所示的状语与定语、状语与补语的不同。如果相关句式的语义差别不明显,则要辨清其语用环境的异同。以"在"字短语充当状语和补语为例:"你在哪儿住?"和"你住在哪儿?"这两句话的意思,因为动词本身语义的关系,很难说出区别在哪里。但可以选用其他动词代入这两种句式加以对比,让学习者理解其中的差别,如:

(95)a.录在哪儿啊?(想知道要录的东西应该录在哪盘磁带上)

　　　b.在哪儿录啊?(问在哪个录音室录音)

正是相关句式之间的这种差别,致使两个句式之间不能任意转换,如:

(96)a. *录在录音室吧。

　　　b. *学习在图书馆吧。

在感性认识的基础上,便可引导学习者通过教学来理解这两个句式之间的差别:"在"字短语充当状语时,表示动作行为在什么地方进行;而充当补语时,表示动作行为的结果所在。在中高级阶段,可结合语境进行语篇教学,如:

(97)a.冰激凌怎么能放在桌子上,应该放在冰箱里!(第一次对话)

　　　b.冰激凌怎么还在桌子上放着呢?!(十分钟后再次对话)

(二)相关形态与语法教学

"了""着""过"是公认的对外汉语语法教学的重点与难点,其中"了"最为复杂,较之"着"和"过"更难习得。习得中的常见偏误举例如下:

(98)a. *上个星期五他病了,他病很严重了,发烧了差不多四十度。

　　　b. *这个现象在每个国家都发生了。

c.＊我们在火车坐着两三个小时。

　　d.＊我们玩了很高兴。

　　e.＊我从来也没生什么病过。

　　f.＊在中国我去很多地方，特别在广州我去了大沙头、天河城广场、北京路等。

例(98)a所示的"了""着""过"的过度使用，在习得偏误中是最为突出的，占习得偏误的一半或者更多；其次是混淆使用，例(98)b—d，主要是"了₁"和"了₂""着""过""得"以及"是……的"结构中的"的"相混淆；再次是位置错误，例(98)e；最后是动态助词使用不足，例(98)f，主要集中在"了"的使用上。

　　这三个时体助词的核心语法意义与典型用法相对比较清楚，但在具体语境中却很容易混淆，除了继续深化汉语研究外，在教学中应该注意以下几点：

　　一是讲清楚典型句法结构与不能出现的句法结构。讲解"了""着""过"的语法意义时要注意对典型句法结构的讲解。"着"出现的典型句法结构如：

　　(99)a.（正／正在／在等状语）V着＋O

　　　　门开着。／你打电话的时候，我们正上着课呢。

　　　b.处所＋V着＋O

　　　　她上身穿着一件红毛衣。

　　　c.V₁着(＋O)＋V₂

　　　　他笑着说："我二十二岁了。"

还要注意在适当的时机介绍"了""着""过"不能出现的句法结构。"了"不能出现的句法结构如：

　　(100)a.＊我没去了上海。（句中有否定副词时不能用"了"）

　　　　b.＊三年前，我开始了学习汉语。（宾语为动词性词语时动词后不能用"了₁"）

　　　　c.＊我是坐飞机来了北京的。（"是……的"句中不能用"了₁"）

　　　　d.＊小王喜欢睡懒觉，上课常常迟到了。（句中有"常常""经常""总是""每"等，表示经常性的行为或习惯性的动作不能用"了"）

e. ＊我们见了面的时候,天已经完全黑了。(动词性结构充当定语时,动词后一般不用"了₁")

此外,在学习离合词、时量短语、连动句、兼语句、"得"字补语句、"是……的"、"一……就……"等语法内容时,注意讲解"了""着""过"能否出现、出现时所在的句法位置等内容。这样既能分散教学难点,又能加深学习者的理解,强化他们的汉语语感。

二是对比教学。时体助词混淆是学习者最容易出现的偏误之一,主要是动态助词内部之间的混淆以及时体助词与表过去时间的"的"和补语前的"得"相混淆。在讲到这些结构时,教材应该突出这些结构的不同点,进行有意识的对比,加深学习者的理解。如"了""过"表示"过去完成"的用法比较,"了""着"在"存在句"中的互换现象,"V了""V着"在语用上的区别等。

三是偏误教学。"了""着""过"的偏误僵化现象比较严重,在教学中要不断总结学习者使用中存在的问题,适时地给予有效的反馈和强调,避免给学习者留下错误的印象。教师可以把学习者作业中的偏误用例列举出来,简要分析偏误产生的原因,并对其进行纠正。

四是隐现教学。汉语的"体"是不具有强制性的语法范畴,"了""着""过"的使用并不具有强制性和唯一性。如表示"完成"这一语法意义时,可以用"了",可以用"过",可以用"完",有时也可以用"的"字结构。因此,在对外汉语教学中,要注意"了""着""过"的隐现条件及限制条件的讲解,减少汉语作为第二语言的学习者对"了""着""过"的过度使用。

二 相关的语义范畴与语法教学

(一) 相关实词的语义范畴与语法教学

常见的与实词相关的句法语义范畴包括:名词的定指、不定指、语义角色(如施事、受事、工具、生命度等),动词的及物性、自主和非自主、情状类型(如状态、活动、瞬时、持续等),形容词的褒贬义、性质形容词、状态形容词等。这些语义范畴对句法结构具有一定的制约,可以打通句式,从而系统性地解释某些句法现象。如果能在语法教学中加以应用,会有助于深化语法教学。下面举例说明。

1. 定指、不定指。

有些句子成分要求由非定指名词充当,如存现句中的宾语;有些句法成分要求由定指名词充当,如"把"字后的宾语。

(101)a. *楼上下来了小王。

b. *请把一本书给我。

名词的有定、无定、有指、无指与句式有着密切的联系,在教学中成对地引入这些概念,有助于对名词性成分的理解。

2. 语义角色。

在教学中引入施事、受事、与事、工具、方所、时间等语义角色概念,有助于句式教学。比如,哪些成分充当主语、哪些充当宾语、主宾语是否可以转换与语义角色范畴相关,如:

(102)a. 纸糊了窗户——窗户糊纸了

b. 水浇花儿了——花儿浇水了

c. 张师傅修窗户了—— *窗户修张师傅了

d. 小李浇花了—— *花浇小李了

可以解释上述现象的是"倾向性语序优先序列"理论:充任主语和宾语的语义角色优先序列是"施事＞感事＞工具＞系事＞地点＞对象＞受事",充任主题的语义角色优先序列是"系事＞地点＞工具＞对象＞感事＞受事＞施事",把这一理论应用到语法教学中,可以解释汉语看似灵活多变的主宾语换位、主题选择等语序现象。

3. 状态、活动、瞬时、持续。

这一组与动词情状类型相关的语义范畴,可以解释很多与时、体相关的句法语义现象。如:

(103)a. 这本书看了三天了。

b. 我们等了半小时了。

c. 我们到了十分钟了。

4. 及物性。

利用动词能否带宾语的搭配关系,可以解释不同词语之间的区别。比如,"考试/考"与"帮/帮忙"这两对词中,"考""帮"都是及物动词,"考试""帮忙"是不及物动词,后面不可以带宾语。因此,下面的句子都是不合语法的:

(104)a. ＊明天我们考试汉语。

　　b. ＊老师考试我们。

　　c. ＊我愿意帮忙他。

5. 褒贬义形容词。

褒贬义形容词与能否进入某些句法格式相关,在教学中应引导学习者加以注意。如:

(105)a. 这件衣服有点儿不好看。

　　b. ＊这件衣服有点儿好看。

（二）相关虚词的语义范畴与语法教学

常见的与虚词相关的语义范畴包括:主观性、强调、情态、语气以及各种关系范畴,如并列范畴、顺序范畴、解说范畴、递进范畴、选择范畴、转折范畴、假设范畴、条件范畴、因果范畴、目的范畴等。这些语义范畴使虚词范畴化,同一范畴的虚词具有某些共性,把范畴观念引入语法教学,可以起到举一反三的效果。以"主观性"为例:

(106)a. 我10分钟以前就到了。

　　b. 我10分钟以前才到。

(107)a. 听说这个电影很好看,你跟我们一起去吧。

　　b. 听说这个电影很好看,你跟我们一起去啊。

　　c. 听说这个电影很好看,你跟我们一起去嘛。

(108)A组 a. 由于他不想去,你就一个人去吧。

　　b. ＊他由于不想去,你就一个人去吧。

　　c. 既然他不想去,你就一个人去吧。

　　d. 他既然不想去,你就一个人去吧。

B组 a. 由于他作了充分的准备,临场有很好的发挥。

　　b. ＊既然他作了充分的准备,临场有很好的发挥。

c.既然他作了充分的准备,临场一定会有很好的发挥。

例(106)、(107)中,在同一客观事件的表达上,说话者选用不同的副词"就/才"和语气词"吧/啊/嘛",表达了对客观事件的不同主观态度、主观情感。例(108)所示的现象是由连词的主观性不同引起的。A组句子中主语可出现的句法位置不同,因为"由于"的客观性强,受距离象似性制约严格,主语只能出现于"由于"之后,而"既然"主观性强,不受此制约,主语可出现于"既然"前后两个句法位置;B组句子中,"既然"的主观性强,要求与主观性标记"一定会"共现,否则句子合法度降低,而"由于"则无此限制。

(三) 相关句式与语法教学

疑问、否定、被动、存现、使令、数量、强调、比较等语义范畴,都可以用来对句式进行分类。汉语中存在一些同义句式来表达这些语义范畴。从语义范畴出发,探寻并选择不同的表达方式,有助于学习者从整体上把握相关句式的形式特征、语义特点与使用条件。以"比较"范畴及其表达为例:

可以表达"比较"的句式,主要有用"跟""像""(不)比""(没)有""不如""越来越"等的句式。在教学中,首先应该结合语境与语义,进行句法形式的教学,注意各句式对形容词的句法形式要求(光杆形容词/形容词复杂形式)、各句式的否定表达、有无其他共现成分(如"还""一点儿""这么/那么")、其他特征("不如"句可省略形容词)等。如:

(109) a.我跟你差不多高。

b.她很像她妈妈。/我想要一顶像你那样的帽子。/她像她妈妈那样高。

c.你比我高一点儿/多了。/你比我还高。/我不比你高。

d.我没有你这么/那么高。

e.(学习)我不如你。/我不如你高。

f.我越来越高了。

其次找出明显不同的句式,如例(109)b可用来比较两个人或两种事物是不是相像,而别的句式没有这种用法。最后,比较近义、同义句式,主要有肯定与否定两组,如:

(110)a. 我比你忙。
　　　b. 我比你还忙。
(111)a. 这花儿没有那花儿香。/小王没有他哥哥笨。
　　　b. 这花儿不如那花儿香。/ *小王不如他哥哥笨。
　　　c. 这花儿不比那花儿香。/小王不比他哥哥笨。

当然,在教学中应当把这些内容分散到不同的教学环节、教学阶段之中。或是在学完所有相关句式后进行总结复习,在此基础上,设计有关情境或场景,训练学习者的综合应用能力。

思考题

1. 你认为初级阶段语法教学最重要的是哪一级语法单位？为什么？
2. 语法教学中的对比教学主要包括哪两个方面？具体可以从哪些方面进行对比？
3. 请解释"吗""呢"与"吧"的差异,并为这三个疑问语气词的教授设计教学步骤。
4. 请仔细分析下面一段话的语法偏误,并就"了"的教学设计教案：

　　　我从昨天下午到晚上一直逛街了。我骑车去一座很有名的庙和两个公园了。看很多东西了,看很多人了。吃完晚饭,晚上九点才回家了。昨天没有作业了,所以我不紧张了。

5. 在句式教学中,新句式的引入是一个重要的环节。请你设计怎样可以更好地引入"连"字句。
6. 请举出存现句的几种类型,并设计分层次教学的教案。

第六章　汉字教学

对外汉语中的汉字教学,即以母语为非汉语者为教学对象、以现代汉字为教学内容、以学习者掌握汉字运用技能为教学目的的教学活动。在对外汉语教学中,汉字教学一直被看作是提高对外汉语教学效率的一个重要制约因素。法国的白乐桑曾指出:"无论在语言学和教学理论方面,在教材的编写原则方面,甚至在课程设置方面不承认中国文字的特殊性以及不正确地处理中国文字和语言所特有的关系,正是汉语教学危机的根源。"[①]德国的柯彼得认为:"汉语教学今天面临的最大的挑战:一方面是文化和语言教学的融合,另一方面是汉字的教学。如果不接受这两场挑战并马上寻找出路,汉语教学恐怕没有再向前发展的可能性。"[②]汉字教学一方面是汉语教学过程中不可分离的一个部分,另一方面又由于汉字属于表意文字,在教学上与汉语不具有同一关系,导致了它与汉语语音、词汇、语法以及文化教学之间的关系错综复杂,加之汉字文化圈与非汉字文化圈的学习者对汉字认知的差异,使得汉字教学具有更为复杂的特点以及与汉语教学不完全相同的原则和方法。要提高对外汉字教学的效率,就应当充分认识和把握现代汉字的特点和规律,深刻认识外国学习者,特别是非汉字文化圈学习者认知和学习汉字的特点和规律,在此基础上探索对外汉字教学的特点和规律,为提高整个对外汉语教学效率服务。

---

① 参见白乐桑《汉语教材中的文、语领土之争:是合并,还是自主,抑或分离?》,载《第五届国际汉语教学讨论会论文选》,北京大学出版社,1997年。

② 参见柯彼得《汉字文化和汉字教学》,载《第五届国际汉语教学讨论会论文选》,北京大学出版社,1997年。

第一节　汉字作为书写符号的独特性与汉字认知

　　语言是一种符号系统,文字是记录语言的符号系统。从文字的基本单位所记录的语言单位来看,世界上的文字主要有三类:记录音素的音素文字,如英文、法文;记录音节的音节文字,如日文的假名;记录语素的语素文字,如汉字。音素文字和音节文字都是表音文字,也叫拼音文字。表音文字的基本单位是字母,语素文字的基本单位是字。汉字是目前世界上唯一一种从古至今一直延续使用的表意文字。

　　在几千年的发展历程中,汉字形体的演变主要经历了两个阶段。首先是古文字阶段,包括甲骨文、金文、大篆、小篆等不同字体;然后是今文字阶段,包括隶书和楷书。隶书的出现是汉字形体演变的分水岭,它将汉字的笔画由圆转屈折变成横平竖直。虽然汉字形体经历了不同的历史变化,但这种变化是渐变的,现行汉字的形体依然可以追根溯源,从古汉字中找到其最初的模样。

　　这里讨论的汉字及汉字教学均为现代汉字,印刷体以宋体为标准,手写体以楷体为标准。现代汉字就是现代汉语的用字,也就是现代白话文的用字。它是对外汉字教学,尤其是基础阶段对外汉字教学的主体。从对外汉语教学的角度讲,我们首先要从世界语言和文字关系的角度,把握现代汉字的基本属性特征,这是我们更好地从事对外汉字教学的基本前提。

一　汉字的基本构造

(一) 现代汉字的笔画

　　现代汉字与拼音文字不同,拼音文字最小的构字单位是字母,汉字则是笔画。独体字都是由笔画直接构成的。书写汉字时从落笔到起笔之间形成的是一笔。笔画书写下来的样子叫笔形。基本的汉字笔形包括横、竖、撇、点、捺、提,派生的笔形则包括横折、横撇、横折钩、竖弯钩等 20 多种。这些都是静态的类型,当真正进入书写状态后,这些笔形都会随着其在汉字当中的位置以及与其他笔画、部件的位置不同而有所变化。比如,"女"字中的撇点(く)在"巢"字中要写得既短又小;"冒"字中下面的横折(㇆)要比上面的窄些、长些。

在书写汉字的过程中,一个小小的笔画的改变或笔画间位置的不同往往就变成另外一个不同的字。比如,"干"字变成"千"字只是第一笔的横改成了横撇;"由"字变成"田"字只是中间的竖不出头;"人"字变成"入"字也只是捺搭在撇上即可。因此,尽管汉字的笔画并不多,但笔画间的关系比较复杂,而且汉字的笔画中直笔多,曲笔少,没有拼音文字中那么多的弧线和圆转,所以书写汉字对外国人来说就成了一个难题。

(二) 现代汉字的基础部件

部件是汉字的基本构字单位,介于笔画和整字之间,它大于或等于笔画,小于或等于整字。极少数的部件是由一笔构成的,绝大部分部件都在两笔以上。独体字中部件等于整字,合体字中部件小于整字。现代汉字绝大多数是合体字,这就带来汉字部件的拆析与组合问题。

我们把由笔画组成的具有组配汉字功能的构字单位叫作汉字部件。汉字部件是可以层层拆析的。一个汉字中不能再拆析的部件叫作基础部件。比如,"照"字的部件层层拆分如下:照=灬+昭,昭=日+召,召=刀+口。对于"照"字来讲,它的基础部件就是"灬""日""刀""口"。

汉字部件可以分为成字部件与非成字部件两种。成字部件是指那些本身是独体字同时又可以充当部件的构字单位,如"女""王""东""于""日"等。而非成字部件是指成字部件以外的那些构字单位,如"河"中的"可"是成字部件,"氵"是非成字部件。独体字就是由一个成字部件构成的汉字;合体字就是至少由两个部件构成的汉字。

根据对《汉字信息字典》所收 7785 个汉字的统计,汉字的部件构成如下(表 6-1):

表 6-1

汉字部件数	1	2	3	4	5	6个以上
所占比例	4%	34%	40%	16%	4%	2%

《汉字信息字典》所收的 7785 个汉字中，由 2 至 4 个部件构成的汉字就占总数的 90%。这应当是汉字教学的重点所在。正确引导外国学习者把握汉字的基本部件和基本结构是对外汉字教学的重要环节。

（三）现代汉字的基本结构

现代汉字作为语素文字，在形体结构上同拼音文字最为本质的区别在于：拼音文字是一维的线性结构，而汉字则是二维的方块结构。从书写程序上看，汉字的书写，要求各笔画各部件在各个汉字中均占有确定的位置，上下、左右、高低、大小、长短、内外均不能随意改变，各个部件之间形成一种层级关系。现代汉字的基本结构类型可以归纳如下（表 6-2[①]）：

表 6-2

结构类型		图形分析	例 字
独体字			日 十 大
包围结构	半包围		边 遍 起
			问 闷 周
			区 医 匡
			司 句 包
			病 友 庆
	全围		围 国 困 园 田
横向结构	全横		识 程 陈
			纵 衔 班
			满 棍 强
	横纵		慢 授 朦
			封 别 部
			疑 能 解
	横围		随 腿 褪
纵向结构	全纵		出 老 冒
			曼 学 参
	纵横		帮 热 楚
			森 众 药

无疑，这对已习惯于书写线性结构的拼音文字的外国学习者来说，是一个

[①] 此表引自赵悦《非汉字文化圈留学生汉字习得规律与教学研究》，《东北财经大学学报》2005 年第 4 期。

很大的挑战。

二 汉字作为表意文字的独特价值

（一）表意文字与拼音文字的根本差别

1. 汉字的形意结构。

"汉字构形最大的特点是它要根据所表达的意义来构形，因此，汉字的形体总是携带着可供分析的意义信息。"①现代汉字是在古代汉字的基础上历经字形、字音、字义等多方面演变而形成的。尽管如此，我们仍可在一定程度上沿用"六书"说来分析现代汉字的形体结构，这对外国学习者认识汉字、学习汉字是有益的。古人把汉字的造字方法归纳为"六书"，是以隶变前的汉字（主要是以篆书）为研究对象而建立起来的分析汉字结构体系的理论。东汉许慎所著《说文解字》总结、整理成完整而系统的"六书"说："一曰指事，指事者，视而可识，察而见意，上下是也。二曰象形，象形者，画成其物，随体诘诎，日月是也。三曰形声，形声者，以事为名，取譬相成，江河是也。四曰会意，会意者，比类合谊，以见指㧑，武信是也。五曰转注，转注者，建类一首，同意相受，考老是也。六曰假借，假借者，本无其字，依声托事，令长是也。"②一般认为前四种为造字方法。造字方法是通过一定的形体结构来表音和表意的方法。象形字、指事字、会意字是表意字，它们通过字形表示一定的意义。比如，"木"是通过描绘树木的外形来表示该意义，"本"是在"木"上加一个指事性的符号表示"树根"的意义，"森"则是用三棵树木的叠加表示树木众多即森林之意。这三类字的字音不能直观地从其书写符号中反映出来，也就是说看到这三个字是不能读出其音的。它们是整字表音，即一个字记录一个音节，不能分解。而它们的意义则可以通过字形分析使人有所了解，因此它们是单纯的表意字。形声字、假借字则具有一定的表音性质。特别是假借字，就是借用一个已有的汉字来记录另一个与其读音相同的字，而两个字的意义却不同。比如，"云"本指天上

---

① 参见王宁《汉字构形理据与现代汉字部件拆分》，《语文建设》1997年第3期。
② 参见许慎《说文解字》，中华书局，2004年。

的云彩，后由于其读音与表示说话意义的 yún 相同，于是被借去记录该字，即"人云亦云"的"云"；"稻米"的"米"和表示长度单位的"米"也是假借关系。但是从汉字总量来看，假借字数量比较少，因此，汉字中单纯表音的字没有表意字多。而形声字则将表音和表意两种功能结合在一起，构成了既能体现读音又能部分体现意义的意音字。比如，"桐"的声符是"同"，意符是"木"，表明该字读音与"同"一致，意义是一种树。但由于汉语语音的演变以及现代汉字的简化等多方面的原因，现代汉字的形声字中很多整字与其声符发音都不一致了，而意符部分还依然保留着提示意义的作用。比如，"灯"简化前声符写作"登"，是形声字，简化后声符换为"丁"，其发音与"灯"不一致了，可是意符"火"始终未改变，还是表示该字义与火、照明有关。

在这四种类型的汉字中，象形字是构成所有汉字的本源，指事字、会意字和形声字都是在象形字的基础上产生的。指事字是在象形字的基础上加指事性符号而成；会意字是在原有汉字的基础上通过同体会意和异体会意两种方式产生一个新字表示一个新的意义；形声字则是借助原有汉字的字音或字义将两个汉字组合形成一个新字。因此，现代汉字总体上看，表意的成分远远高于表音的成分，可以说，除假借字外，几乎每个汉字都能通过字形显示一定的意义。这是拼音文字所不具有的。比如，"伞"可以看出雨伞的形状从而推断出其所具有的意义，而英语中的 umbrella 却无法看出其表示雨伞的形状。

2. 汉字的特点。

与拼音文字相比，汉字最大的特点表现在两方面：

一方面是不直接表音。拼音文字与所记录语言的语音一般有直接的对应关系，只要学会了字母的基本拼读规则，一般情况下，看到一个单词大致能够拼读出它的音，或者一个词怎么说基本上就可以怎么拼写。汉字则不然，如果不经过一定时间的汉字学习和训练，是不可能具有认读和书写能力的。所以有很多人会说一口流利的汉语，却不认字，甚至连自己的名字都不认识也不会写。2009年感动中国人物李桂林、陆建芬说，他们在彝族村教孩子们识字，至少要让孩子们出去打工时看到厕所能认识"男""女"。这个例子说明，正因为

"男""女"二字不直接记录它们的读音,所以需要专门教授才能认识。

不过,拼音文字虽然具有记音功能,却也存在一定的问题。比如,英语中的 go 和 do 都有字母 o,可 o 在这两个词中的发音却不相同,同一个字母记录了两个元音;而 knife 中的 k 则更是有形无音。所以拼音文字尽管记录的是某种语言的语音,但是其中也有一些问题需要解决。

另一方面,汉字尽管不能像拼音文字那样直接记录语音,但能够提示意义,属于表意文字。因此,很多汉字,尽管我们不能准确地知道它读什么,但却能够根据其构造了解其意义。"男"字是"田"和"力"的组合形式,在田里出力的当然是男子了。而"女"字现行汉字虽然已经看不出其原貌,但当我们回归其古文字面目(甲骨文写作"𢾖")时仍能看出它所描绘的是一个女子的形体。而拼音文字则不具有这样的特点,看到一个单词,尽管能读出其音,却完全不能知其意。比如,英语 go 可能学过英文字母的人都能读出来,但不一定知道它的意思;而汉字"鲋"不是每个人都能准确地读出它的音,但小学一年级的孩子也可以推测出它大概是一种鱼,因为这个字中包含一个表意的成字形符"鱼",这个符号提示了该字所表示的意义。

任何一种文字都是通过一定的字形记录一种语言,而语言这个符号又包括音、义两部分内容,这时就存在字形与语言的哪个部分直接关联的问题,也就是说,字形直接反映语言的音还是义,不同类型的文字有不同的情况。拼音文字和汉字的区别在于:拼音文字是借助字形直接记录语言的语音,字形与语音有直接的反映关系,而意义则是隐性地表现出来;汉字是借助字形直接记录汉语的语义,字形与语义有直接的反映关系,而语音则是半隐性地表现出来。① 因此,汉字从整体上看,是一种意义占主导的文字,即表意文字。

(二)汉字对外国学习者的独特价值

汉语有两种表达形式,口语和书面语。学习者掌握汉字数量的多少既关系到其书面语水平的高低,同时也是学好口语的关键。从汉语的特点来看,现代汉语特别是口语中存在大量的双音节复合词。这些词大都由单音节语素组

---

① 因为一部分形声字能够直接表现字的语音,假借字也是字形记录语音,但这部分字数量有限。

合而成,而这些语素多是古汉语单音节词的发展与传承,还基本保留着古汉语单音节词的词义,它们的书面语存在形式就是现代汉字。另外,汉字当中形声字约占90%,而形声字都是合体字,是独体字的组合形式,汉字中的独体字作用大、数量少,是学好汉字的关键。因此掌握一定量汉字的字形、字音、字义,对提高汉语口语和书面语水平是至关重要的。许多学习者特别是欧美学习者普遍存在一种"重语轻文"的学习态度,一味地练习听力和口语而忽视对汉字的认读书写,结果汉语水平始终停留在简单的口语对话阶段。在语言习得过程中,听说读写实际上是一个整体,其中任何一个环节的缺失都会影响学习者整体的语言能力,这就是木桶效应。一个木桶盛水量的多少不是由最高的木条决定,而是由其最低的木条所决定的。衡量一个汉语作为第二语言学习者汉语水平高低,不仅要考察其口语交际能力,更要考察其书面语的阅读和表达能力,这其中汉字起着至关重要的作用。学习者掌握的汉字越多,书面语的阅读和表达能力就越强。而书面语表达能力的提高会直接作用于口语表达,使说话人认识问题、分析问题的能力得到提高,随即口语表达能力和交际能力也提升到一个新的水平。因此,汉字的学习不但不能忽视,反而应该是汉语学习的特定组成部分,与汉语学习难解难分,也是汉语学习的一个重点,它对汉语学习发挥着很强的促进、推动作用。与此同时,汉字学习在以下几方面也具有其独特的价值。

1.学好汉字能够更准确地区别汉语中的同音词(字)。

汉语音节结构数量相对有限,包括声调在内也只有1300多个,因此存在大量的同音词,这些词有时会造成歧义从而影响正常的口语交际,所以往往要依靠分析字形来加以区别,以保障交际的顺利进行。一个最常见的例子:说汉语的人在回答对方自己姓zhāng时经常会说是"弓长张"或是"立早章"。这里运用的就是汉字知识,是对两个同音汉字的字形解析。如果没能很好地掌握汉字,就没有办法区分二者的差异,在这些同音词(字)面前就会一头雾水。

2.学好汉字能够更清楚地理解汉字的意义。

汉字是语素文字、表意文字,语素的意义能够通过字形得到反映。因此,当掌握了一个汉字的字形后,将它的意义与字形联系起来,能够更好地认识该字的造字理据,也就对该字的意义有了更清晰的理解。比如,"裕"左边是"衤"不是"礻",有些学习者通过机械性记忆掌握了它的写法,而有些学习者则会写错。当学习者明白该字表示"衣食充足"的意思,左边为"衣"右边为"食"时,就不会出现类似的错误,甚至能够类推出凡是"衣"字旁的字都会与衣服有关。这样学习者在书写的过程中将字形与意义相结合,既知其然又知其所以然,既牢记了汉字的写法,又加深了对字义的认识,汉语知识更加扎实。

3. 学好汉字可以更透彻地领悟中国文化。

一方面,中国文化讲究对称、周正、有序,学习者在书写的过程中会逐渐体会到汉字也讲究对称、周正和有序;中国文化讲究"心平气和、气定神闲",写汉字也可以让人领略到中国文化这一"淡定"的意境。另一方面,汉字能够反映汉民族的社会文化心理,学习汉字的同时能够了解中国古代的一些社会风俗及人文特点。比如,两人结婚英语就用一个词 marry,汉语却可以是"嫁"也可以是"娶",而这两个字却都有一个同样的意符"女"。"嫁"是女子从娘家来到自己真正的家——丈夫家(娘家是临时的而夫家才是自己永久的归宿);"娶"是男子把女子从她的娘家像取自己的东西一样拿过来(女子是男子的领有物,男子对女子有支配权)。从表示婚姻过程的这两个汉字中可以看出中国古代社会男尊女卑的特点以及女性的附庸地位。当学习者对"嫁"和"娶"反映的意义有了清楚的理解之后便会对这两个汉字记忆深刻。因此学习汉字与了解中国文化具有一定的相互促进作用。

4. 学好汉字可以使在中国的生活、工作更加顺利、愉快。

来中国学习汉语的学习者可能动机不同,有些人想到中国来旅游,有些人出于对汉语和汉文化的兴趣,还有些人想找一份工作,等等。不论出于何种目的,他们都需要在汉语环境中生活。而即使是最基本的生活需求——衣食住行,仅有口语有时也会捉襟见肘,还需有必要的汉字知识才能使自己的生活得到保障。如到外地旅游要看得懂地图,去超市买东西要看得懂商品名,进饭馆吃饭要看得懂菜名,坐公交车要看得懂车站名,等等。因此,必须学会一定数量的汉字才能保证自己的生活正常顺利、如鱼得水。

三 汉字文化圈内外学习者的汉字认知

(一)"汉字文化圈"

中华文化博大精深,源远流长,曾经对亚洲许多国家和地区产生过重要的影响。这些国家和地区在一定的历史时期内,大量吸收中华文化的营养,从而形成了以汉字为特征的汉字文化圈。

汉字文化圈指的是文化相近、历史上受中国政治及中华文化影响、过去或现在使用汉字并曾共同使用文言文作为书面语(并不使用口头语言的汉语官话作为交流媒介)、覆盖东亚及东南亚部分地区的文化区域。主要包括朝鲜、越南、日本、韩国、新加坡等国家和地区。

朝鲜是使用汉字最早的国家。早在春秋战国时期,朝鲜人就已经开始使用汉字。朝鲜的古代文献,大多是用汉字书写的。公元1443年至1446年,朝鲜政府制订并公布了拼音文字方案(即"谚文")后,谚文才和汉字混合使用。1948年后,朝鲜民主主义人民共和国才全部使用谚文,而韩国现在仍继续使用汉字、谚文的混合文字。

越南也是使用汉字很早的国家。公元前2世纪秦汉时期,汉字就传入越南。公元13世纪,越南人仿照汉字创造了越南文字"字喃",和汉字混合使用。1945年才完全用拼音文字代替汉字和字喃。

公元1世纪东汉时期,汉字便从朝鲜传入日本。日本的古典作品全是用汉字写成的。日本的文字直到今天还夹用着一部分汉字。1946年11月,日本政府公布了《当用汉字表》,共1850个汉字。1981年3月,日本重新公布了《常用汉字表》(修正案),共1945个汉字。《常用汉字表》代替《当用汉字表》并作为日本使用汉字的规范。

新加坡的华族占该国人口的75%左右,他们都使用简化汉字。现在新加坡政府规定的汉字简化字、异体字和字形,基本上和我国的相同。

(二)汉字文化圈内外学习者汉字字感的差异

汉字文化圈内的汉语学习者,由于长期受到汉民族文化及汉字的熏陶,在其日常生活和文化教育中不可避免地要学到、用到汉字,日本学习者在中学阶段就掌握日文常用汉字1945个,韩国学习者也掌握了1800个韩文常用汉字。因此,汉字文化圈内的汉语学习者对汉字并不陌生,有着良好的汉字基础,有的还会有一种亲近感,甚至有一定的汉字认读和书写的基础。尽管这些汉字文化圈的学习者在汉字学习过程中也存在这样或那样的问题,但他们所表现出来的汉字学习优势却是客观的事实。这种优势归结起来就是,他们的汉字"字感"比非汉字文化圈的学习者要好得多。

虽然日韩学习者在小学、中学阶段已经掌握了一定的汉字,但由于他们母语文字中的汉字词与汉语汉字在形、音、义方面既有联系同时也存在相当程度的差别,这会干扰其汉字字感的形成。比如,韩语中的"点心"是"午饭"之意,"汽车"是"火车"之意;"况"日文写作"况","长"在日文中用的是汉字的繁体形式"長"。因此日韩学习者在学习汉字时也存在他们所特有的问题。

非汉字文化圈的学习者母语为拼音文字,初学汉字首先遇到的是汉字认知上的挑战。这种挑战首先表现在视觉系统上,要让眼睛习惯点、横、竖、撇、捺组合起来表示意义的方式并加以辨认,从而在字义和字形之间建立一种联系;其次是训练视觉记忆对这些字符的储存;另外还有手眼运动配合对字符的再现。也就是从对一维空间的线性结构记音符号的认知转变为对二维空间的方块结构表意符号的认知。事实证明,非汉字文化圈的学习者初学汉字时,把汉字看成一种艺术,看成一幅很难懂的画儿,看成奇形怪状的图案,看成是线条的谜。看起来莫名其妙,写起来无从下手。他们书写汉字时,往往不知道该从哪里落笔、从哪里结笔,或者该先写哪一部分后写哪一部分,有时只能像画画儿一样把汉字"画"出来。由此可以看出,非汉字文化圈的学习者在汉字学习过程中,受母语文字书写习惯的影响,对汉字表现出与中国人和汉字文化圈的学习者截然不同的认识。因此,他们在学习汉字之初,首先需要建立的就是全新的汉字字感,既包括单个汉字的字感,也包括群体汉字的字感。

(三)汉字认知差异对汉语第二语言教学的影响[①]

1. 非汉字文化圈学习者汉字认知的特点。

---

① 此部分主要参考王碧霞、李宁、种国胜、徐叶菁《从留学生识记汉字的心理过程探讨基础阶段汉字教学》,《语言教学与研究》1994年第3期。

非汉字文化圈的学习者学习汉字的时候,对汉字的认知存在三个明显的特点:

(1)由听觉感知转变为视觉感知。辨认汉字形体对母语为拼音文字的学习者来说是一件相当困难的事。这可以从两个方面来理解:第一,拼音文字是表音文字,文字与语音的关系密切而直接,拼音文字的字形为单向线性排列的视读单位,构造简单。以先左后右或先右后左的一维结构的形式呈现在读者眼前,形成的视角映象复杂程度低。拼音文字主要依靠听觉感知。而汉字是多向行进的,由笔画构成部件,再由部件通过上下、左右、内外三种基本位置排列组合成整字,因而汉字呈现为一种立体结构,投入视网膜的映象的复杂程度要比拼音文字高得多。再加上汉字不直接表音,因此需要更多的视觉感知。非汉字文化圈的学习者在对母语的长期使用中已形成了牢固的视觉感知习惯,这种习惯与汉字的认知与学习不相适应。汉字这种构造复杂、符号繁多、表音度低、表意度高、内含信息量丰富、对视觉感知要求高的特点,对母语为拼音文字的初学者显然是一种挑战。第二,拼音文字的读者在对文字的识记中较多地使用声音通道,而汉字的识记则完全不同。汉字本身不直接携带声音,使用汉字的读者对文字进行加工时主要是靠识别字形来唤起字义,汉字的字形在视觉的短时记忆中起着重要的作用。因此在汉字的使用中,读者更多地依靠视觉通道。这一视觉习惯的改变也增加了母语为拼音文字的学习者识记汉字的难度。

(2)汉字处理的脑机制尚未形成。大量的心理学实验证明,人脑既有对语言的综合加工能力,同时又有不同的分工,体系相异的文字在人脑中处理的途径不同,在对汉字与拼音文字的认知过程中,大脑所经历的工作程序也不相同。它表现在两个方面:第一,性质不同的文字在人脑中进行加工的方式和部位不同。人类大脑两半球对语言的知觉加工与记忆能力具有不对称的特点。就脑功能的分工来说,左脑擅长加工语言素材,右脑擅长加工图形、空间刺激等;左脑对分析及次序处理表现出明显的优势,而右脑对整体的辨认则有较强的视觉感知能力。研究表明,拼音文字是在左脑处理的,汉字具有极强的图形性,在对汉字的认知过程中,人们总是借助于对汉字的整体识别来区分不同的意义,然而汉字并不是图形文字,每个汉字包含着丰富的语义信息,因此人脑对汉字进行信息处理时是左右脑并用。这说明,拼音文字的学习者在对汉字的识记过程中,需要建立起一套新的与处理母语文字不同的脑机制。第二,人脑对文字信息进行编码时的工作程序也不同。人们学习一种文字时,要从形、音、义入手。拼音文字提供的是语音和语法形态信息,文字与语音的关系直接且密切、音符固定。汉字跟语音的关系间接而松散,汉字表音的有效率低,汉字的读音对书写没有很大的启示作用,这给初学者带来一定的困难。在听、写练习中,学习者接受到的语音信息需要重新经过大脑的加工,如对字形的回忆、同音字的鉴别等,才能获得对词义的理解。在汉字的识记中,大脑通过字形与音、义建立联系,既要经过语音编码,又要经过形态编码。如前所说,汉字的表音度低,汉字的意符虽然有助于学习者对汉字的记忆,但汉字符号繁多,很难一一牢记;加上历史演变的原因,有的意符已经失去原来的意思,这在一定程度上造成联想的阻断,增加了学习者记忆汉字的难度。

(3)对汉字的积淀不足。在汉语学习的过程中,学习者接触到的汉字多是在词的形式中出现的。在词的识记中,人们总是首先在记忆库里去检索、寻找相应的形、音、义相结合的语言单位。皮亚杰认为,这种对词的检索即理解词义的过程,同时也是一个同化和顺应的过程,如果在记忆库里找到了,就被认可、被同化了;反之,就会暂时挂在某个单元之下,等待下一次同化。汉字的学习也是如此。汉字的笔画和字形是在长期使用的过程中逐步形成的。长期使用汉字的读者,大脑中储存了丰富的汉字信息,建立了对汉字的检索网络,因此大脑对字形、字义的识别几乎是自动到位的。而汉字初学者由于识字不多,积累的汉字量尚少,缺乏对汉字的积淀,他们头脑中有关目的语的心理词典是不完善的,因而在对汉字的识别中,无法达到自动激活的程度。汉字作为汉语的记录符号,经过漫长的历史演变,几千年文化的浓缩,汉字字形蕴含着丰富的视觉信息,与别的文字相比,在相同的单位面积中,汉字所容纳的信息量高过其他文字。汉字的丰富内涵使学习者在学习汉字的同时,还必须掌握一定的汉文化知识,这就增加了学习的难度。由于母语为拼音文字的学习者对汉字的感知能力不强,因而无法有效地捕捉汉字字形所携带的大量信息,这都跟学习者缺乏对汉字的积淀有关。

2. 认知差异对教学的影响。

非汉字文化圈学习者学习汉字时所具有的认知特点是汉字文化圈的学习者所不存在的。这就对教师在面向汉字文化圈内外的学习者进行汉语教学时提出了不同的要求。

对汉字文化圈的学习者,教学重点在于:在教学中应有意识地利用学习者所掌握的母语中的汉字(词)来强化所学的汉语词语。形体有差异的要特别指出;意义不一致的也要特别提醒;形体不同而与古汉语词语有联系的也可适当解析。同时,适当地引导学习者把学过的词语按意义归类,进行群集记忆和再认。当然,对日、韩学习者来说,加强读音的辨析和记忆是关键,否则就只能停留在阅读材料的平面上而难以开口,或说话结巴、不流畅。

对非汉字文化圈的学习者,教师应该注意以下几方面的问题:首先要帮助学习者建立汉字的笔画观,培养汉字的书写习惯,以适应汉字的笔画。这就是:改弧形为弯曲(如:c、h、m、p→式、戈、乱),改圆形为方形(如:a、o→国、画),改斜线为撇捺(如:k、w、x→汉、人、义),化圆点为锋点(如:i、j→学、心)。其次要让学习者了解和熟悉单一笔画及其走向。单一笔画的种类有横、竖、撇、点、挑、钩、折等,其走向不像拉丁字母那样有较多的向上的逆笔(如:w、n、v),除了钩笔逆向而上以外,大都是从上到下、从左到右。要让欧美学习者体会到:汉字字形无论多么复杂,都是由这些基本笔画有序地叠加、镶接、串联而成。建立汉字笔画观,就可以帮助他们获得汉字的字感。字感包括对独体字、合体字和部件的认识。认识和积累独体字,对非汉字文化圈的学习者学习汉字特别有意义。因为较多的独体字后来都成了合体字的偏旁:它们或者变化为形旁,表示某种意义范畴(如:车→轼、轴);或者保留为声旁,表示某种读音(如:包→跑、泡、袍)。在认识独体字的基础上,进一步让学习者认识汉字部件以及合体字的基本结构,使他们懂得其中的造字规则。这样循序渐进、有系统有条理地给他们讲解汉字的组织规则,有助于他们建立良好的汉字字感并打下扎实的汉字认读书写基础。

第二节　汉字形声体系对汉字教学的影响

现代汉字中,除了少量的独体字外,大量的是合体字;在合体字中,大量的又是形声字。据统计,汉代的《说文解字》共收字 9353 个,其中形声字 7679 个,约占总字数的 80%;清代的《康熙字典》共收字 47035 个,其中形声字 42300 个,约占总字数的 90%。现代通用汉字中,形声字也占绝对多数。

与拼音文字相比,汉字作为一种独特的表意文字体系,其根本点就在于具有一种特殊的形音义关系,这集中表现在形声字上。由于形声字数量众多、结构独特,因此在对外汉字教学中,形声字教学起着举足轻重的作用。

一　汉字形声体系的特点

形声字就是在一个合体字中,既有表示义类的意符,又有表示谐音的声符。现代汉字的形声字,主要有六种形声格局:左形右声(如"炮""枝""槽""姑"),左声右形(如"期""彩""雅""彰"),上形下声(如"芜""室""符""骂"),上声下形(如"垄""婆""盅""舅"),内形外声(如"闻""斑""雠""衍"),内声外形(如"阁""疯""凰""匾")。

由于汉字形体的演变以及古今音的不同,现代汉字中很多形声字变得既不表形也不表音了,但仍有相当多的形声字在不同程度上表意或表音。现代汉字声旁的有效表音率在 30% 左右,这与拼音文字的差别是相当明显的。拼音文字的形音联系是直接的、同步的;而汉字的形音联系却是间接的、分离的。即使形声字具有一定的表音功能,那也是以认识一定数量的成字部件为前提的。比如,要认识"晴"这个形声字,须以认识"青"这个声符为前提。在教学中,如果我们能对形声字进行恰当的分析和归纳,弄清楚声符字与由它组成的形声字的读音关系和常用程度,不仅可以帮助学习者更有效地认记字形,而且也有利于了解字形与字音、字义的关系,从而加深对现代汉字的理解。

二 汉字"形—音—义"关系的独特性

汉字由若干笔画和部件通过不同的方式组合而成。这些笔画部件不能直接显示汉语的发音,特别是象形字、指事字和会意字,字形与字音的联系是隐性的,根据字形无法直接拼读出字音,字形直接记录一个汉字的音节而不能拆解。但字义却可以由字形直接体现,比如,"伞"像一把撑开的雨伞之形,"刃"的一点指的是刀刃的位置,"众"是三个人表示人多。这种情况与拼音文字不同,拼音文字是听其音而记其字,见其字而发其音,文字本身不直接体现意义,意义是字形背后隐含的,形音义三者之间的认知顺序是"形—音—义"。汉字中的象形字、指事字、会意字其形音义之间的认知顺序是"形—义—音",字形不直接体现读音,但体现意义,读音是隐含的。

形声字则与上述三类汉字以及拼音文字的形音义之间的关系不完全相同。后者的字形,要么直接体现读音使意义退于幕后,要么直接体现意义使读音退于幕后;而形声字则呈现出形、音、义三位一体的显著特征。这是由于形声字在构造上既包括表示整字意义范畴的意符,同时也包括提示整字读音的声符,也就是说,音、义能够同时居于幕前,在字形上有所体现。因此,形声字的"形—音—义"关系不再是直线形的,而是三角形的:

```
      形
     / \
    /   \
   音-----义
```

图 6-1

从认知编码的角度看,这也是形声字优于其他汉字的地方。因为"意符"产生的某些意向表征非常有利于记忆。再加上"声符"对听觉的有效刺激,两者同时激活所产生的记忆有显著的持久性,遗忘率低。

语言是一种听觉符号,包括音和义两个部分;文字是一种视觉符号,也有形式和内容两个部分。在文字记录语言这种符号时,既可以选择语音也可以选择语义作为字形所记录的内容。由于语音和语义已经由社会约定俗成为一个固定的整体,所以当字形记录语音时,该读音可以自然激活存储于人头脑中的意义,而当字形记录语义时也同样可以激活与其对应的读音。形声字则将这种后台操作转为直接呈现,为学习者提供了更加丰富的语言信息,从而在一定程度上减少了他们的学习困难。因此,尽管汉字属于表意体系的文字,但并不像有些人所说的那样,"形音义之间是分离的、缺乏关联的",完全不同于拼音文字,事实上,汉字其形音义之间也存在着紧密的关联性。形声字则将这种关联体现得更加明显和清晰。

三 汉字之难

众所周知,汉字学习有"三难",即难读、难写、难认。所谓"难读"是指,汉字是表意体系的文字,字形和字音的联系不是直接的,不像拼音文字那样可以拼读出来,而需要死记硬背。现代汉字中虽然有百分之八九十的形声字,但是,形声字的读音规律性并不强,而且要以认读声符字为基础。所谓"难写"是指,汉字笔画多,笔顺严格,部件组合的结构复杂。所谓"难认"是指,汉字总字数多达六七万,现代汉语通用字也多达六七千,其中常用字 3000 多个。即使要记住这 3000 多个形状不同而又十分相似的字,所要花费的时间和精力无论如何也要比拼音文字多得多。造成汉字"三难"的原因主要有以下几个方面:

(一) 汉字字形之难

1. 内在的生成性。

尽管汉字有成千上万,无论是简单的汉字还是复杂的汉字,没有受过汉字书写训练的人看到汉字后都感觉无从下笔。但是,汉字的构成却有其内在的规律性,并不是杂乱无章一团乱麻。写汉字就像盖房子、造桥一样,其中的每一块砖、每一根木头都有一定的顺序,先放什么后放什么都很有讲究,并不能随意堆叠在一起。汉字不论简单还是复杂,都经由"笔画→部件→整字"的组合过程而生成。也就是说,从书写的角度看,汉字是一个从基本笔画到基本部件再到完整汉字这样一个逐步生成的体系。

汉字的基本笔画有点、横、竖、撇、捺、提,在此基础上,衍化出横折、横钩、竖折、竖提、竖弯钩等 20 多个笔画,再由这些笔画通过相离、相接、相交等方式构成一个个部件(偏旁、常用固定书写形式和独体字),再由这些基本部件通过左右、上下、包围等立体组合方式构成完整的汉字(主要是合体字)。就独体字而言,若干笔画构成的既是一个部件也是一个整字,这时部件与整字重合;就合体字而言,若干笔画直接组成的是一个一个的部件,两个以上的部件再次组合,形成一个完整的汉字。由此可见,汉字作为一种书写符号体系,具有一种内在的生成性。如"人－大－头－买－卖－读",这一串汉字,就体现了这种内在的生成规律。汉字的衍生也就形成了一个由几十个笔画相离、相接、相交而成几百个部件,又通过十几种结构(左右、上下、包围等)构成成千上万的整字这样一个由少到多、由简而繁的体系。在这个生成链条中,部件的作用非常重要,它既是笔画组合的结果又是整字形成的开端。一方面,它使得笔画从无序无意的零散状态经过组合变得有序有意;另一方面,几百个简单的部件经过不同的组合而组成了成千上万的整字,可以说是一种以简驭繁的功能。因此部件在整个的生成链条中具有承上启下的作用,是汉字生成链条的核心。

2. 结构的立体性。

从汉字形体来说,它是一种立体结构的文字,因而具有立体组合的特性。这一点与拼音文字的线性排列有着根本的区别。这种立体结构主要体现在以下两个方面:第一,从外形上看,汉字是一个方块体。无论它的部件有多少,都要求这个汉字书写出来是一个四边形的方块。而拼音文字则由字母从左到右或者从右到左地有序排列,构成一条字母群带就可以了。第二,从书写程序上看,汉字的书写,要求各部件在该字中占有确定的位置,上下、左右、高低、大小不能随意改变,各部件之间形成了一种层级关系,因而构成了一种立体结构。这对习惯于书写线性结构的拼音文字的外国人来说的确是一个难题。如"等"这个字,由"⺮""土""寸"这三个部件构成,而"⺮"又可再分为两个"𠂉",这样,这四个部件,通过 的有机组合,便成为一个规范的汉字——"等"。而英语的 wait,只要求用相应的字母 w、a、i、t 从左到右地有序排列就可以了。

3. 部件的变异性。

由于汉字的基本部件和基本结构模式都是有限的,而这有限的两者进行组合又要生成成千上万的汉字,这就必然导致汉字的基本部件在形体上的变异。我们知道,拼音文字单词的各字母之间是平列的,它们所占的空间也是一样的,而且字母在书写时一般没有形体上的变化,因此书写起来就容易得多。然而汉字则不然。一个汉字中,其各个部件在该字中所占有的位置及空间是一定的,而对同一部件来说,它在不同的汉字中,其位置及空间则又是不固定的。这就造成了同一部件在不同汉字中的形体变化。如"口"这个部件,在"嘴""如""号""右""够"等汉字中,不仅所处的位置不同,而且书写的大小也不同。又如"日"这个部件在"旦""间""暗""暑"等汉字中,形体上也有了变化。部件的这种变异性是由汉字结构内在要求所规定的。

4. 字形的相似性。

由于汉字基本部件及基本结构模式有限,使得汉字与汉字之间存在许多相同的成分:或具有相同的部件,或属于同一结构类型,或两者兼而有之。这样,就使得汉字的辨认成为一个难题。比如,"半""平""丰""羊""米""来""采""束"这一组字,由于基本结构相同,基本笔画也差不多,十分相似,容易混淆。再如,"跟""狠""很"这一组字,由于结构相同,又都有同样的部件"艮",使它们难于区分。再加上汉字的生成性和同音字的干扰,就使得外国学习者在认读记忆汉字时往往张冠李戴,造成错误。

(二) 汉字字音之难

近年来,有一些认知心理学家、心理语言学家探讨语言的正字法深度(orthographic depth)对文字识别过程的影响。正字法深度指词的形态结构与音位结构之间的一致程度,即见形知音的程度。在拼音文字中,无论其正字法深浅,单词的拼写与发音之间总有一定的对应关系,即存在形音对应规则。与拼音文字相比,汉字是一种正字法极深的文字。拼音文字可以以语音为中介达到拼读、辨识和拼写的目的,其口语与书面形式是一致的。汉字作为一种表意的文字系统,其词的形态与语音形式之间不存在形音对应规则,以笔画和部件为基础构建起来的方块字几乎完全不能直接拼读,更难以仅凭语音去辨认,基本上不能见形知音。

汉字中的形声字是典型的意音文字,既含有表意成分的意符,又含有表音成分的声符;既能见形知意,又可见形知音,应该说是一种比较理想的文字结构。比如,"鲤"的意符是"鱼",表示这是一种鱼;声符是"里",表示该字读 lǐ。

但即使如此,形声字的学习仍具有一定的难度,其原因之一就是声符表音与声符的字形之间没有直接关联。

1. 形声字声符不能直接拼读汉字。

形声字结构的声符与拼音文字的字母是不同性质的构形要素,声符不能起到直接拼读汉字的作用。比如,"鲤"由"里"得声,"鲤"的读音(lǐ)与声符"里"一致,只要知道"里"是其声符就可以推测出它的发音。但关键在于"里"本身的字形并不能直接体现其发音,它的笔画与音素之间没有任何关系,如果不知道"里"的发音,那么"鲤"的读音就无从谈起。而英语的 in 不同,其字母直接记录的正是语言中的音素,因此看到拼写就基本能够推断出其发音。也就是说,形声字的声符与形声字读音的联系尽管存在,理论上能够起到见形知音的作用,但却以认识、掌握其声符的读音为前提,而这些声符字需要通过一个一个强化记忆的方式将其形音义的联系对应起来,如常见的声符"可""青""比""工"等,否则它们的表音功能在学习时就没有任何帮助。这就说明形声字的字形与读音之间具有一定的分离性。

2. 形声字声符的能产性并不高。

据统计,《现代汉语通用字表》中有 236 个理想声符(声符与整字的声韵调完全相同),它们共组成 630 个不同汉字(包括 211 个成字声符本身),每个声符的平均构字能力为 2.7。这 236 个理想声符中有 177 个在《汉语水平词汇与汉字等级大纲》中出现,只构成大纲内的 252 个汉字,平均构字能力更降低至 1.4。这个数字意味着绝大多数的声符都不能起到有效地给形声字表音的作用。约 2/3 的理想声符在汉字大纲内只能构成 1 个字,构字能力最强的理想声符在大纲里也只构成 4 个字。这组数字说明,形声字的声符能产性并不高,学习者依形求声、靠有限的声符来类推众多形声字发音的愿望很难得到满足,这也使得他们学习汉字的难度加大。

3. 形声字声符读音与整字读音差异较大。

汉字的历史源远流长,随着时间的推移,许多造字之初的形声字的读音都有了很大的变化,加之历代人为的简化,使得一些形声字改变了原有的面貌,让人无法识别其读音。比如,以"工"得声的"功""红""江""缸"等,它们的读音却各不相同；以"者"为声符的"堵""都""猪""绪""赭"，前四个字没有一个与声符读音相同，第五个字与声符相同却是非常用字。像"赵""鸡"等简化字更谈不上声符与整字的发音关系了。这种不一致再次说明形声字中字形与字音的分离是一种现实情况，也是学习者学习汉字的困难所在。

（三）汉字字义之难

汉字属表意文字，字形反映造字之初的语义。随着社会的发展与变化，语言的音、义会发生一些变化，但字形在形成之后具有一定的约定俗成性，语义的变化一般不会直接影响字形，也就是说字形并不随着语言的变化而变化，这就使形义之间的链条出现断裂。这样一来，现代汉字中的一些字已经与造字之初的意义没有关系了。比如，"闻"本义是"听"，从耳门声，但现在它常用的意思有两个，一个是用鼻子嗅，一个是消息。前一个意义是本义的转移，后一个意义是本义的引申。汉语母语者在语感的帮助下很容易掌握，但这给第二语言学习者理解汉字的造字理据与汉字意义之间的关系造成了一定的障碍。

形声字的意符用来体现与整字意义有关的信息，如"杨""柳""槐"中的"木"说明这些字表示的是一种树。有研究显示，在《高等学校外国留学生汉语教学大纲·汉字表》中，形声字占大纲全部汉字的68.6%，其中意符表意度平均为62.3%。意符在形声字学习中的作用可见一斑。然而，形声字的字义与意符之间的关系仍具有双重性。首先，形声字中的意符表意并不唯一，意符与意义不是一一对应的关系。同一个意义往往由多个意符表示，同一个意符有时会表示多个意义。比如，同样都是表示言语活动的形声字，"说""话""谈""论""讨""读""诉""谢"等字的意符是"讠"，而"唱""吵""哼""呼""唤""喊""叫""骂"等字的意符却是"口"。与"哭"相比，同样是口腔发出的动作"笑"的意符却又换成了"⺮"。这种变化的确让学习者摸不着头脑。"氵"构成的字与水有关，"冰""冲"却是"冫"，而"冫"构成的字大部分却与水无关，像"次""况""减""决"等。而且，同一个"讠"，"认""记""诚""计"却并不表示言语活动，而是表示心理认知意义。这些意符与意义的交叉造成的似有似无的规律，对于外国学习者来说，实在是很伤脑筋的事。其次,同一个成字部件在不同的汉字中,有时表音有时表意,并不固定。这本身是形声字的一个特点,某个部件究竟表音还是表意,在不同的字中情况不同,这也是汉字不是表音文字的原因之一。但对外国学习者汉字学习来说,这就成了一个困难。比如,"广"在"庄""床""矿""旷""庞"中是声符,在"府""庐""店""底""座"中却成了意符;"王"在"往""旺""汪"中是声符,在"理""珠""球""玻""璃"中却是意符。

第三节 外国人汉字读写错误及其原因分析

对非汉字文化圈的汉字初学者来说,他们习惯于拼音文字的简单书写方式,面对复杂的汉字没有太多的积累,还没有养成很好的汉字书写习惯和书写意识,大脑中的正字法也不完善,而且对汉字的形、音、义关系也还没有弄清,因此会出现许多汉字认读和书写方面的错误。

一 外国人汉字读写错误类型分析

(一)字形错误

汉语学习者在书写汉字时最常见的字形错误主要来自笔画、部件、结构及整字方面。往往前三种写出的是错字,后一种写出的是别字。这些正是汉字教学的重点和难点所在。

1.笔画方面。

笔画是构成汉字的最小单位。每一个汉字都由固定的笔画构成,每一个笔画都有固定的书写笔顺,因而写对、写好汉字的基本功在于笔画。初学者由于对汉字笔画缺乏应有的训练,因而常常出现笔形失准、笔顺颠倒等问题。如将横撇写成横,将横折写成圆转的弧形,将点写成圆圈等。

2.部件方面。

汉字部件是由笔画到整字的中间环节,是把握汉字结构、拆析分解汉字的基础。由于汉字部件多达数百个,学习者掌握起来有一定的难度。所以初学者在部件方面所犯的错误是比较多的。部件错误形成的"字"一般有两种：一种是非字。构字笔画和部件的种类及其组合关系均与正字法不符的书写错误为非字，如将"饭"写成了"饮"，不仅更换了原字的部件，而且将"欠"放在了左边，这与汉字的正字法不符（"欠"只在右边出现），所以这是个非字。另一种是假字。将正确的组合单位依错误的组合关系排列的书写错误为假字，例如将"冲"的"冫"写成"氵"。外国学习者常见的部件错误包括：

(1) 部件更换。把一个字中的甲部件更换为乙部件。如：

　　咶（听）　匛（医）　讠（识）　奴（欢）　氵（没）

　　喜（喜）　胆（胆）　该（该）　妺（妹）　买（买）

　　珠（球）　柒（华）　四（四）　原（原）

(2) 部件错误。有的是把汉字部件写错，增笔或减笔，有的是把部件写得模糊不清，甚至有的用英文字母代替，如：

　　个（个）　厈（厅）　两（两）　俞（宿）　笁（等）

　　柼（校）　零（零）　试（试）　式（我）　为（为）

　　笔（笔）　哭（哭）　蓝（蓝）　邮（邮）　队（队）

(3) 镜像错误。即把两个部件的位置写颠倒，或是把部件中的某个笔画方向写颠倒。如：

　　领（领）　欢（欢）　郊（院）　顶（顶）　明（明）　星（星）

　　架（架）　手（手）　严（严）　变（变）　史（史）　正（正）

(4) 部件类推。即比照组成复合词或上下文中相邻汉字的部件改写为另一汉字部件。如：

　　优伤（忧伤）　进述（讲述）　诤论（争论）　给终（始终）

　　膀晚（傍晚）　眼睛（眼镜）　钉峰（顶峰）　沌洁（纯洁）

　　周用（周围）　皮胈（皮肤）

还有些不是按照显性的上下文或复合词的提示，而是按照学习者自己已经内化的语言知识进行类推形成的错误。如：

　　措机（借机）　揄东西（偷东西）　抗头（梳头）　趴山（爬山）

还有一些是受该字字义的影响而形成的，如：

胁(脚)　　伪(骑)

3. 结构方面。

汉字的方块结构是区别于拼音文字单向一维线性结构的本质特征之一。由于大约95%的汉字都由两个或两个以上的部件组合而成,因而汉字的结构关系和结构类型就相当复杂。在结构错误中,习惯于书写拼音文字的学习者,尽管把每个部件都写正确了,但往往由于不能很好地把握汉字的内在结构关系,没有把若干部件组合成一个整体很好地摆放在一个汉字格局内,出现或松散不匀、或混乱不清的结构问题。

(1)结构松散。把横向结构的汉字写得左右分离,把纵向结构的汉字写得上下分家。如：

饣欠(饮)　　彳丁(行)　　亻古攵(做)

月月鸟(鹏)　　番习习(翻)　　夕夕(多)

喜(喜)　　鼻(鼻)

(2)结构混乱。把一个汉字写得不成方块,左高右低、东倒西歪,或者上下结构与左右结构颠倒。如：

筷(筷)　赛(赛)　病(病)　惯(惯)　提(提)　您(您)

药(药)　知(知)　度(度)　临(临)　候(候)　范(范)

4. 整字方面。

整字方面的错误与前两种情况不同。前两种错误属于非字和假字,整字方面的错误属于别字。从字形看,外国学习者写出的是一个比较规范正确的字,但写出的字与应该写的字在字音、字义上不一致,不是应该写出的正确的字,即把甲字错写成了乙字。常见的书写错误主要包括下面两种：

(1)形近字错误。由于字形相近而产生的混淆,把甲字(括号内,下同)错写成了乙字(括号外,下同)。如：

矛(予)　住(往)　夏(复)　今(令)　雨(丽)　路(跟)

人(入)　头(兴)　披(报)　准(谁)　西(酉)　乌(鸟)

(2)同音字错误。由于两个汉字的读音相同或相近,把甲字错写为乙字。如：

晶(景)　没(每)　见(间)　关(管)　向(响)　愿(源)

(二) 字音错误

由于汉字的记音方式为整字记音,一个汉字整体记录语言中的一个音节,音节内部的音素在汉字中不能显示,阅读者看到汉字并不能根据其字形拼读出字音。即使是形声字中的声符也是整体记音,声符本身也不直接显示语音信息,阅读者只有单独学习了声符本身构成的汉字的读音,才有可能推测出该形声字的读音。这与拼音文字直接记录语音完全不同,因此外国学习者在认读汉字时会遇到很大的障碍,出现一些错误。这些错误主要表现在以下几个方面,其中第一类为读错,其余为写错:

1.声韵调读错。

汉语语音中的声调和一些元音、辅音在外国学习者母语中没有,这时学习者会受母语的干扰,在读音上出现一些错误。如:

之(诗)　陪(被)　设(合)　放(分)　瓶(品)

时(事)　闻(问)　线(显)　提(替)　利(里)

2.形近字替代。

汉字中存在大量的形近字,如果外国学习者对这些字没有掌握扎实,记忆模糊,很容易将甲字读成乙字,而且往往是用一个自己熟悉的常见字的字音代替该字字音。如:

遍远(偏远)　隐定(稳定)　幸苦(辛苦)　海样(海洋)

艰推(艰难)　该苦(刻苦)　关脱(关税)　拿握(掌握)

3.声符替代。

尽管汉字中存在大量的形声字,但由于汉语语音的历时变化,现代汉字中许多形声字的声符与由其构成的形声字读音并不相同,甚至有天壤之别。而外国学习者在不知道的情况下,仍一味地按照声符来读,就会出现错读。如:

荒京(荒凉)　支能(技能)　衣巨(衣柜)

介格(价格)　列外(例外)　开事(刑事)

4.相关字替代。

这类错误的表现形式与前两种不同,读错的字既与正确的字没有形近关系也没有音近关系,而是与正确的汉字经常以双音节词的形式出现,学习者在学习时没有将二者分清楚,当其中的甲字与别的字组成另一个双音节词时,这时学习者往往错把甲字读成经常与之在一起的乙字。如:

结礼(婚礼)　　出货(出售)　　读览(阅览)　　推场(推广)
犯恶(罪恶)　　建计(设计)　　星间(期间)　　妇青年(女青年)

另外一种情况则是由于甲乙二字意义接近,学习者学习时没有分清楚,错把甲字读成了与之意义相似的乙字。如:

少笑(微笑)　　亏乏(缺乏)　　万秀处(万秀区)
开办之前(开办之初)

5.熟悉词替代。

在认读过程中,学习者还容易犯的一个错误是用一个熟悉的词来代替要认读的词。如:

参加(参与)　　目的(目标)　　登记载(登记表)
农村(农业)　　外币(外汇)　　不行席(不成席)

二　外国人汉字读写错误原因分析[①]

(一) 汉字方面的原因

1.同类笔画重复率高,形近部件多,分辨率低。

首先,据统计,在组成常用汉字的笔画中,横、竖、撇、点、捺、提的使用频率为77.82%。笔画越多,同类笔画的重复率就可能越高,如"睡"中的横和竖。其次,汉字的部件(包括非成字部件和成字部件)中多数的形近部件,差别往往只在一两笔之间,相似度较高,如"丫"和"氵"、"犭"和"讠"、"冖"和"宀"、"礻"和"衤"、"犬"和"尤"、"贝"和"见"、"己""已"和"巳"、"衣"和"衣"、"兴"和"光"等。再次,数以万计的汉字其结构方式大致可归为五类,即左右结构、上下结构、全包围结构、半包围结构和特殊结构,其中以前两者为最多,占使用频率的86.04%。因此,将以上三者综合起来考察,书写元素的重复率、结构单位的相

---

① 此部分主要参考施正宇《外国留学生字形书写偏误分析》,《汉语学习》2000年第2期。

似度越高,结构方式的一致性越大,汉字形体所提供的分辨率就越小,分辨率越小,模糊度越大,书写的错误率也就越高。由此看来,书写元素、结构单位与方式的重复与相似,是造成学习者汉字字形书写错误的重要原因。

另外,汉字的基本笔画虽然比较简单,大致可归纳为横、竖、撇、点(捺)、折(提)几种。但每一种笔画都有特定的写法,偏离一定写法而超过某一限度时,就会产生笔形错误。比如,横(一)的右侧抬得太高,"干"就会写成"千","厂"就成了"厂"("质"的上部)。因此汉字笔画的书写过程就变得异常重要,母语是拼音文字的学习者在学习汉字的最初阶段,他们的大多数错字是由于没有掌握汉字笔画之间的微小差异而造成的。

2. 意符少,表意不唯一。

形声字的意符是用来显示该字所记录语素的部分意义的,尽管每个语素的意义有别,但并非全部都要由意符体现。意符是经过高度抽象和概括之后形成的,因此数量相对较少。由于形声字中意符的数量远远低于声符,说明意符的构字能力比声符高得多,即意符的能产性和类推性比声符高得多,也就是说,一个意符所能够生成的字远远高于一个声符所能生成的汉字。汉字这一特点被学习者重视并内化后就容易出现更换意符的错误。

另外,由于形声字形义关系的双重性,意符与意义之间不是一一对应的关系,对于初学汉字的学习者来说,这种似有似无的规律很难准确把握。学习者已经了解意符是对语素义的部分体现,于是在书写时会按照这个规则提取意符。当他们对一个语素意义的理解与汉字本身的造字理据不一致时,学习者所提取的意符就会与汉字本身的意符不吻合,形成错误。如把"偷"理解为"要用手发出的动作"时,自然就会把其中的"亻"换成"扌"。

3. 同音字多,造成同音(近音)声符替代错误。

由于汉语音节数量有限,配上声调的音节也只有 1300 多个,所以存在大量音同音近字,这就给学习者在书写形声字时进行声符的同音替代提供了条件。如将"牺"的声符"西"替换成"希",将"源"的声符"原"替换成"元"。而且,从理论上讲,形声字的声符是用来表现该字读音的,习惯于拼音文字的学习者对此非常依赖,他们希望能够从声符中体会出该字的发音,声符与所在汉字读音的一致性越高,便越有利于他们学习。于是他们将这一规律内化为自己的正字法知识,在识记时运用到自己对汉字的分析和记忆中。当这一规律过度泛化时就会产生负迁移,形成书写错误,如将"树"中的"对"替换成"叔",将"玩"中的"元"替换成"完"。

(二)学习者方面的原因

1.认知原因。

(1)缺乏对汉字形体拓扑性质的认识。汉字字符的拓扑性质指的是汉字的书写单位与结构元素组合在一起的协调关系,是汉字符号所具有的一种自然属性。它主要表现在不变特征与可变特征两个方面。不变特征指无论字体、字号如何变化,书写都要保持笔画和部件的种类、位置及整字稳定的结构形式,它保证了汉字符号系统长期稳定的性质。可变特征是指在上述前提下,书写时在笔画的长短、粗细、距离、形状及整字的结构比例等方面具有一定的自由度,如"口"用作部件,在"吃""加""品""京""回""古""固""同""癌""噩"等字中的大小及结构关系都不尽一致。汉字字符的拓扑性质对汉字形体的识别有重要影响。造成上述书写错误的原因在于学习者混淆了不变特征与可变特征的界限,或掉换、增减笔画和部件的种类和数量,或改变笔画和部件的相对位置,将汉字的不变特征当作可变因素。

(2)对汉字正字法缺少正确的认识。世界上任何一种规范的文字都有正字法。汉字更讲究正字法,它指的是如何使组成汉字的笔画和部件的书写合乎结构规则,并使汉字的使用具有全民约束力的方式方法,是建立在汉字自然属性之上的人为约定,具有法规的性质。汉字的正字法包含三方面的内容:组成汉字的笔画和部件的种类及数量;笔画和部件的组合关系;整字字形的使用。比如,"走"和"辶"不可能出现在字的左边,而是在字的左下方;"人"可以出现的位置很多,却不能在字的左边,在左边应写作"亻";位于左边部件的最后一笔"\"(捺)应形变为"、"(点)。根据正字法,外国学习者的错误可以分为非字、假字和别字。其中非字和假字均为错字,两者的区别在于:前者说明学习者对汉字结构规律的认识还处于一种盲目无序的状态,而后者则意味着学习者对此已经具备了一定程度的理性认识。错字之外,笔画和部件出现的位置及其组合关系都合乎正字法,但却张冠李戴地书写为别字。从非字、假字、别字到正字,学习者书写中不同层次的错误,反映了他们对汉字结构单位和组合关系的认识正在不断深化,逐步接近并达到正字法要求的发展趋势。

(3)对单字的理据了解不够。外国学习者在形似部件方面出错的原因是,对汉字特别是合体字的造字理据不明白,对通过形体区别意义的方式不敏感或不习惯。从认知的角度看它是一种"错觉结合"(illusory conjunction)现象,是由于字形与心理词典(mental lexicon)的词条未能对应的一种表现。从构形学说的角度说,它是不了解单字的造字理据与结构层次而产生的混淆,是由于在学习过程中未对各部件及其结构关系加以注意而造成的。比如,"日"表示与时间、季节有关,所以"昨"是"日"旁,学习者不明了此义,用形近的"目"代替,而后者表示的则与眼睛有关;将"白菜"的"菜"写作"莱",是不明白"菜"是形声字,"采"是它的声符,而用与之相似的"来"代替。

(4)忽视了汉字"已经约定"这一围墙的存在。《荀子·正名》中说:"名无固宜,约之以命,约定俗成谓之宜,异于约则谓之不宜。"外国学习者不明白的是,对于某种文字,使用它的人只能去客观地认识这些已经约定的内容并正确使用它,而不能根据既有的约定自己去"生成"。所以我们教给学习者"扌"表示人的手部动作,如"抓""打""抢""挂"等,但学习者按照这一规则类推出"揄""抷"来表示手部动作"偷""梳"时,我们却不允许。也就是说,在认读环节,即输入过程中,利用这种"约定"的理据来分析理解类推汉字,有利于学习者很快地掌握汉字形音义之间的关系,但如果在书写即输出时,仍然利用这种"约定"来帮助自己确定汉字字形,会有一定的偏差。使用这种"约定"的前提应该是对汉字有一定量的积累,如果书写的瞬间出现一时记忆的模糊,可以运用这一"约定"在大脑中的几个备用选项中排除假字的干扰,以找出正确的汉字。但不是利用这种"约定"来类推、生造已有的汉字。这种"宜"与"不宜"的界限犹如一道"围墙",对于母语者来说,往往习焉不察,但对于第二语言学习者来说,却非常难以掌握。

2. 习惯原因。

(1)母语的书写习惯干扰汉字的书写。字的规范与否取决于书写过程中的书写技能。所谓书写技能,认知上指的是视动协调的写字动作。而书写技能与书写习惯有着直接的关系。母语为拼音文字的学习者在学习汉字书写之前,已经掌握了拼音文字的书写技能,同时也养成了拼音文字的书写习惯。他们在学习汉字初期很容易把拼音文字的书写习惯运用到汉字书写上来。拼音文字是一种线型文字,汉字是一种平面文字,两者存在着巨大的区别。首先,外国学习者习惯于线条弯曲回转的拼音文字,而汉字的笔画特点则是直线性、多直角、少弧度。初学者往往从拼音文字的弧线中寻找与汉字笔画的对应关系,造成汉字笔画的非直线性错误。其次,在书写单位、书写方向和结构关系上,拼音文字与汉字也不相同。拼音文字的书写单位是字母,汉字则是笔画;拼音文字的书写方向是单向的,或从左往右或从右往左,汉字则是多层次、多结构的,既有从上到下,也有从左往右;拼音文字的字母大小一致、均衡、一字排开,汉字则要求所有的笔画、部件都服从一个方框格局,在一个方框中的笔画、部件要依位置的不同而有所变化。这些差异使初学者往往由于不能改变自己的书写习惯而形成汉字书写的无序性,即笔画、笔顺、部件与结构的逆向书写或双向重复书写。这种无序书写很容易导致汉字形体的不完整,如笔画、部件的添加、缺损或异位,结构的松散或扭曲等错误。

(2)学习者在书写汉字之初所养成的习惯干扰着后期的汉字学习。首先,学习者开始书写汉字时草率马虎,如果这种态度没有得到及时纠正,就会形成不良的书写习惯,写起来丢三落四,将字中的一点一笔丢掉。其次,前期所学过的汉字,经过多次书写练习后形成了习惯,结果后期再写其他汉字时受到已有习惯的干扰也会出现错误。如"迎"受"留"字干扰会多加一个点,"两"受"口"字干扰会多加一个横。

3.态度原因。

首先,有些学习者在学汉语之初看到汉字如此复杂纷繁,于是产生了畏难情绪,认为学汉字太困难,需要付出很大的代价,因而不愿意投入太多的时间精力在汉字的学习上,致使汉字水平始终得不到提高。其次,有的学习者认为自己将来要从事与汉字读写无关的专业,只要学好口语听力,能用口语来进行交际就完全可以了,会不会写汉字不太重要,所以对自己要求不高,对汉字的读写不够重视。这也使得一部分学习者汉字水平低,读写错误连连。

(三)教师方面的原因

1.教师对学习者差异重视不够。

汉字文化圈的日韩学习者已经具备一定的汉字基础,学习汉字并不太吃力。如果混合编班,非汉字文化圈的学习者就有很大的压力。而如果教师忽视了学习者的文字背景差异,以日韩学习者的基础来要求欧美学习者,甚至一相情愿地认为学习者能否掌握汉字全凭学习者自身的主观努力和课下功夫,既没有遵循以学习者为主体的教学原则,更没有从学习者的认知心理与习得规律出发,有的放矢地设计、组织针对性强的课堂教学,那么就会使得欧美学习者失去对汉字学习的兴趣,汉字的掌握也就很不理想。

2.对汉字教学重视不够。

相当一部分教师的课堂教学没有汉字先导意识,一味地强调语音、词汇、语法教学,而对汉字教学重视不够,有些教师的板书甚至采用连笔字。这些都无形地影响着学习者对汉字在汉语学习中的地位的认识,导致学习者也以学习语音、词汇、语法为重点,而忽视汉字的学习。

3.教学方法单一,不够科学、合理。

汉字教学受到汉字本身特性的制约,要求教师必须尽可能地采取各种教学策略和手段来吸引学习者的注意力,减少他们对汉字的排斥感和惧怕感,培养学习者学习的成就感,从而提高他们的学习兴趣。但有些教师由于对汉字教学不够重视以及个人能力不够,在汉字教学中方法单调乏味,教学内容粗糙、不合理,没有将汉字的内在规律通过知识性和趣味性的方法系统地讲解给学习者,致使学习者在学习一段时间后始终没能找到汉字的构成规则,头脑中不能建立一套汉字认读书写系统,进而失去成就感和学习动力,最终放弃汉字学习。

事实上,学习者的汉字认读错误是一面镜子,它反映的不仅仅是学习者的问题,更多的其实是教师在汉字教学中存在的问题。它是对教师汉字教学方面的思想认识、专业素质、方法策略的全面检验。"语文同步"并非只要"语"不要"文"或是重"语"轻"文",而是要双管齐下,"语文并进"。这就要求对外汉语教师转变教学观念,在教学过程中不能只重视听说,只强调词汇、语法的学习,必须加强汉字的教学。同时在汉字教学过程中,教师要有一个汉字教学的清晰思路。汉字比拼音文字复杂,这已经得到了心理学实验的验证,可以说是一个不争的事实,也是学习者学习汉语客观存在的困难。但这并不意味着汉字没有系统性,没有规律性。外国学习者之所以从感觉上排斥汉字学习,是由于他们没有掌握汉字结构的系统和规律。这就需要教师自身首先要对汉字的系统性有足够充分的了解和认识,同时还要能够运用科学合理、灵活巧妙的方法把这些规律讲解给学习者。德国的柯彼得曾提出:"分析的系统性越细,教学的效果会越好,因为学生在分析的基础上才意识到汉字结构的内在规律,他的记忆力由此得到支持。"[1]因此,只要教师能够转变汉字教学思想,提高汉字理论素养,改进汉字教学方法,从而帮助外国学习者形成系统的汉字结构规律,纠正不良的汉字学习习惯,培养他们正确的学习方法,树立他们对汉字学习的信心,他们的汉字学习就会有长足的进步,出现的错误也会大大降低。

第四节 汉字统计与汉字大纲

汉字是语素文字,同拼音文字相比,可以说是数量巨大。如《汉语大字典》收字56000多个,《新华字典》也收字11000多个。面对如此庞大的数字,中国人要掌握的汉字有多少呢?根据统计:陈鹤琴一篇90万字的文章仅用了4719个不同的汉字;毛泽东所有的著作仅含3136个汉字;《骆驼祥子》用了2413个汉字。由此可知,我们只需要掌握两三千字就可以读书看报了,而不需要完全掌握这几万个字。那么,在对外汉字教学中,该教外国学习者多少字,哪些字需要教,哪些字需要先教,哪些字需要后教,依据什么安排教学内容

---

[1] 参见柯彼得《汉字文化和汉字教学》,载《第五届国际汉语教学讨论会论文选》,北京大学出版社,1997年。

和顺序，这些问题都是直接关系到学习者的汉语学习效果的重要问题。因此，面向对外汉字教学的一个研究重点就是要研究现代汉字的使用频率、常用字数量以及汉字部件在汉字结构中的出现频率等。这是汉字教学，尤其是基础汉字教学所要面对的问题。这些问题的研究对编制规范、有效的对外汉字（词汇）教学大纲以及对外汉语教材都有着重要的指导意义。

一 字频、常用字与非常用字统计

字频，就是汉字的使用频率，是指在一定的历史时期内，在经抽样取得的文字材料里，每一个汉字的使用次数与抽样资料总字数的比例。它常常被研究者用来代表汉语读者对汉字的实际接触频率和熟悉程度，是制定各种字表的重要参考。字频统计的结果，使我们可以根据不同的用途，制定字目和字量各不相同的字表。

1952年6月教育部公布的《常用字表》，包括一等常用字1010个，次等常用字490个，补充常用字500个。一等和次等常用字合计1500个。1956年8月中国文字改革委员会印发的《通用汉字表草案初稿》，共收汉字5390个，后增至5790个，分为常用字1500个，次常用字2004个，其他为非常用字。

20世纪70年代末，我国进行了"汉字信息处理系统工程"（简称"748工程"），统计的语料总量是21 629 372字，统计出6374个汉字，其结果收集在1977年出版的《汉字频度表》中。这次的调查结果显示，汉字中使用频率最高的1000字的累计频率为91%，1500字的累计频率高达96%。

1981年3月，《信息交换用汉字编码字符集》正式颁布。字符集分"基本集"和"辅助集"。基本集收6763个通用汉字，其中第一级字（即常用字）3755个，第二级字（即次常用字）3008个。这个统计反映了现代汉字运用的实际情况。1988年，国家语言文字工作委员会和国家教育委员会联合发布的《现代汉语常用字表》，共收常用字2500个，次常用字1000个，共计3500个。同年，国家语言文字工作委员会和新闻出版署联合公布的《现代汉语通用字表》收字7000个。

20世纪八九十年代，除了国家语委和国家教委发布的字频统计表外，还有两份字表也比较有代表性。一份是中国文字改革委员会、国家标准局颁布的《社会科学、自然科学综合字频统计表》，共收字7754个；一份是新华社技术研究所研制的《汉字流通频度表》，共收字6001个。两个字表的语料来源和内容属于不同领域，具有一定的专业色彩，收字情况不完全一致，但两个字表的前3000字中有2500字左右是一致的，这2500字的频率在98%至99%之间。这说明汉语用字具有稳定性，这2500字所记录的语素都具有通用性、无行业性的特点，是构成汉语基本词汇的基础，也是创造新词的中坚。

  为了切实掌握我国的语言国情状况，及时把握我国年度用语用字的第一手资料，为国家语言政策的调整和制定以及语言文字规范标准的制定、修订提供参考，国家语委在进行了充分的论证和大量的准备后启动了对中国的语言国情展开全面调查研究的工作，国家语言资源监测与研究中心对2005年报纸、广播电视、网络等媒体的汉字、词语使用情况进行了调查，并于2006年发布了《中国语言生活状况报告(2005)》，其下编包括一份《高频词语用字表》(8182字)。该字表的581字即可覆盖全部语料(295 152个文本，280 507 746字次)的80%，934字可以覆盖全部语料的90%，2314字就覆盖了全部语料的99%。该字表前2500个常用字与《现代汉语常用字表》一级常用字(2500字)相比，《现代汉语常用字表》中的357字未在《高频词语用字表》中出现。该字表前7000字与《现代汉语通用字表》7000字比较，有506字未在《现代汉语通用字表》中出现。[①]

  近20年来，随着国家现代化、信息化事业的快速推进，我国语言生活发生了巨大变化。语言文字规范同社会发展和人民生活联系的广度和深度前所未有。在新时代、新形势下，过去的规范已经不能完全适应现代语言生活的需要，因此，重新审视此前的汉字规范工作、制定新的可行性规范非常必要。为了适应国家信息化发展的需要，也为了适应当代语言生活的需要，2009年国家语委历时六年研制出《通用规范汉字表》。该字表共收字8300个，根据汉字

---

  ① 参见王铁琨、侯敏、杨尔弘《报纸、广播电视、网络用字用词调查》，《语言文字应用》2007年第1期。

的通用程度划分为三级：一级字表收字3500个，是使用频度最高的常用字；二级字表收字3000个，使用频度低于一级；三级字表收字1800个，是一些专门领域使用的未进入前两级字表的较通用的汉字，主要满足与大众生活和文化普及密切相关的专门领域的用字需要。

对外汉语教学界也结合汉语教学的实际需要，研究常用汉字问题。北京语言学院（现北京语言大学）语言教学研究所1986年编制的《汉字频率表》，收字4574个。根据汉字使用频度的高低，将这4574字分为若干级，并计算出各级汉字在现代汉语中的覆盖率（表6-3）：

表6-3

字　级	覆盖率(%)
前100字	47.34
前1000字	91.37
前1500字	95.95
前2000字	98.07
前2500字	99.13
前3000字	99.64
前3500字	99.87
前4000字	99.96

从上述各种资料可以看出，尽管汉字的数量庞大，多达数万，但现代通用汉字当在6000字至7000字之间，常用汉字当在3000字左右，而且高频汉字的覆盖率也相当高。这就给对外汉字教学，尤其是基础阶段的汉字教学提供了一个比较明确的教学范围。

二　汉字笔画、部件与汉字结构统计

汉字从结构上可以分为独体字与合体字，其中独体字由笔画组合而成，合体字由部件组合而成。尽管汉字数量庞大，但构成独体字与合体字的笔画、部件数量并不是很多，如果对汉字笔画和部件的种类及数量有清楚的了解，就可以使我们对汉字的认识更加清晰，同时也可以在汉字信息处理以及对外汉字教学时起到以简驭繁的功效。因此，对汉字笔画、部件的统计和归纳就成为汉字研究工作者以及对外汉语教师的一项重要课题。

《现代汉语通用字表》的统计结果显示,7000 个现行汉字的总笔画数为 75 290 笔,平均每字 10.75 笔,最少的是一笔,如"一""乙",最多的是 36 笔,如"齉"。

有学者对北京语言学院语言教学研究所编的《常用字和常用词》中 1000 个最常用汉字的部件及结构进行了统计。把各部件按照出现次数的多寡分为 A、B、C 三级,并将它们定为汉字的基本部件。尽管这个基本部件集中只有 118 个部件,只占全部部件(344 个)的 34.3%,但是这个基本部件集却占了全部部件出现次数(2273 次)的 79.3%。①

据统计,《汉字信息字典》所收 7785 个汉字中,1 个部件构成的汉字占 4%,2 个部件构成的占 34%,3 个部件构成的占 40%,4 个部件构成的占 16%,5 个部件构成的占 4%,由 1 至 5 个部件构成的字占 7785 个汉字的 98%。②

另有学者对《(汉语水平)汉字等级大纲》中构成 1033 个甲级词的 801 字的部件进行了归纳,共得到部件 330 个。这 801 字中,由 2 个和 3 个部件构成的汉字最多,占甲级词使用汉字的 69%,1 至 4 个部件构成的字共占 95.1%。801 字合计使用部件 2105 个次,平均每个汉字为 2.63 个部件。词汇大纲全部 8822 个词使用的 2866 个汉字使用部件数平均为 2.91 个。在 801 个字中,由可称谓部件构成的字占 70%。在 330 个部件中,表意部件有 226 个,占总数的 68.5%,不表意部件仅占 31.5%。在构成《汉语水平考试词汇大纲》的 8822 个词的 2866 个汉字中,共使用 413 个部件,其中独体字部件 216 个,占 52%,这 216 个独体字部件参与构成了 56% 的汉字。③

对北京语言学院出版社 1986 年出版的《现代汉语频率词典》中的前 1000 个高频汉字进行统计的结果显示:(1)在 1000 个高频度汉字中,含有横、竖、撇、点、捺、提六种基本笔形和横折、横折钩、横折折撇等 22 种派生笔形,笔形数共 28 种,1000 个高频度汉字的总笔画数为 8025 笔,平均每字 8.025 笔。

---

① 参见张旺熹《从汉字部件到汉字结构——谈对外汉字教学》,《世界汉语教学》1990 年第 2 期。
② 参见苏培成《现代汉字学纲要》,北京大学出版社,1994 年。
③ 参见崔永华《汉字部件和对外汉字教学》,《语言文字应用》1997 年第 3 期。

(2)1000个高频度汉字中,成字部件有122个。(3)在1000个高频度汉字中,单部件字128个,占12.8%;多部件字872个,占87.2%。在多部件字中,它们的形体结构主要有左右、上下、包围三种形式,其中左右结构最多,占47%,其次为上下结构,占32.5%,包围结构最少,只占7.7%。(4)1000个高频度汉字的形声字中整字声韵调与表音部件完全相同的字只有85个,部分相同的有186个。①

有学者对《(汉语水平)汉字等级大纲》中的800个甲级字进行了进一步的分析,得到的结果为:(1)800个甲级字的笔画总数为6352笔,平均每个字7.94笔。(2)在甲级字的形声字中构字频率最高的前10个意符分别是"口""亻(人)""扌(手)""讠(言)""氵""心(忄)""木""纟""辶""宀";构字频度最高的前10个声符分别是"青""方""巴""令""白""包""交""古""戈""门"。(3)与高频意符明显不同的是每一个声符的构字频度很低,极为分散。除了"青"作为声符构字达7个,分别是"精""静""睛""清""请""情""晴","方""巴"各4个,其余的都是2至3个。(4)甲级字中,共有合体字651个,约占81.4%,独体字149个,约占18.6%。651个合体字中,左右结构的汉字字数最多,达386个,而上下结构、包围结构的分别是195个、70个。左右结构的汉字数约占总字数的48%。②

有人参照"基础教学用现代汉语常用字部件规范"的拆分原则,对《(汉语水平)汉字等级大纲》中的2905个汉字全部进行了拆分,建立了"等级汉字拆分数据库"和"等级汉字基础部件数据库"。在此基础上,对数据库中相关信息进行了统计。在2905个汉字中,共使用基础部件515个,其中成字部件285个。从各个等级的数据看,甲级字承担着非常丰富的信息:(1)75%的基础部件出现于甲级字中,而且这些部件都是构字能力非常强的部件;(2)甲级字中包含53%的基础成字部件,44%的合体成字部件;(3)40%的甲级字直接参与构字;(4)近95%的构字能力强的部件在甲级字中出现;(5)甲级字中出现了

---

① 参见陈仁凤、陈阿宝《一千高频度汉字的解析及教学构想》,《语言文字应用》1998年第1期。
② 参见王晓光《在甲级字解析基础上的对外汉字教学构想》,《语言研究》2002年特刊。

全部汉字的首层结构方式。[①]

尽管所依据的标准不同,统计的对象不同,统计结果有一定差异,但以上这些数据总体上都显示出一个共同的倾向:构成汉字的部件有限,大约在400至600之间,其中最常用的部件只有100多个,这100多个部件占常用字累计部件数的近80%。由于这些笔画和部件是固定的,不再具有能产性,所以以上数字是穷尽性的。以上数据说明:汉字的部件教学在对外汉字教学中应该具有极其重要的地位,学习者在初级阶段掌握了300个左右的基本部件、独体字及汉字的结构规律后,等于掌握了一把学习汉字的钥匙,就能够很好地分析汉字字形,在后续阶段汉字的学习中可以起到事半功倍的效果。

三 汉字教学大纲

目前国内颁布的关于对外汉字方面的教学大纲有国家汉语水平考试委员会办公室于1992年出台的《汉语水平词汇与汉字等级大纲》和2001年的《汉语水平词汇与汉字等级大纲(修订本)》。2002年,国家汉办相继出台了针对不同类型教学对象的三个不同的教学大纲:《高等学校外国留学生汉语教学大纲(长期进修)》《高等学校外国留学生汉语教学大纲(短期强化)》和《高等学校外国留学生汉语言专业教学大纲》。而2002年出版的这三个大纲也是以《汉语水平词汇与汉字等级大纲》为基础的。

其中,《汉语水平词汇与汉字等级大纲》规定了甲级字800个,乙级字804个,丙级字590个,丁级字670个,丙级和丁级字附录41个。四级共收字2905个。这是目前对外汉字教学的基本标准。

面向对外汉语教学的汉字研究,只有立足汉字作为语素文字的本质特征,把握它与拼音文字的本质差异,充分挖掘形声字的有利因素,深入研究汉字部件和汉字结构的互动关系,集中深入了解现代常用汉字的各种属性特征,才能够为对外汉字教学提供良好的基础和条件。

[①] 参见邢红兵《〈〈汉语水平〉汉字等级大纲〉汉字部件统计分析》,《世界汉语教学》2005年第2期。

第五节　汉字教学要处理的基本关系

一直以来,在对外汉语教学过程中,汉字教学所面临的挑战与问题都是最多、最复杂、最突出的,如汉字教学与其他语言要素教学的关系问题,汉字教学内部教学模式、教学顺序、教学内容及相互之间的关系问题等。这些问题处理不好,将直接影响到对外汉语教学的进程及效果。因此有必要在此对其中的一些问题加以说明和介绍,以使对外汉语教师能够从宏观上对如何处理汉字教学中面临的问题有所了解,同时也使大家认识到对外汉字教学的艰巨性与复杂性。

一　"语""文"是否可以分离

(一) 先语后文

1950年,对外汉语教学刚刚开始时,基本上采用"先语后文"的办法。就是在前五六个月的时间内,学习者只接触拼音(威妥玛式注音法),不接触汉字,在掌握了几百个生词以后,才开始同时学习汉字。经过一学年的尝试发现,这个方法虽然在初学阶段分散了难点,但是后期学习者在学新词的同时,既要学新的汉字,又要补学旧的汉字,实际上是又集中了难点。

20世纪50年代初期,对外汉字教学借鉴祁建华的速成识字法,重新尝试"先语后文"的办法,在学完七八百个单词和基本语法以后,不讲新课,专门利用一段时间突击学过的单词中所包含的汉字。由于汉字不是外国学习者的母语文字,加上学习汉语的时间很短,因而这种方法会导致外国学习者汉语生词、语法的回生,集中认写汉字也非常困难。因此,"先语后文"的方法并不适合外国学习者。

(二) 语文同步

尝试"先语后文"的方法后,改为"语文并进"法。即在语音阶段先教汉字的基本笔画以及笔画较少、构字能力较强的部件。从学习语法、课文开始,一方面进行听、说训练,一方面同时要求学习者认、写汉字。这样做的好处是:第一,较早地教汉字,符合学习者尽早接触汉字的心理要求;第二,均匀分散地学习汉字有利于学习者记忆;第三,有利于把"听、说、读、写、译"看作是有机的相互促进的整体。"语文并进"法所带来的问题是,汉字教学完全从属于课文和单词,打破了汉字本身的系统性和内在规律,不利于学习者尽早形成对汉字的理性认识。这也说明,正确对待和处理汉字教学的相对独立性,是一个重要的理论问题。

二　汉字的认读与书写是否可以分离

我国国内现行对外汉字教学的主要模式可以概括为两个"同步":"语文同步"和"认写同步"。这种模式在对汉字文化圈的学习者进行教学时,由于学习者具备一定的汉字基础,所以还能够显示出一定的成效。但很多专家认为,当对非汉字文化圈的学习者运用这种模式进行汉字教学时,我们的汉字教学就显得捉襟见肘了。因此针对认写同步模式的问题,有些对外汉语教师开始讨论认写分流。

采用"认写同步"的依据主要有:汉字认读技能和汉字书写技能同样重要;认读和书写互相促进、互相依赖,不能分离;取法乎上,得乎其中,对汉字书写的高要求是有利的;认写并进有助于语法教学和词汇教学的安排;学习者汉字学习的困难不在于书写,而在于别的原因,如短时间要学习的汉字过多、复现率过低等。[①]

采用"认写分流"的主要理由有:认读和书写是两种不同的任务和能力,二者的难易程度不同,认读比书写容易;先认读后书写有助于分散难点,减轻负担,使学习者建立信心;学习者认读的需要高于书写的需要;电脑普及,写字能力不那么重要;虽然汉字认读和书写有联系,但不一定完全相互依存,认读可以不依赖书写;可以把学习书写的时间节省下来提高阅读能力;便于利用汉字

---

① 参见江新《针对西方学习者的汉字教学:认写分流、多认少写》,载顾安达、江新、万业馨主编《汉字的认知与教学——西方学习者汉字认知国际研讨会论文集》,北京语言大学出版社,2007年。

的规律,按照先易后难的原则,循序渐进地安排汉字教学;对书写要求的高低是影响教学进度的原因之一,降低书写要求可以加快汉语教学的进度;减低写字要求,允许学习者个人有更多的选择余地。

基于上述理由,一些学者提出"认写分流"的主张。不过,这里的"分流"并不意味着"只认不写",而是"多认少写""多认精写"。也就是说,写汉字还是必须要学习的,还是要扎实地掌握笔顺、笔画以及基本的构字规律的。如果学习者只能认读,不能书写,不算真正学会了汉字,还是没有真正冲破"汉字关",在进一步学习汉语的过程中,汉字仍然是一个难以逾越的障碍。

有学者通过对31名非汉字文化圈留学生汉字习得水平相关因素的考察发现,学习者的汉字认读习得与汉字书写习得,是两个存在巨大差异的进程,两者高度相关,但前者明显优于后者。汉字认读与口语水平存在高度相关,而汉字书写与部首掌握、综合读写能力存在高度相关。因此,"读写分流"的教学思路具有一定的可行性。[①]

尽管"认写分流"的提出有一定的合理性和可操作性,但由于需要一套科学、严谨的教学方法以及科学配套的教材,而且要以"语文分流"的模式为基础,因此国内绝大多数院校目前还没有采用此方法教学。不过,这也许是一种值得探索的对外汉字教学新路子。

三 汉字电脑输入技术能否解决汉字学习的难题

随着电脑的普及,中文电脑输入大有代替汉字手写的趋势。在这种形势下,很多人(包括一些对外汉语教师和部分汉语学习者)认为,学习汉字书写已经变得不再重要,只要能够认读、分清同音词(字),就可以利用电脑达到汉字书写的目的,汉字学习的难题就可以迎刃而解。的确,汉字的认读和书写在某种程度上可以分步进行,但只重视认读而排斥书写,有可能由于单纯凭借视觉的辨认对字形信息掌握不准确而使学习者的汉字水平得不到提高。另外,据

---

① 参见王骏《留学生汉字习得的相关因素研究》,《语言教学与研究》2009年第1期。

调查，80％的留学生认为抄写汉字是主要记忆汉字的方法。① 这说明"写"与"认"具有很强的相关性，写的过程可以进一步加强学习者对汉字字形的分辨和记忆，有助于学习者更扎实地掌握汉字。不过，在汉字教学过程中，可以利用汉字电脑输入技术，将二者巧妙地结合起来，使现代科学技术更好地为对外汉语教学服务。

四　汉字与拼音的关系及其教学处理

对外汉语教学中的语言教学规律和文字教学规律常常不能兼顾。从语言教学的规律看，应该以一些结构简单的、常用的短句会话开始教学；从文字教学的规律看，应该以一些笔画比较少的独体字开始教学。这时常用短句会话中使用的复杂汉字就将打破汉字教学的规律。比如，"谢谢你"这句话，从语言的角度看，第一课就应该教给学习者；但其中的"谢"字却比较复杂，一开始就教这个字，学习者不但难以掌握，而且会对汉字望而生畏，影响学习的信心。如果以汉字为中心编排教学内容，先教"一""二""三""十""八""人""个"等这样一些最简单的汉字，就不能兼顾语言教学的规律，因为用这些字很难组成连贯的、常用的句子。

有鉴于此，同时也为了适应汉字教学的规律，1975年，对外汉字教学曾经尝试过教材用拼音加汉字、拼音与汉字交叉出现的办法。即生词与课文中只出现本课计划教授的以及已学过的汉字，其余的使用拼音。这种办法最主要的好处是可以有效地控制所出现的汉字，这显然要比课文中包含什么字就出什么字的办法好得多。但是这种方法也有问题，一是拼音和汉字交叉出现并不一定符合汉语实际应用的需要，二是实际操作的难度比较大。

另外，由于汉语拼音在许多个人场合被广泛使用，比如，书写便签、留言、发电子邮件时，很多人都习惯使用汉语拼音，认为这样既方便也不妨碍理解。因此，有人提出了"双文制"教学方法。即为了在全球更有效地推广汉语教学，可以按照不同的学习要求和目的设立不同类型的汉语课程，在维持"语"和

---

① 参见石定果、万业馨《关于对外汉字教学的调查报告》，《语言教学与研究》1998年第1期。

"文"并行的传统教学方法的同时,应该为时间有限、只学习口语交际的人开设专门的汉语听说课程,汉字可以不教或者有限度地教,基本上用汉语拼音来尽快提高汉语口语能力。[①]

可以说,汉语拼音在对外汉语教学中具有很重要的作用,主要包括:作为训练发音和说话的工具;作为训练辨别音、调能力的工具;作为给汉字注音的工具;作为培养和检查学习者认读和书写汉字能力的工具。[②]但是如果只是强调拼音的独特之处,以拼音取代汉字,用忽视甚至放弃对汉字形、音、义的教学去迎合欧美学习者拼音文字的使用习惯,短时间内似乎能够起到推广汉语的作用,但长此以往并不利于学习者汉语的学习和提高,更不利于中华民族文化的传播和发扬光大。因此,汉语拼音应该只是在初级阶段作为学习者学习汉语入门时的主要教学手段,而到了中高级阶段,就要以汉字的形、音、义教学为主,以汉语拼音为辅。

五 汉字教学是否需要独立授课

"语文并进"必然形成"语文一体"的教学体系,就是学说什么话,就教写什么汉字,语言与文字、听说与读写同步前进。这样的教学体系不仅不能按照汉字的结构规律来呈现汉字,而且由于汉字难学,听说训练也受到了很大的影响。1975年,对外汉语教学进行了听说与读写分别设课、分开教学的尝试。语音阶段(两周)只出现拼音,不出现汉字,课上除教拼音方案外,主要是听说训练。语音阶段结束后开始增加读写课,听说课和读写课的比例是三比一。听说课教材开始以拼音为主,同时出现读写课上学过的汉字,没有学过的以拼音代替,或用拼音为生字注音;听说课后期的教材则过渡到全部使用汉字。读写课初期的教学重点是汉字,所用的单词和句型都是听说课学过的,但教学内容不需要与听说课完全一致;后期的读写课逐步过渡到大量阅读和写作训练。这种做法可以加强听说训练,也可以有计划地出现汉字。这种教学安排带来的主要问题是,两种相对独

---

① 参见柯彼得《汉语拼音在国际汉语教学中的地位和运用》,《世界汉语教学》2003年第3期。
② 参见吕必松《〈汉语拼音方案〉在汉语作为外语教学中的应用》,《文字改革》1983年第2期。

立的课型如何相互联系、紧密配合,如果处理不好,容易产生脱节现象。

正是由于读写与听说分开设课存在一定的问题,因此,目前国内大部分学校在课程设置和教学安排上都实行听说读写同步授课,将对外汉字教学始终置于附属的地位。在教材编写上,专门的对外汉字教材数量较少,有些基础课教材虽已开始将汉字知识渗透其中,但汉字仍未摆脱其附属地位;由于缺少自成一体的教学目标,对外汉字教学存在极大的盲目性和无序性,无法按汉字自身的规律进行教学,致使教学效率低下。

在对外汉语教学的整体安排中,汉字教学占有如此重要的地位,它与口语教学的关系又如此复杂,恐怕在世界第二语言教学领域也是少见的。这也给对外汉语教学的理论研究提出了严峻的挑战。如何准确把握汉字教学的相对独立性,同时又能把汉字教学同口语教学、听力教学、阅读教学、语法教学等有机地融为一体,的确是需要我们系统研究的一个理论问题。

第六节 汉字教学的基本目标、思路、原则与方法

汉字系统本身的复杂性、外国学习者汉字认知和学习的规律与特点,决定了对外汉字教学在整个对外汉语教学中的重要地位。对于外国学习者来讲,汉字学习是一个相当艰苦而漫长的过程。拼音文字除了学习几十个字母和为数不多的一些拼写规则之外,几乎不用花费什么时间来学习文字。而汉字则不同,它不仅是一个需要专门学习的知识系统,更是一门需要专门训练的技能。这就需要对外汉语教师明确对外汉字教学的基本目标,并根据此目标结合学习者的实际情况来确定基本的教学思路。

一 汉字教学的基本目标及思路

概括地说,对外汉字教学的教学目标是培养外国学习者的汉字能力。所谓汉字能力,主要是指用汉字进行记录、表达和交际的能力,包括写、念、认、说、查五个要素。其中,写、念、认各以汉字的形、音、义为依托,是成就汉字能

力的基础要素,属本体范畴;说和查是以汉字的形、音、义为基础,以熟练掌握本体范畴内的各个要素为前提来称说和使用汉字,是写、念、认诸要素在应用领域里的延伸,属应用范畴。具体地说:"写"就是书写,是在向量特征的规定下正确书写符合汉字拓扑性质的字形,并使之达到正字法的要求;"念"指的是根据汉字形体所提供的信息准确地念出它所承载的字音,即根据个体字形所提供的语音信息念出一个音节或一串音节;"认"是根据字形提示的意义信息辨认并区别字义与词义;"说"即称说,指用已知的有关汉字形、音、义的知识来称说未知的字形,就是把字说给别人听;"查"即指汉字、汉语工具书查检、使用,包括按笔画(含笔顺)、部首、拼音的排序方式进行检索、查看。[①]

针对以上汉字教学的目标以及学习者的具体情况,汉字教学的基本思路可以确定为:让学习者了解汉字复杂形体背后所蕴含的条理性和规律性,使学习者转变文字观念,克服对汉字的神秘感和畏难情绪,破除汉字难学论,在此基础上利用汉字的特点和造字规律来展开教学,通过对汉字结构的基本知识和汉字书写基本概念的介绍以及对汉字认读、书写基本技能的训练,帮助学习者尽快具备汉字的认读、书写能力以及一定的汉字自学能力。

二 汉字教学的基本原则

随着对外汉语教学学科体系的逐步建立与完善,一方面,各课程之间的配合更加紧密,形成一个有机联系、互为辅助的整体;另一方面,各课程之间的分工日趋明确,形成各自相对独立的课程规范。在这种情况下,以往未被重视的汉字教学显示出相对滞后的局面,成为干扰对外汉语教学效果的一个"瓶颈"。汉字的难关不突破,就会影响学习者掌握全面的汉语语言技能。因此,众多从事汉字本体研究与对外汉语教学的专家学者就如何改善对外汉语教学中的汉字教学提出了种种原则和设想。目前人们普遍认为,基础汉语阶段的汉字教学不同于本科高年级的汉字课,更不同于中国学生的文字学课,后两者是以传授系统的文字学理论为目的,而前者主要是帮助学习者了解汉字的基本特点

---

① 参见施正宇《论汉字能力》,《世界汉语教学》1999年第2期。

与规律,能认字、写字,从而掌握全面的汉语语言技能。因此,在确定基础阶段汉语教学的原则时,不仅要考虑汉字本体规律、语言教学规律,同时也要考虑第二语言习得规律以及汉字的认知规律。

(一) 分清教学对象,因材施教

不同的语言文化背景,不同的年龄或语言能力的学习者,其语言的习得规律是不同的,汉字的认知过程也是不同的。因此,汉字教学应该根据不同的对象来安排。教师应将教学对象区分为汉字文化圈学习者和非汉字文化圈学习者、毫无汉语学习经历的基础汉语阶段学习者和中高级已掌握一定汉语汉字知识的学习者等不同的情况。不同类型的学习者在学习汉字的过程中所遇到的困难和问题也不尽相同,因此需要教师根据不同的教学对象来适当调整教学任务以及重点和难点。

对于汉字文化圈的学习者,由于他们对汉字有一定的字感和书写基础,教师可以适当减少对汉字笔画和部件的教学,教学的侧重点可以放在其母语文字中存在的汉字与汉语汉字不同之处的比较上,包括字形的细微差别以及读音、意义差别的比较等,从而减少汉字学习过程中的负迁移。

对于非汉字文化圈的学习者,教学中的教学重点应该是充分发挥学习者作为成人所具有的分析、归纳、联系、对比的能力,帮助他们掌握汉字的规律,明白汉字的理据,在头脑中建立一整套新的汉字书写的立体结构意识,将拼音文字的形音联系转变为汉字的形音义三结合,树立正确的汉字观。此时,应着重讲解汉字的笔画与部件,使学习者逐步掌握汉字的书写规律。

(二) 按照汉字的发展规律以及学习者的认知规律循序渐进

外国学习者对汉字字形的知觉和识别,受汉字的笔画数、部件数、结构、出现频率、构词数、正字法知识等多种因素的影响。笔画数和部件数越少、出现频率越高、构词数越多的汉字,学习效果越好。汉字教学要贯彻从笔画少的字到笔画多的字、从独体字到合体字的原则。[①] 在教学过程中一般是先教基本笔画,再教衍生笔画;掌握笔画以后教授独体字和构字部件;最后教授合体字

---

① 参见吕必松《对外汉语教学概论(讲义)》,《世界汉语教学》1995 年第 2 期、1996 年第 2 期。

及特殊规则。选择高频的笔画、结构简单的常用汉字先教给学习者,等级较低、结构复杂的不常用的汉字则后教。有调查表明,当学习者学习了汉字基本部件并经过短期的实践训练以后,90％的学习者认为汉字不再十分难学,而是可以比较容易地记忆。① 而且汉字的识别有一个随年级、语文能力、识字量的提高而发展的过程,不论是汉语学习者还是教授者都不能急于求成。这些都是基础汉字教学阶段不容忽视的问题。

另外,大量的教学经验显示,在学习的起始阶段,应当以认读教学为主,不宜苛求拼写。可以尽量多地让学习者接触汉字,大量认读,让学习者去感知、体会汉字字形,以此逐渐扩大他们短时记忆的范围,并逐步形成字感。同时还要给他们适当讲解有关汉字的构形理据,帮助其记忆字形。学习者对汉字的结构有了理性的认识,建立起汉字是可以分析的概念,就能逐渐对汉字整个系统有所掌握,这样他们对汉字既有了感性认识又有了理性认识,对汉字的神秘感和畏难情绪自然会逐步消除,读写汉字的兴趣和信心也会随之增强。

(三) 不同阶段应有不同的教学目标

汉字教学是一个长期的任务,应该贯穿对外汉语教学过程的始终。根据学习者的学习目的、学习汉字的认知规律、汉字本身的知识内容的差别,可以将这一过程分为三个阶段:起始阶段、基础阶段、高级阶段。每个阶段的教学目标和教学重点应有所不同。

起始阶段的学习者刚刚接触汉语、汉字,他们大多对汉字很陌生,因此该阶段的教学目标是帮助学习者纠正"汉字难学"的不正确认识,树立正确的汉字观。教师要强化对学习者汉字基本笔画及其走向、基本部件的位置特征等的指导,并在此基础上指导非汉字文化圈学习者学习正确的书写规则,使学习者接触汉字之初就在头脑中形成清晰准确的汉字形象,为以后进一步学习打下良好的基础。

基础阶段是汉字教学的核心阶段。该阶段的教学目标是让学习者比较系

---

① 参见程朝晖《汉字的学与教》,《世界汉语教学》1997年第3期。

统地掌握汉字的形、音、义、正字法等各方面的规律，并能够运用这些知识分析、识记、使用汉字。因此该阶段要集中学习一定数量的构词能力强、出现频率高的汉字以及由这些汉字构成的常用词语。

高级阶段属于汉字知识的拓展阶段。该阶段以拓宽学习者的汉字知识、介绍与汉字相关的其他方面内容为目标。教学中多以选修课形式出现，主要教授汉字中蕴含着的文化知识、中文信息处理、书法欣赏等内容。

（四）增强教学的科学性和趣味性

随着现代科学技术的发展，课堂教学器具已经不再限于黑板、粉笔和教鞭，除了板书教学这种必备的传统方法之外，教师还可以借助多媒体进行教学，利用图片、动画、音像制品等作为辅助教学手段。同时还要调动一切认知手段和行之有效的教学方法，既可以是依据汉字理据进行的比较法、说明法、谐音法、组合法，也可以是不完全按照汉字理据所进行的联想法、描绘法、形象法，甚至还可以是打破原有的理据、按照现有观念和认识所形成的荒诞法等，以此增强汉字教学的趣味性，激发学习者对汉字学习的兴趣，提高学习效果。有人利用西方学习者所熟知的《圣经》来解释汉字就是一个很好的例子。比如，对"好"字做如下解释：上帝说"那人孤单单的，实在不太好"，于是上帝就为亚当造了一个配偶，意思是说一个男人（子）要有女人（女）为伴才是"好"。对"困"字做如下解释：因为人类不听上帝的劝告，偷吃了伊甸园（口）中央那棵"分辨善恶树"（木）上的禁果，所以人类才开始有了困难和烦恼。采用这种幽默荒诞的解字法，虽然不符合传统文字学理据，但实用有效，学习者学得快记得牢并且便捷省力。[①] 认知心理学也认为，新奇、怪诞的东西有时反而比逻辑、理性的事物对人的记忆神经刺激强烈。现代汉字的理据性低，从初学者角度考虑，用这种荒诞的方法帮助学习者记忆汉字应该是被允许的。

三　汉字教学的基本方法

如何提高对外汉字教学的效率，解决这一制约外国人汉语能力发展的"瓶

---

① 参见刘艳妮《非汉字文化圈留学生汉字认知难点及教学策略》，《开封大学学报》2005年第6期。

颈",是对外汉语教学界探索多年的问题。许多专家学者从自身的经验体会中提炼出了一些行之有效的汉字教学基本方法,其中部件结构教学法是比较适宜在基础阶段使用的方法。现代汉字的基础部件和基本结构是相辅相成的一对概念,结构因部件而产生,部件因结构而存在,它们在对外汉字教学中占有重要地位。尽管汉字教学有基本笔画、笔顺、部件、整字等多个层面,尽管学术界目前对基础部件和基本结构的划分意见不一,但基础部件和基本结构的教学,无疑是汉字研究和汉字教学的中心和重点所在。

（一）部件教学

部件教学是为了让学习者能够认读基本部件,掌握它们的形音义,同时培养整体书写部件的能力以及熟练书写的技巧,为以后建立汉字的区别与联系的基本点服务,部件教学的基本步骤为:

首先,用最简单、最基础的汉字"六书"理论（主要是象形、会意、指事）来展示这些部件的形义关系,并借助简单的图像、实物、篆字等与楷书在汉字形体上的联系,使学习者领悟这些部件的形义关系。据初步统计,在 118 个基本部件中,有约 80％的部件可以直接通过这种方法使学习者掌握。

其次,利用汉字字形的相生关系,展示偏旁与独体字之间的意义联系,如"亻—人""忄—心""灬—火""讠—言""刂—刀"。同时,可以有意识地把在书写上具有相生联系的基本部件归为一个书写系列,以便于学习者在书写时循序渐进。如:

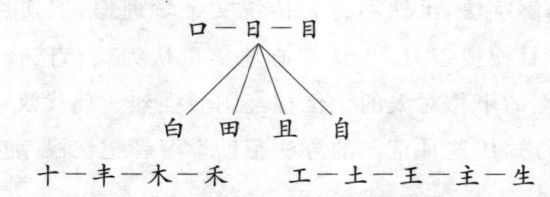

口—日—目
白　田　且　自
十—丰—木—禾　　工—土—王—主—生

再次,注意近形部件的对比、辨析,培养学习者仔细观察、认真辨识汉字部件及汉字区别特征的能力。如"亻—彳""又—夂""十—丆"。

（二）结构教学

结构教学是在学习者基本掌握了汉字的基本部件之后,结合汉字（主要是合体字）进行的结构训练。主要包括以下步骤:

首先,字图同出。在汉字结构教学的最初阶段,把汉字及其结构图形同时展示给学习者,教师帮助学习者分析汉字与结构图形之间的内在联系,从而让学习者建立汉字与结构的感性认识,为以后独立地分析汉字结构打下基础。比如,写"谢"字时,在"谢"旁边画出结构图形并标上书写序号▦,提示学习者"谢"与▦之间的联系。经过反复练习之后,学习者就会在汉字与结构图形之间建立起一种特定的联系。

其次,析字画图。在学习者建立起汉字与结构图形之间联系的基础上,给出汉字,让学习者自己画出结构图形。这个过程是学习者分析汉字部件、把握它们之间的相互关系的过程。只有当学习者对汉字进行仔细的观察与分析后,才能画出结构图形来,而这恰好可以帮助学习者记忆汉字。比如,给学习者"国"字,让他们画出图形,并标上书写序号▦,他们就必须分析部件"囗"和"玉"及其相互关系。这个训练过程,是让学习者熟悉汉字结构模式、学会分析汉字的过程。

再次,由图归字。学习者在掌握了汉字的基本结构模式之后,就要对相同结构的汉字进行归类,从而在整体上逐步认识、把握汉字的基本结构规律。比如,学习"特""猪""屋""意""厅""迎""选""菜"几个字时,给出▦ ▦ ▦ ▦这几个结构图形,让学习者自己归纳相应的汉字:▦"意""菜",▦"屋""厅",▦"迎""选",▦"特""猪"。这样的训练,不仅需要学习者对每个汉字本身的结构有明确的认识,而且对各个汉字之间结构上的异同也要有明确的认识,只有这样,才能正确归类。如此训练一段时间,就可以使学习者对汉字的结构规律有一个理性的认识和理解,从而自觉地利用这种结构规律进行汉字学习。

四 汉字教学应注意的几个问题

(一)重视笔画教学,强化笔画、笔顺、笔数的训练

拼音文字笔形简单,没有汉字中那么多变的笔画,而且是横向一维展开,或向左或向右,手写体一笔相连。因此对习惯于拼音文字的外国人进行汉字教学时,一开始就要重视笔画的基本训练,培养学习者的笔顺习惯。这一点对习惯于横行左书的阿拉伯学习者和使用阿米比亚文字的其他国家学习者来说

尤其重要。

在学习者识记汉字时,尽管认字并不涉及笔画,但记住每个汉字构件却又要以笔画为基础。如果我们疏忽对笔画的教学,许多学习者就不能有效地分解汉字笔画,计算笔画数量,因而无法准确抓住汉字的视觉特征,汉字形、音、义的认知也就模糊不清。这样一来,学习者在面对构形相似的汉字时,由于认识的不清晰,就会导致不能分辨甚至书写错误。由此可见,笔画教学无论是在认读还是书写的过程中,都起着非常重要的作用,是汉字教学中需要重视的一个环节。

可以说,以部件为单位的汉字教学强调与意义相结合,侧重于对汉字整体的把握与认知,着重培养学习者形成汉字整体概念和部件组合意识;而笔画教学则更侧重于汉字的书写规范,在某种意义上来说是汉字的规范性教学。两者都有利于汉字教学,实际上是一种互补关系。我们不能仅仅重视认读而忽略书写,书写是对认读的进一步认识、记忆和理解,也是对汉字形体构造形成感觉的有效途径。只有将笔画教学和部件教学两相结合,才能使汉字教学体系更加完整。

(二)结合意义进行教学,避免同音代替

结合意义进行教学是为了防止枯燥乏味的机械式记忆教学导致的"无效输入",使学习者在充分感受和理解的基础上加深对所学知识的内化,从而减少学习者心理词典中不能辨析的同音词(字)的数量,使他们每一次利用汉字进行的交际都是有效的、成功的。结合意义的教学方法有很多,比如,讲解某些"临摹性"强的汉字(如"日""月""火")或词语时,可以给学习者展示图片或图画以帮助理解;对于简单的汉字可以讲解其造字理据等;某些抽象性很强的汉字无法通过实物讲解,可以考虑给出具体语境帮助学习者揣摩等。

(三)形声字教学是整个教学贯穿始终的主体

形声字在汉字中的数量是最多的,而且形声字中既包含了传递意义的意符,又包含了记录语音的声符,因此是最重要的一种类型。形声字的教学应是汉字教学的重点,同时也是贯穿汉字教学始终的主体。对于形声字的教学方法,不同的学者有不同的认识。有学者根据对非汉字文化圈学习者汉字学习情况的调查,认为在汉字教学的初级阶段进行部件教学时,可以侧重声旁的教学,对使用拼音文字的学习者来说尤其如此,因为他们习惯于将语音作为联系语言和文字的纽带,这样的教学方法更符合学习者的认知特点。而到了高级阶段时,等到学习者具备了一定的形旁与语义联系的意识后,再将形旁的教学作为重点,同时也不放松对声旁的教学,这样可能会取得更好的教学效果。

(四)初级阶段必须加强声调的学习和语音的训练

汉语声调是用来区别意义的一个关键因素,如果在汉字教学的初级阶段,教师只重视汉字的形、义教学而忽略字音的辨正,或者声调训练不够或方法不当,那么就会使学习者不能很好把握声调学习的良机,从而使声调偏误产生固化。最终尽管汉语水平有所提高,但声调不好的状况始终得不到改善,其结果是:同音字增加,从而给听和写带来更多的困扰。这样的汉字教学应该说是不成功的。所以,在汉字学习的初级阶段就要有意识地加强学习者的声调学习,强化他们对声调的辨别和模仿能力,提高汉字学习的效果。

此外,对日本学习者要有针对性地加强语音教学,对相近的发音进行辨识。日本学习者的汉字背景使他们与其他国家的学习者在汉字书写上存在根本的不同。他们已经具备了部分的汉字正字法知识,对汉字的笔画、结构等特征有所掌握;但他们的语音问题使他们饱受音近字纠缠的烦恼。有研究显示,日本学习者在学习汉语语音时,普遍存在听力差、发音难等不利因素,原因是:日语本身的语音音素要比汉语少得多;日语与汉语相同的同位语音音素也极少。这就导致日本学习者学习汉语语音特别困难,由此也造成日本学习者在汉字书写中出现音同、音近类错字较多的现象。因此,对日本学习者进行有针对性的语音训练可以减少音近字带给他们的困扰。

(五)化繁为简,精讲多练

初级阶段由于学习者的汉语功底还很薄弱,对汉字还存在一定的畏难情绪,因此汉字教学要尽量避免复杂化,尽量用最简洁明了的语言进行讲解,避免产生歧义和记忆负担。这就要求教师在上课前要对所讲内容进行精简。"精"是要从汉字的结构中提炼规律,"简"的结果则是帮助学习者归类,使学习者内在的汉字词典不再是无序的、混乱的,而是有序的、系统的。

精讲的目的是掌握。对汉字的掌握既要靠理解,更要靠一定量的书写练习。俗话说"眼过千遍不如手过一遍",对概念的理解一定要通过多练来加强。练习的方式则可以是多种多样、不拘一格的。

(六)不要把汉字课当作汉文化课来教学

在教授汉字时,有人从同源论出发,认为汉字就是汉文化,在教汉字时往往大讲汉字的源流嬗变、文化考察、风俗探源、书法艺术欣赏等文化内容,将汉字课上成汉文化课。客观地说,中华民族的悠久文明在汉字中有所蕴含,汉字能够体现许多汉文化信息,汉字教学的确可以传递一定的汉文化内容,但毕竟二者不具有同一性,是两种不同性质的课程,教学目标不同,教学内容有异,因此不能将汉字教学混同于汉文化教学。

很多人认为汉字难学。与拼音文字相比,汉字的确有其繁难的一面,但同时也有它独特的特征与优势。有研究发现,存在阅读障碍的美国儿童能够很容易地阅读用汉字表示的英文句子,这说明汉字便于人类的识认。那么,如何利用汉字的特点与优势,变繁难为简易,让更多的人喜欢汉语喜欢汉字,从而推动对外汉语教学的发展,这是非常值得我们思考的问题。

思考题

1. 汉字的形声字占优势能够说明汉字具有直接的表音功能吗?为什么?
2. 汉字文化圈与非汉字文化圈的学习者,对汉字的认知差别是怎样的?
3. 如何处理汉字教学与语音教学、词汇教学、语法教学的关系?
4. 搜集一些外国学习者的汉字偏误实例,并对其错误类型加以分析。
5. 结合下列汉字,说明现代汉字的基本结构模式:

    日、边、问、医、句、病、识、满、冒、帮、森

6. 请解释"亻""氵""忄""扌"等部首的意义,并以此为基础带领学习者认、读、记含有这些部首的汉字。
7. 设计一堂汉字课,选择10个常用汉字,编写教学步骤与教案。

主要参考文献

论文类

卞觉非《汉字教学:怎么教？教什么？》,《语言文字应用》1999年第1期。

曹剑芬《汉语声调与语调的关系》,《中国语文》2002年第3期。

陈　绂《谈对欧美留学生的字词教学》,《语言教学与研究》1996年第4期。

崔永华《关于汉字教学的一种思路》,《北京大学学报(哲学社会科学版)》1998年第3期。

杜同惠《留学生汉字书写差错规律试析》,《世界汉语教学》1993年第1期。

费锦昌《对外汉字教学的特点、难点及对策》,《北京大学学报(哲学社会科学版)》1998年第3期。

冯丽萍《汉字认知规律研究综述》,《世界汉语教学》1998年第3期。

冯丽萍《非汉字背景留学生汉字形音识别的影响因素》,《汉字文化》2002年第3期。

傅永和《汉字的部件》,《汉字研究与整理》1991第12期。

高立群《外国留学生规则字偏误分析——基于中介语语料库的研究》,《语言教学与研究》2001年第5期。

何　平《谈对日本学生的初级汉语语音教学》,《语言教学与研究》1997年第3期。

贾　颖《字本位与对外汉语词汇教学》,《汉语学习》2001年第4期。

江　新、柳燕梅《拼音文字背景的外国学生汉字书写错误研究》,《世界汉语教学》2004年第1期。

李大遂《对外汉字教学回顾与展望》,《渤海大学学报(哲学社会科学版)》2007年第2期。

刘 珣《语言学习理论与对外汉语教学》,《语言文字应用》1993年第2期。

鲁健骥《中介语理论与外国人学习汉语的语音偏误分析》,《语言教学与研究》1984年第3期。

罗青松 《谈对外汉语初级阶段口语课堂教学的交际性》,《中国人民大学学报》1996年第3期。

潘先军《汉字电脑输入与对外汉字教学》,《汉字文化》2000年第3期。

钱学烈《对外汉字教学实验报告》,《北京大学学报(哲学社会科学版)》1998年第3期。

石 锋《汉语语音教学笔记》,《南开语言学刊》2007年第1期。

万业馨《略论形声字声旁与对外汉字教学》,《世界汉语教学》2000年第1期。

王华杰《论汉语语法学的人文性特质》,《时代文学》2008年第4期。

王茂林《普通话自然话语的韵律模式》,中国社会科学院研究生院博士学位论文,2003年。

王志芳《日本学生汉语学习中的语音问题》,《汉语学习》1999年第2期。

韦 璇《越南留学生汉语语音偏误分析研究综述》,《语言教学与研究》2010年第6期。

伍 巍《对外汉语教学中的汉字教学探讨》,《广州大学学报(社会科学版)》2004年第7期。

肖奚强《外国学生汉字偏误分析》,《世界汉语教学》2002年第2期。

徐子亮《对外汉语学习理论研究二十年》,《世界汉语教学》2004年第4期。

尹斌庸《现代汉字的定量研究》,《语文建设》1991年第11期。

余又兰《谈第二语言的汉字教学》,《世界汉语教学》1999年第1期。

张德鑫《关于汉字文化研究和汉字教学的几点意见》,《世界汉语教学》1999年第1期。

张积家、王惠萍《声旁与整字的音段、声调关系对形声字命名的影响》,《心理学报》2001年第3期。

周士平《美国留学生习得汉语节奏特征之研究》,《暨南大学华文学院学报》
　　2008年第2期。
朱志平《汉字构形学说与对外汉字教学》,《语言教学与研究》2002年第4期。
朱志平、哈丽娜《波兰学生暨欧美学生汉字习得的考察分析和思考》,《北京师
　　范大学学报(社会科学版)》1999年第6期。

著作类

程美珍主编《汉语病句辨析九百例》,华语教学出版社,1997。
崔希亮《语言理解与认知》,北京语言文化大学出版社,2001。
崔希亮《语言学概论》,商务印书馆,2009。
崔永华主编《词汇文字研究与对外汉语教学》,北京语言文化大学出版社,
　　1997。
邓守信《对外汉语教学语法(简体字版)》,北京语言大学出版社,2010。
丁崇明《现代汉语语法教程》,北京大学出版社,2009。
房玉清《实用汉语语法》(第二次修订本),北京语言大学出版社,2008。
符淮青《词义的分析和描写》,语文出版社,1996。
葛本仪《现代汉语词汇学》,山东大学出版社,2003。
郭继懋、郑天刚主编《似同实异——汉语近义表达方式的认知语用分析》,中
　　国社会科学出版社,2002。
国家汉语水平考试委员会办公室考试中心《汉语水平词汇与汉字等级大纲
　　(修订本)》,经济科学出版社,2001。
金立鑫主编《对外汉语教学虚词辨析》,北京大学出版社,2005。
李德津、程美珍《外国人实用汉语语法》,华语教学出版社,1988。
李德津、金德厚《汉语语法教学》,北京语言大学出版社,2009。
李晓琪《现代汉语虚词讲义》,北京大学出版社,2005。
李英哲等《实用汉语参考语法》,北京语言学院出版社,1990。
刘　珣《对外汉语教育学引论》,北京语言文化大学出版社,2000。
刘　珣主编《对外汉语教学概论》,北京语言文化大学出版,1997。

刘月华等《实用现代汉语语法》(增订本),商务印书馆,2001。
卢福波《对外汉语教学实用语法》,北京语言文化大学出版社,1996。
卢福波《对外汉语教学语法研究》,北京语言大学出版社,2004。
鲁健骥《对外汉语教学思考集》,北京语言文化大学出版社,1999。
陆俭明主编《现代汉语基础》,线装书局,2000。
吕文华《对外汉语教学语法探索》,语文出版社,1994。
彭小川等《对外汉语教学语法释疑201例》,商务印书馆,2004。
齐沪扬主编《对外汉语教学语法》,复旦大学出版社,2005。
齐沪扬主编《现代汉语》,商务印书馆,2007。
孙德金《汉语语法教程》,北京语言大学出版社,2002。
孙德金主编《对外汉语语法及语法教学研究》,商务印书馆,2006。
孙德金主编《对外汉字教学研究》,商务印书馆,2006。
佟慧君《外国人学汉语病句分析》,北京语言学院出版社,1986。
王　还主编《对外汉语教学语法大纲》,北京语言学院出版社,1995。
王建勤主编《汉语作为第二语言的习得研究》,北京语言文化大学出版社,1997。
王建勤主编《汉语作为第二语言的学习者习得过程研究》,商务印书馆,2006。
吴中伟《怎样教语法——语法教学理论与实践》,华东师范大学出版社,2007。
吴宗济主编《现代汉语语音概要》,华语教学出版社,1991。
肖奚强等《外国学生汉语句式学习难度及分级排序研究》,高等教育出版社,2008。
杨德峰《汉语的结构和句子研究》,教育科学出版社,2004。
杨德峰《面向对外汉语教学的副词定量研究》,北京大学出版社,2008。
杨德峰《日本人学汉语常见语法错误释疑》,商务印书馆,2008。
杨庆蕙主编《对外汉语教学中的语法难点剖析》,北京师范大学出版社,1996。
张宝林《汉语教学参考语法》,北京大学出版社,2006。
张旺熹《汉语特殊句法的语义研究》,北京语言文化大学出版社,1999。
张旺熹《对外汉语研究与评论》,教育科学出版社,2005。

张旺熹主编《汉语句法结构隐性量探微》，北京语言大学出版社，2009。
赵金铭《汉语研究与对外汉语教学》，语文出版社，1997。
赵金铭等《基于中介语语料库的汉语句法研究》，北京大学出版社，2008。
赵金铭主编《对外汉语研究的跨学科探索》，北京语言大学出版社，2003。
赵金铭主编《对外汉语教学概论》，商务印书馆，2004。
赵元任《汉语口语语法》（吕叔湘译），商务印书馆，1979。
周　健《汉字教学理论与方法》，北京大学出版社，2007。
周小兵等《对外汉语教学中的副词研究》，中国社会科学出版社，2002。
朱德熙《语法讲义》，商务印书馆，1982。
朱德熙《语法答问》，商务印书馆，1985。

编 后 记

这本《对外汉语本体教学概论》是由赵金铭、齐沪扬、范开泰和马箭飞任总主编的"商务馆对外汉语专业本科系列教材"中的一本。

本教材面向对外汉语专业本科生的专业学习,主要讲授汉语本体教学相关的基本观念、基本理论、基本知识和基本技能。因此,我们确定本教材编写的基本指导思想是,为培养对外汉语专业本科生本体教学的基本意识服务,即培养对外汉语专业本科生四方面的意识:(1)汉语本体要素是对外汉语教学的基础;(2)汉语本体要素的教学规律来自汉语自身的规律和特点与学习者母语的特点的共同作用;(3)教学设计应是汉语本体、汉语习得与汉外对比等多方面因素共同作用的结果;(4)本体要素教学务必树立以"教什么"为核心的系统观和针对性意识。我们希望通过本教材的学习,能让对外汉语本科专业的学生充分意识到汉语基本要素教学的基础性和重要性,从而自觉指导今后的教学实践。

本教材编写的两个基本原则是:第一,重点要突出。突出对外汉语教学问题的基本理念;突出汉语本体要素的规律与特点;突出汉语本体各要素教学的整体观念和具体的教学针对性;突出本专业学生对该门课程的专业需求。第二,充分吸收前人相关的研究成果,对相关研究成果的梳理和介绍要准确简明,有针对性和实用性。

本教材由张旺熹主编,其主要职责是:确定教材编写的主导思想,拟定总体框架、各章节(包括小节)的标题、写作要点以及编写体例等;根据各章节的编写内容组织编写人员;在各章节初稿的基础上,进行统一修改、加工并做相应的调整、润色。教材如有错谬或不当之处,概由主编负责。

本教材各章节的编写人员及分工如下:

第一章(第一、二、三节) 郭晓麟(北京语言大学)

第一章(第四节) 张旺熹(北京语言大学)

第二章 李慧敏(安徽大学)

第三章 陈文博(新疆农业大学)

第四章 姚京晶(首都经济贸易大学)

第五章 孟艳华(北京语言大学)

第六章 王 华(河北师范大学)

需要特别说明的是,由于教材编写的特殊性,在各章节均引述了不少学者的相关论述。如有文献标注遗漏者,还望有关专家学者谅解。因为编写人员的学术水平和时间精力所限,本教材的错误和粗疏之处在所难免,恳请广大读者批评指正,以便日后修订、完善。

张旺熹

2012 年 9 月